北京文化中心建设课题研究丛书

文化北京

搭建要素配置的最优平台

——北京建设文化要素配置中心研究

主编　金元浦　秦昌桂

金元浦　王林生　等著

北京市文化发展中心　编

新 华 出 版 社

编委会 ·······························▶

前言

　　文化，是党和国家新一代领导集体推进国家治理体系和治理能力现代化的重要组成部分。从文化的发展和繁荣来看，如何从经济、政治、文化、社会和生态文明五位一体的宏观整体上进行文化改革的顶层设计，并从改革的系统性、整体性、协同性出发辩证施政，是新一代领导集体推进文化发展的重中之重。十八届三中全会、四中全会和五中全会的决定，强调全面深化改革的总目标是完善和发展中国特色社会主义制度，必须更加注重改革的系统性、整体性、协同性，加快发展社会主义市场经济、民主政治、先进文化、和谐社会、生态文明。这就为我们全面深化改革确定了大框架，大格局。文化的核心是思想，文化繁荣发展的根本目的是以文化人。要让北京丰富的先进文化资源活起来、动起来，走进群众的生活里，融入群众的思想中。

　　将北京建设成为具有中国特色的世界城市，成为具有全球影响力的国家文化中心，这是党中央对北京的准确定位，是对北京文化的顶层设计，是北京建设成为具有世界影响力的国家中心城市的总纲领和总蓝图，也是北京全面建设国家文化中心的动员令与集结号。这是北京的历史所由，这是北京的希望所在，这是北京的人民之愿，这是北京的未来寄托。

　　到2020年，北京要在更高水平上建成全国文化精品创作中心、文化创意培育中心、文化人才集聚教育中心、文化要素配置中心、文化信息传播中心、文化交流展示中心。在十八大精神指引下，进一步发挥好首都文化中心的表率引领作用、辐射带动作用、提升驱动作用、桥梁组带作用、荟萃集聚作用，全力实现首都思想

搭建要素配置的最优平台

道德水平显著提升、文化事业全面繁荣、文化体制活力迸发、文化创意产业发达、城市文化魅力彰显、文化名家精品荟萃、文化科技深度融合、文化国际影响力显著增强等八大目标。

习近平同志极为关心北京的发展，多次来到北京视察。他在北京视察时指出，建设好首都，推动北京持续健康发展，需要付出长期艰苦的努力。北京地位高、体量大、实力强、变化快、素质好，是其主要特点和优势，同时不断发展的北京又面临令人揪心的很多问题。把各方面优势发挥出来，把各种问题治理好，要处理好国家战略要求和自身发展的关系，在服务国家大局中提高发展水平。习近平就推进北京发展提出了新的要求。即首先明确城市战略定位，坚持和强化首都全国政治中心、文化中心、国际交往中心、科技创新中心的核心功能，深入实施人文北京、科技北京、绿色北京战略，努力把北京建设成为国际一流的和谐宜居之都，带动京津冀全面协调发展，这是对北京建设具有全球影响力的文化中心的最新要求和精准定位。

十八大以来，我国文化获得了进一步发展，十八届三中全会做出的《中共中央关于全面深化改革若干重大问题的决定》，是未来十年我国全面发展的进军号角与宏伟蓝图，对于推进文化的改革创新做了全面系统的阐述。《决定》紧紧围绕建设社会主义核心价值体系、社会主义文化强国，深化文化体制改革，加快完善文化管理体制和文化生产经营机制，建立健全现代公共文化服务体系、现代文化市场体系，推动社会主义文化大发展大繁荣，提出了一系列创新性的观点。这是党在新的时代条件下带领全国各族人民进行的新的探索，对于建设社会主义文化强国，具有重要的现实意义与长远的历史意义，吹响了文化体制机制创新的进军号，将对我国文化发展产生重大影响。

2015年10月闭幕的五中全会更加明确地提出，实现"十三五"时期发展目标，破解发展难题，厚植发展优势，必须牢固树立并切实贯彻创新、协调、绿色、开放、共享这五大发展理念。新的发展理念，为新时期的发展勾勒了清晰路径，擘画了推动发展全局深刻变革的全新蓝图。北京文化中心的建设必须遵循五大理念的引领和相互融合的协同发展。

在五大理念中创新居于国家发展全局的核心位置。我们必须在这一核心动力影响下，不断推进理论创新、制度创新、科技创新、文化创新等各方面创新，让创新贯穿北京四个中心的建设和发展，让创新在全社会蔚然成风。北京要按照中央的部署，把发展基点放在创新上，形成促进创新的体制架构，塑造更多依靠创新驱动、更多发挥先发优势的引领型发展。

文化创新必须培育发展新动力，优化劳动力、资本、土地、技术、管理等要素配置，激发创新创业活力，推动大众创业、万众创新，释放新需求，创造新供给，推动新技术、新产业、新业态蓬勃发展。

文化创新必须继续深化文化体制改革，实施重大文化工程，扶持优秀文化产品的创作生产、加强网络内容建设、构建中华优秀传统文化传承体系、倡导全面阅读、发展体育事业、做好2022年北京冬季奥运会筹办工作等。

文化创新必须不断完善公共文化服务体系、文化产业体系和文化市场体系，推动文化社会效益和经济效益协调健康发展。面对互联网时代给文化发展带来的新机遇和新挑战，实施"'互联网+'行动计划"，增强互联网对文化提升发展的支撑能力，加快文化产业结构优化升级，发展骨干文化企业和创意文化产业；培育新

搭建要素配置的最优平台

型文化业态和新的文化经济增长点，扩大和引导文化消费；推动传统媒体和新兴媒体融合发展，加快媒体数字化建设；优化媒体结构，规范传播秩序；提升国际传播能力建设，创新对外传播、文化交流、文化贸易方式，推动中华文化走出去。

北京市市委书记郭金龙在刚刚闭幕的中共北京市委十一届八次全会上指出：

北京作为全国文化中心，文化发展具有风向标和引领作用，必须更加自觉地服务国家文化发展大局。要加快建设先进文化引领高地，在培育和践行社会主义核心价值观、提升城市文明水平、加强思想意识形态工作、促进物质文明和精神文明协调发展等各方面走在全国前列。要建设全国文化中心还必须推动全国文化中心与全国政治中心、国际交往中心、科技创新中心的有机融合，履行好新时期首都职责。

这是"十三五"时期北京建设全国文化中心的行动纲领。

在一系列中央精神指引下，在市委宣传部指导下，我们编写了这套丛书。分别从六个方面研究并论述了北京建设全国文化中心的现实状况、实现路径和未来方向：

北京作为全国文化中心城市，首先要建成中国乃至世界的文化精品创作与研发中心。要破除我国目前在文艺创作中出现的有高原无高峰的现状，通过净化文化精品育成的环境，完善创作机制，健全传播与接受机制建设，创作出具有时代特征并能得到人们普遍认可的既有"思想性""艺术性"，同时又具有"观赏性""消费性"的作品。伟大的时代需要与其相称的伟大艺术精品和引领伟大时代艺术的文化艺术大师。北京建设文化精品中心，就要充分挖掘和利用北京独一无二的深厚文化资源和人才资源，在传承优秀民族文化经典和吸收国外先进文化的基础上，排除干扰，聚精会神，目不旁骛，潜心打磨，必将产生一批有世界影响力的文化大家和文化经典，实现文艺创作和艺术教育从高原到高峰的飞跃。

北京建设文化创意培育中心，旨在通过文化创意培育有效提升北京的文化凝聚力、文化生产力和文化创造力，为北京的文化中心建设提供软实力支撑。作为全国文化创意培育中心，文化创意是城市可持续发展的"推进器"。创意北京建设的着力点，在于通过创新教育模式、创意权益的保护、城市空间的合理规划、创意氛围和社会环境的营造、城市创意指数的构建、优势行业的培育与发展等，把文化创意培育中心建设融入到北京城市转型发展和创新驱动战略之中，全面提升北京文化创意产业的质量和效益。

北京建设文化人才集聚教育中心，充分体现出人才对城市发展的重要性。在城市大竞争的时代，人才尤其是文化创意人才，作为城市发展最主要推动力的作用正日益展现出来。在某种意义说，全球高端城市的竞争从根本上说是人才的竞争。北京建设高水平的文化人才集聚教育中心，是要在当代文化、科技与经济高度融合发展的时代背景中，通过建立国际化的高端人才吸引机制、健全现代化的文化人才激励机制、打造系统化的文化人才管理机制、完善全方位的文化人才保障机制等一系列举措，为城市建设培育、吸引优质的复合型的文化创意人才，为提升城市发展水平和品质提供智力支撑。

北京建设文化信息传播中心，承载着服务首都、辐射全国的双重使命。从全球传播格局来看，北京声音在一定意义上代表着中国声音，大力发展北京文化信息传播，在国际传播格局中赢得一席之地，是新形势对北京

搭建要素配置的最优平台

的更高要求。加强文化信息传播中心建设，发展文化信息传播产业，既符合北京城市功能地位，又能与国家文化软实力建设中发挥全国示范作用的要求相适应。在"互联网+"引领我国文化领域大发展的新时代，北京大力发展文化信息传播，应秉持"大传播"理念，强化互联网思维，努力探索在传统媒体与新媒体融合语境下如何提升主流媒体传播影响力与公信力的途径，加快推动传统媒体和新兴媒体深度融合的探索与实践，提升北京在全国乃至世界文化信息传播格局中的公信力、号召力。

北京建设文化要素配置中心，旨在厘清全国文化中心城市的核心文化要素，并对其进行合理配置。城市文化要素拥有多样化的分类和属性，从时间属性来说包括历史文化与现代文化两大类，从功能属性来说包括首都文化服务功能和地域特色文化功能，从性质属性来说包括公共文化和文化产业，从形态属性来说包括精神文化和物质文化，从产业属性来说包括生产文化和消费文化。可以说，历史文化、公共文化、文化产业、文化消费以及城市所展露出的文化精神，构成了北京作为文化要素配置中心的核心支撑。同时，如何合理配置这些复杂多样的要素，使其多样共生，相融相谐，是北京面临的重大考验。北京建设具有世界影响力的文化中心城市，就是要在各文化要素配置中充分发挥北京作为中心城市和首都城市的影响力、辐射力，从而在中华民族文化复兴的伟大新时代，创构世界文明的全新经典。

北京建设文化交流展示中心，就是要面对国际国内两个市场，两个空间，树立起文化中国、文化北京的国际形象和世界城市的新品牌。北京建设文化交流展示中心，得益于北京所具有的丰富的历史文化资源，使得北京城市本身具有去向世界各国展示中华文化的特有魅力，切实有效地提升中国文化的国际影响力。文化贸易与交流展示平台是交流展示中心建设的两大支撑。其中，文化贸易是交流展示中心建设的硬实力，它以文化与经济相结合的方式，有助于北京在世界文化格局中营造话语权；而交流展示平台则是发展的软实力，讲好中国故事，展示中国精神，发掘中华智慧，滋养世界文明。这一切，都必须在全球各个国家、各个民族、不同地域之间通过展示、对话、交流、沟通来解决，最终实现双赢、共赢的共同目标。

推进北京全国文化中心建设，以文化精品创作中心、文化创意培育中心、文化人才集聚教育中心、文化信息传播中心、文化要素配置中心、文化交流展示中心为着力点，深化文化体制机制改革与创新，充分挖掘历史文化资源，完善公共文化服务体系，加强文化产业的设计和决策，灵活处理文化市场和政府指导的关系，是提升北京作为全国乃至世界文化中心影响力的必由之路。同时，我们也应当看到，文化中心建设是一个内涵和外延都较为复杂的概念，涉及文化创作、文化创意、文化人才、信息传播、要素配置和文化交流等多个层面，而且伴随着文化与科技、经济等领域的融合趋势进一步增强，建设全国文化中心不仅仅单纯是文化本身的任务，更是一个涉及多个领域的系统性工程。作为六本书的总纲，我们又编写了《北京建设国家文化中心研究（总报告）》一书，以总领并介绍各分册的内容，更利于读者阅读。

习近平同志曾指出，文化的力量，或者我们称之为构成综合竞争力的文化软实力，总是"润物细无声"地融入经济力量、政治力量、社会力量之中，成为经济发展的"助推器"、政治文明的"导航灯"、社会和谐的"粘合剂"。而应对当前我国发展面临的一系列矛盾和

搭建要素配置的最优平台

挑战，关键则在于全面深化改革。必须从纷繁复杂的事物表象中把准改革脉搏，把握全面深化改革的内在规律，特别是要把握全面深化改革的重大关系，处理好解放思想和实事求是的关系、整体推进和重点突破的关系、顶层设计和摸着石头过河的关系、胆子要大和步子要稳的关系、改革发展稳定的关系。这从方法论上给了我们一把辩证法的钥匙。

欣逢伟大变革的新时代，承载着中华民族复兴的历史使命，我们信心百倍，激情满怀：我们的中国梦一定要实现，我们的中国梦一定能够实现。

目录

搭建要素配置的最优平台

第一章 人 文

第一节 北京历程：文化发展"三步走"

研究北京的文化要素，只有从北京的历史出发，从北京的现实出发，才能摸到当下北京发展的脉搏。从"三个奥运"到"三个北京"，再到建设世界城市，是北京发展三步走的伟大战略部署，也是北京城市走向未来的三次巨大飞跃。

无与伦比的北京奥运会是中国文化走向世界的隆重的揭幕礼，是一个发展中大国国民风范走向成熟的成人礼，是科技奥运集中而全面展开的历史新篇章，也是绿色奥运成功实践、北京城市环境根本转变的分水岭。北京奥运，是北京永远的骄傲。

北京市委市政府在后奥运时代做出了重大决策，这就是在中央领导的指导下将奥运三大理念转变调整为"人文北京、科技北京、绿色北京"。这是一项重大的战略决策，具有继往开来的重要意义，既是对北京奥运辉煌遗产的总结和继承，又是对北京未来发展的开拓和创新。

习近平就推进北京发展和管理工作提出要求：要继续深入实施人文北京、科技北京、绿色北京战略，努力把北京建设成为国际一流的和谐宜居之都。这是对北京发展的一以贯之的指导，也是对北京发展的更高要求。

三个北京是全面开创和提升北京科学发展的新阶段。"三个北京"的提出构建了一个落实科学发展观，以文化创新推动北京全面

协调可持续发展的宽阔平台。它是贯彻科学发展观，改变单纯追求GDP的经济发展方式，提升北京经济文化发展层次，调整经济结构，转变增长方式，建设创新型北京的重要决策，将全面开创和提升北京科学发展的水平，增强北京的文化软实力与国际竞争力。

建设人文北京是实现三个北京的重中之重。《人文北京行动计划》提出，建设人文北京的近期目标，就是要实现改善民生、弘扬文明、繁荣文化、构建和谐的四大目标。北京将在全国率先建成覆盖城乡的民生保障体系，城市文明程度跃居全国前列，国际文化中心的地位更加巩固，社会主义和谐社会首善之区建设要取得新突破。人文北京的建设确定了"四最"目标：最具人文关怀、最显文明风采、最有文化魅力、最为和谐宜居。这是一个十分宏伟也十分艰巨的目标。一方面，它表达了北京上下一心共同创建首善之区的坚强决心，另一方面，北京也给自己树立了一个超高且必须达到的目标，它需要一往无前、勇攀高峰的精神，也需要不务虚名、脚踏实地的艰苦实践。

科技北京在未来城市发展中将引领北京走向中国乃至世界的高地。北京将充分发挥首都科技优势，通过积极承接国家科技重大专项和重大科技基础设施建设，加快建设中关村国家自主创新示范区，大幅提高自主创新能力；通过大力实施科技振兴产业工程，加快发展高新技术产业，推动首都产业结构优化升级；通过加强企业技术创新能力建设，完善企业技术创新服务平台，增强企业综合竞争力；通过提升民生科技在首都城市建设、社会管理、教育文化、医疗卫生、公共安全、生态文明、新农村建设等领域的服务水平，努力把北京建设成为我国创新发展的核心引领区和具有全球影响力的科技创新中心。

绿色北京是北京发展的长远而根本的战略。依照这一战略，北京将城市发展建设与生态环境改善紧密结合，以切实提升首都可持续发展能力为核心，把发展绿色经济和循环经济、建设低碳城市作为首都未来发展的战略方向；以技术进步、制度创新为动力，深入推进节能减排，积极开展低碳经济试点，全力打造绿色生产体系，积极创建绿色消费体系，加快完善绿色环境体系，努力把北京建设成为生产清洁化、消费友好化、环境优美化、资源高效化的绿色现代化世界城市的远景目标。

在三大北京中，科技北京是方法、工具和途径，是抵达对岸的"船"和"桥"，绿色北京是我们生存的现实条件和境遇，而人文北京则是率领三军的"统帅"，是三大北京理念的核心和灵魂。归根结底，科技北京和绿色北京的根本目标依然是"人"和"文"。人文是北京最深厚的底蕴和最显著的特征。

三个北京，集中体现为北京精神。北京精神是北京历史文化、建筑风格、城市形态，以及城市市民的价值观念、思想情操和精神风貌的集中体现，是植根于城市历史、体现于城市现实、引领着城市未来的特质，是北京城市的灵魂。北京精神是首善之区的精神，是中华民族精神最集中的体现。作为历朝古都，北京历史深厚，融古汇今。它流丽万有，和谐为宗；它中正端方，厚德载物；它大气浩然，天人合一；它人文深厚，境界高远；它以人为本，仁德为宗；它民气醇和，宽厚豁达；它刚健有为，自强不息；它开放包容，海纳百川；它改革创新，开拓进取。

在三大北京的实践基础上建设世界城市，是北京走向未来，实现新的跨越的伟大战略目标，这标志着北京发展进入一个新的更重要的历史阶段。北京建设世界城市，这是关乎中华民族伟大复兴的重大战略，是中国参与全球竞争的必要方式。从历史上看，中国的首都曾是世界上最繁荣、最发达、最辉煌的城市，具有世界影响。而近代国际经验也告诉我们，纽约的兴起和成长为世界城市，成为美国崛起乃至成为世界大国的标志。

北京建设世界城市，这是顺应历史的潮流的必然选择，是实现中华民族伟大复兴的历史要求的必然选择，也是应对全球竞争的严峻形势，开创北京发展的新阶段，带动区域经济全面快速发展，迈上历史新高度的必由之路。

北京建设世界城市，是要承担中国走向世界的国家队和先遣队的重大责任。作为国家队，北京承担着中国走向世界的重大责任和重要使命：成为21世纪世界最重要的金融之都、高新科技信息产业之都、文化创意之都、生态环保之都；为国家赢得全球竞争中经济发展、社会进步、文化繁荣的"金牌"。作为先遣队，北京要在中国率先实现现代化，就是要瞄准中国在世界文明发展中的再度崛起，中国国际地位的重大提升，中国国际环境的迅速变化，中国国际责任的逐步强化的现实，从更深远的历史视野，来审视这一历史性的抉择。

一、人文奥运：无与伦比的伟大实践

回顾过去，2008北京奥运会的历史功绩，它对于当代中国的重大意义，它的理念创新，它的宏伟实践，都将彪炳于史册。可以说，至今为止，世界上还没有任何一个城市，像北京这样把奥林匹克精神与中华文化完美融合，创造出当代奥运史上无与伦比的经典。

2008北京奥运会是建设和展示和平崛起的强大中国的历史性转折点，是中国文化、北京形象走向世界的隆重的揭幕礼，是北京建设全国文化中心的精彩预演，是北京走向世界城市的壮美开端。这是30年改革开放成果的全面总结和展现，是中国走向另一个30年，走向未来的新的"开幕式"。国际奥委会主席罗格先生说得好，"我相信，历史学家将把2008年奥运会看成是中国发生重大变革的一座重要的里程碑。"

北京奥运会三大理念的提出，恰逢文化在当代世界各国社会结构中地位的重大提升之际，恰逢中国国家经济实力快速增长之际。它彪炳文化的伟力，呼唤中华文明的价值重构，推动中国文化走出去；它让全球的目光聚焦中国，真正成为展示中国新的国际姿态，重建"文化中国"的当代形象的世界舞台。人文奥运是北京向世界提出的具有独特价值的创新理念，是"绿色奥运、科技奥运、人文奥运"三大理念的核心，是对奥林匹克精神的一种创新和发展。它依托于有着五千年悠久历史的中国文化的深厚底蕴，展示了北京对世界奥林匹克精神的积极继承、深入开掘与创新发展。

北京奥运会是文化的奥运，是世界文明史上规模最大的文化事件。"世界给我十六天，我还世界五千年。"在北京奥运会上，历史悠久的奥林匹克文化与源远流长的中华文明有了一次伟大的握手，世界各国各民族文化与中国文化有一次宏伟的交会。北京奥运会，推动了世界各民族文化的交融互惠，多元创造、对话交往，是21世纪奥林匹克文化精神交流的巨大平台。北京人文奥运体现了东方文化特别是中华文明对奥林匹克精神的开拓与发展。中国古老文化历经五千余年，是世界上唯一从未间断、绵延至今的人类文化的瑰宝，是人类童年时代便已产生的、不可企及也无法再造的世界文明的辉煌顶峰之一。它弘浩博大，流丽万有，它克明峻德，修道以仁，它刚健有为，自强不息；它阴阳相济，追求神人以和。所以，围绕"人文奥运"，北京充分开发和弘扬了中国传统文化资源，展示了中华文明，尽显中国元素，突出东方神韵，创造性地实现奥林匹克文化与中国文化的交流和融合。在奥林匹克文化造福中国社会的同时，积极地以中国文化精华，包括丰富的传统体育文化与多样化的民族体育文化，来补充和发展奥林匹克文化，从而凸显北京2008年奥运会独一无二的历史价值。

北京奥运是人民的奥运，大众的奥运，生活的奥运，老百姓的奥运。它体现了当代中国的这一强烈的民生关怀。惠民是它贯彻始

终的主题。顾拜旦在当年的《奥林匹克宣言》中，提出了未来奥林匹克运动（田径运动）的两个新的特点，这就是大众化与国际化。这是现代奥林匹克主义的最早探索与表达，具有重要的开创性意义。《奥林匹克宪章》一直奉守和平友谊的宗旨，团结鼓舞大众参与体育实践，以更快更高更强的进取精神和公开公正公平的法制原则，激励世界各国人民特别是青年建立一个和平的而更美好的世界而奋斗。所以，奥运的生命力在于大众的参与，在于奥林匹克精神的更加广泛的普及。2008北京奥运会动员了全国人民特别是5亿青少年投入奥林匹克运动，创造了一百年来的现代奥林匹克运动的巨大的飞跃。这一奥林匹克人文关怀的伟大实践，开启了奥林匹克运动的新起点。

北京提出的全民健身、全民奥运的理念，将奥林匹克重在参与的思想，引申和发展为全民奥运，全民健身的实践：全民奥运的目的在于全民健身。让包含青年、妇女、儿童在内的全体人民为着自己身心健康而参与奥运，因此，北京奥运才成为百姓的奥运、大众的奥运，以民为本的奥运。当代中国正处于快速发展中，我们比以往任何时候，都更强烈地感受到对积极健康的生活方式、生活质量以及对由积极健康的生活方式相应带来的人文精神的渴求。人文奥运的理念中包含着当前中国人民乐观向上、改革进取的精神风貌、开阔开朗的胸襟气度和对人类文明的崇尚和发扬。

北京奥运是一个发展中的大国国民风范走向成熟的"成人礼"，是一个和平崛起中的中国国民心态的一次全面升华。2008年8月的北京，是一个特殊的舞台。这是一扇特殊的窗口，既展示体育健儿的精神风貌，又彰显赛场观众的礼仪风度。作为北京奥运会的东道主，中国观众是赛场的主人，每个人都是奥运舞台的主角，每个人都是中国文化的使者。此刻，他们代表北京，代表中国。无疑，北京奥运会是一次塑造中国国民形象的最好机遇和最大挑战。

抓住了这个机遇，我们向世界展现了一个有自己鲜明特色的文明现代的中国人形象。

正是在北京奥运会，北京观众完成了从金牌至上到推崇体育精神的升华。当杜丽痛失第一块金牌时，成熟的中国观众没有给杜丽更多的压力，而是给她更多的理解、宽容与鼓励，此后，杜丽以一个完美的胜利回报了国人的信任。北京奥运会，当年，无数的中国人曾为一场最终失败的比赛而欢呼，那就是中国男篮与西班牙男篮的比赛，没有人对这场比赛而遗憾，因为观众满足于欣赏到了一场激情对决的过程，获得了精神的巨大享受。当日本体操选手富田洋之在吊环失误之后表现出顽强的拼搏精神，得到了中国观众的热情鼓励和支持。北京的包容与厚德展示了它深厚的底蕴。金牌是重要的，对全世界任何一个国家，任何一位运动员和观众来说都是这样；但比金牌更重要的是竞赛背后体现出来的伟大的奥林匹克主义，是崇高的奋斗和拼搏精神。奥运的赛场上，永远没有失败者。北京奥运让北京市民和中国观众从锦标主义和金牌至上的束缚中走出，获得精神的升华。

北京奥运会为奥林匹克史上留下的另一个重要的遗产，是奥林匹克的"志愿精神"。当美丽的"蓝军"在奥运赛场内外以他们真诚的微笑和完善的服务赢得世界的赞叹的时候，中国志愿者的宏伟阵营和伟大事业便迎来了它隆重的奠基礼。志愿精神是奥林匹克主义的重要组成部分。奥运会志愿者的历史可以追溯到1896年的希腊奥运会，20世纪80年代后，奥运会志愿者活动被正式纳入组委会的工作计划，成为举办奥运会的重要组成部分。1992年巴塞罗那奥运会举办时首次对奥运会志愿者的内涵做出界定：奥运会志愿者是在举办奥运会过程中，以自己个人的无私的参与，尽其所能，通力合作，完成交给自己的任务，而不接收报酬或其他任何回报的人。国际奥委会主席雅克·罗格就曾说过："奥林匹克运动会是运动员的

搭建要素配置的最优平台

盛会，也是志愿者的盛会。""奥林匹克之父"皮埃尔·德·顾拜旦复兴了现代奥运会，他一直反对肌肉凌驾于精神之上，而要通过奥林匹克运动促进人"灵与肉"的均衡发展，培养人们的集体主义精神，爱国热情和奉献精神。

志愿者是奥林匹克运动的重要组成部分，是主办城市的"名片"，是主办国的形象大使，他们的综合素质、服务水平、参与热情、事物安排等的整体风貌关系到奥运会的成败。北京奥运会志愿者项目自2005年6月正式启动以来，形成了由赛会志愿者、城市志愿者、社会志愿者、"迎奥运"志愿服务、北京奥组委前期志愿者、奥运会志愿者工作成果转化等六个工作项目和"微笑北京"主题活动组成的总体格局。当年，北京奥运会、残奥会赛会期间，除有十万名赛会志愿者直接为赛会提供服务外，在奥运场馆周边重点区域及全市重要交通枢纽、商业网点、旅游景点、医疗机构、住宿酒店、文化活动场所等城市重点区域设立了2000个城市志愿服务站点，有40万人以上的城市志愿者提供信息咨询、语言翻译、应急救助及具有区域特点的志愿服务，同时有170万人以上的社会志愿者在社区乡镇开展日常志愿服务活动，有千万人投身"微笑北京"主题活动。

2008北京奥运会，志愿者特别是青年一代展现了崇高的奉献精神，利他主义的伟大情操。创造了奥林匹克史上规模最为巨大的志愿者运动。几十万志愿者活跃在赛场内外，被称作"鸟巢一代"的"80后外交官"，展现了美好的"中国表情"。他们用微笑夺得一块珍贵的"金牌"——联合国秘书长潘基文授予北京志愿者协会"联合国卓越志愿服务组织奖"。《纽约时报》感叹："北京给了世界一份青春。"

二、人文北京

从奥运三大理念到三个北京，这是北京市委市政府在后奥运时代做出的重大决策。三大奥运的理念和实践获得了巨大成功，如何将这一成果发扬光大？北京市委提出，将2008年北京奥运会提出的三大理念适时地转变为"人文北京、科技北京、绿色北京"的新理念，并作为学习实践活动的主题。这是一项重大的战略决策，具有继往开来的重要意义。它既是对北京奥运辉煌遗产的总结和继承，又是对北京未来发展的开拓和创新。

"人文北京"的提出构建了一个落实科学发展观，以文化创新推动北京全面协调可持续发展的宽阔平台。它是贯彻科学发展观，改变单纯GDP经济方式，提升北京经济文化发展层次，调整经济结构，转变增长方式，建设文化北京、创意北京、创新型北京的重要决策，将全面开创和提升北京科学发展的水平，增强北京的文化软实力与国际竞争力。

人文北京是三大北京理念的核心和灵魂。以人为本，服务民生，为最广大的人民群众的长远利益奋斗，这是中国共产党人一切行动的目的和出发点，也是各级服务型政府一切工作的归宿和标准。在三大北京中，科技北京是方法、工具和途径，是抵达对岸的"船"和"桥"，绿色北京是我们生存的现实条件和境遇，而人文北京则是率领三军的"统帅"。因为，说到底，科技北京和绿色北京的根本目标依然是"人"和"文"。

（一）参与全球竞争　强化软实力

人文北京是个内涵十分丰富的广义理念。它包含了全面落实科学发展观的当下社会背景；包含以人为本、以文化人，大力弘扬人文精神，促进人的全面发展的指导理念；包含持续改善保障民生，不断繁荣发展文化，构建文明和谐环境的现实任务；也包含了提高首都的人文向心力、文化竞争力和文明感召力的软实力目标。

说到软实力这一概念，不能不提美国前助理国防部长、哈佛大学的约瑟夫·奈和海军上将威廉·欧文斯1990年合著中曾提出过的

软实力，还有法国著名的学者阿蒙·马特拉谈到的信息时代的文化软实力问题，加拿大的马西欧·弗雷泽谈到的软实力，美国加州大学教授曼纽尔·卡斯特论述的网络社会的崛起，马克·波斯特提出的第二媒介时代等。还有一些人，如著名的经济学家泰勒·凯恩谈到创造性破坏，全球化、文化多样性等；美国著名外交家傅利明在其《论实力》中所涉及的治国方略和外交艺术中谈到文化软实力的问题。这些著作、论述在全球掀起了对于软实力问题的高度关注。整个世界从20世纪末开始，已经开始了文化转向的时代，也就是由过去以军事硬势力、经济实力为基础，转变为文化软实力已经上升到重要地位，尤其是发达国家率先在文化软实力上，占有了重要的、绝对高的位置。

1998年以后，文化多样性和文化软实力的问题，集中在了文化与发展的关系问题方面。文化与发展，我们过去认为，发展就是硬道理，这个发展主要指经济的发展、GDP的发展等。从20世纪末以来发展有了根本性的转变，发展与文化有着密切的关系。过去认为经济是文化发展的最重要的内涵，现在发生了根本性的转变，这个转变表现为文化的繁荣是发展的最高目标。说到底，文化和经济，过去文化作为手段，文化搭台、经济唱戏，文化作为手段的地位已经发生了根本性的转变。文化就是市场、文化就是经济、文化就是实力，文化在这一发展过程中越来越成为由软变硬的实力。这只要看看发达国家在整个文化产业方面、创意产业、内容产业以及众多娱乐数字方面所发挥的巨大作用，我们就可以看到这一发展的变化。

对于文化的认识，过去我们常常将文化看作手段、附属的东西，但现在文化的发展应该成为我们关注的未来发展的目标。

我们看到，文化在21世纪发生了重大的转变。我国在国家战略层面上，文化价值也发生了重大变革。长期以来，文化并不集中在国家构架的中心，只是在党的十五大后期、特别是十六大才把文化作为最重要的组成部分，十六大确立了由经济、政治和文化三项基本内容，到十七大由经济、政治、文化和社会的四位一体，由"三基"鼎立到"四位一体"确定了我国在国家的构架中文化回到了它的重要地位。在此之前，对文化有相当程度的忽视。

在这个意义上探讨文化，还是要回到文化软实力的自身内涵，就是我们国内的文化软实力包含哪些方面呢？文化软实力应该包括文化凝聚力——这是文化创造的重要源泉；应该包含文化的影响力——内部影响力和外部影响力；包含文化的生产力——这是经济发展的强大推进力，文化生产力介入经济、介入市场之后产生了巨大的推力；文化服务力——就是公民享有的基本权利和公共文化服务。在这四个方面，凝聚力和吸附力是文化软实力力量的体现，而生产力和服务力，则是协同动作两翼齐飞、两轮动力的基本格局。四者合一，构成文化软实力的国际国内竞争力。

北京《行动计划》把人文北京放在建成具有中国特色和国际影响力的世界城市的高度来予以强调，指导思想明确，目标高远。北京建设世界城市，这是关乎中华民族伟大复兴的重大战略，是中国参与全球竞争的必要方式。从历史上看，中国的首都曾是世界上最繁荣、最发达、最辉煌的城市，具有世界影响。而近代国际经验也告诉我们，纽约的兴起和成长为世界城市，成为美国崛起乃至成为世界大国的标志。东京成为世界城市，也成了日本崛起为世界大国的象征。北京建设世界城市，是因应历史的呼唤，回应全民族的期盼，去实现中华民族伟大复兴的历史要求。

如何在具有中国特色世界城市的视野构筑北京的文化影响力，这就需要北京以首善标准来要求衡量自身的发展。北京如何建设繁荣、文明、和谐、宜居的首善之区？《行动计划》提出，北京将在全国率先建成覆盖城乡的民生保障体系，城市文明程度跃居全国前列，国际文化中心的地位要更加巩固，社会主义和谐社会首善之区

建设要取得新突破。并为人文北京的建设确定了"四最"目标：最具人文关怀、最显文明风采、最有文化魅力、最为和谐宜居。这是一个十分宏伟也十分艰巨的目标。一方面，它表达了北京上下一心共同创建首善之区的坚强决心，另一方面，北京也给自己树立了一个超高且必须达到的目标，它需要一往无前、勇攀高峰的精神，也需要不务虚名、脚踏实地的艰苦实践。

《行动计划》提出了建设人文北京的近期目标。这就是要实现四大支柱和十大工程。四大支柱是指改善民生、弘扬文明、繁荣文化、构建和谐。四大支柱勾画了人文北京总体发展的内容，所指明确。建设人文北京的十大工程是指：(1)民生保障与改善工程；(2)社会主义核心价值体系建设工程；(3)市民文明素质提升工程；(4)城市文明建设工程；(5)学习型城市建设推进工程；(6)历史文化名城保护工程；(7)公共文化服务体系建设工程；(8)文化创意产业发展工程；(9)法治环境建设工程；(10)社会建设推进工程。十大工程将近期目标予以分解归类，使之成为由虚变实，实际操作的实践项目，已经在实施中一一落实。

（二）以人为本　心系民生

如何实现人文北京的理念，让它成为惠及于民、落在实处、可见可行、可感可查的为民工程，《行动计划》提出了六项实践措施。(1)稳定和扩大就业；(2)加大保障性住房建设力度；(3)完善基本医疗卫生制度；(4)推动教育优先发展；(5)加强社会保障体系建设；(6)推进"公交城市"建设。这六项工程，都是北京市民最关切的基础性生存性问题。这一工程的成败，很大程度上决定着人文北京建设的成败。

民生是什么？民生就是老百姓一年年一月月的衣、食、住、行。仓廪实而知礼节，衣食足而知荣辱。一切"人文"的基础源于"仓廪实"和"衣食足"。《行动计划》首先关注百姓的就业问题。提出要不断稳定和扩大就业岗位，逐步扩大就业规模，引入就业评估机制，建立经济发展和就业扩大的良性互动机制。《行动计划》高度关注低收入家庭和中低收入住房困难家庭，制定措施切实帮助他们明显改善住房条件。在老百姓特别关注的"看病难""看病贵"的问题上，《行动计划》强调要加快推进覆盖城乡居民的基本医疗卫生制度建设，完善公共卫生服务体系、基本医疗服务体系、基本药物供应保障体系和基本医疗保障制度。并不断完善社会保障体系，提高社会保障水平，推进社会保障城乡一体化，努力实现"制度全覆盖、衔接无间隙、人人有保障"的目标。对于市民抱怨多多的"出行难"的问题，《行动计划》提出，坚持公共交通的公益性和优先发展原则，不断改善乘车环境，为市民提供快捷、安全、方便、舒适的公共交通服务。并明确提出了中心城区公共交通出行比例达到42%的目标。

以人为本，心系民生。这是我党的优良传统，也是服务型政府的宗旨。只有把这些关乎人民群众的根本利益的事情办好，才能把人文北京的基础夯实。

（三）文化繁荣　文明跃升

21世纪以来，文化与发展日益引起世界各国的普遍关注。世界经济的一体化、全球化，高新科学技术特别是信息与媒体技术的发展，使人们不得不对文化的发展投以极大的关注。越来越多的国家和民族认识到文化对于当代社会经济生活的巨大影响和制约。世界各国普遍关注文化在人类发展中的极其重要的作用。经济的发展成为一个民族的文化的一部分，而脱离人或文化背景的发展是一种没有灵魂的发展。人类的发展不仅包括得到商品和服务，而且还包括过上充实的、满意的、有价值的和值得珍惜的共同生活，使整个人类的生活多姿多彩。因此，文化作为发展的手段尽管很重要，但它最终不能降到只作为经济发展的手段或促进者这样一个次要的地

位。发展与经济是一个民族的文化的组成部分。发展可以最终以文化概念来定义,文化的繁荣是发展的最高目标。文化的创造性是人类进步的源泉。文化多样性是人类最宝贵的财富,对发展是至关重要的。因此,文化政策是发展政策的基本组成部分,而今天我们的文化政策必须更加适应新的飞速发展的需要。

奥运期间,中国文化、中国元素获得了国际社会的高度认可,文化北京的城市形象逐步形成了品牌效应。奥运期间,北京市民的文明素质也获得了很大的提升,塑造了文明礼貌的国民形象,特别是奥运会志愿者的上佳表现,受到了世界各国朋友的由衷赞扬。

后奥运时代,在建设人文北京的大行动中,我们更要继承北京奥运会的伟大精神遗产,发扬奥运传统,推进市民思想道德建设,提升市民科学文化素质,积极宣传、推广社会主义核心价值观,促进市民身心健康,培育文明高尚的社会风尚,进一步推进城市环境文明建设,推进公共秩序文明建设,提升窗口行业文明服务水平,将奥运开创的社会志愿服务全民行动发扬光大,更上层楼。

(四)两轮驱动 两翼齐飞

公共文化服务体系与文化创意产业是北京建设创新型城市的"车之两轮""鸟之双翼"。公共文化服务体系是新形势下为满足人民群众日益增长的文化需求,保障广大市民享有基本的文化权益的公共福利性事业;而文化创意产业,则是在市场经济的环境下,北京参与国际国内竞争的经济型引擎。二者相辅相成,对立统一,两轮驱动,两翼齐飞,构成人文北京建设的重要组成部分。

《行动规划》确定了历史文化名城保护、公共文化服务体系建设等项工程,来全面落实北京文化服务与文化经济的两轮驱动与两翼齐飞。《行动规划》在公共文化服务体系建设工程中提出,要加快公共文化服务设施建设、加大公共文化惠民工程力度,大力提高公共文化供给能力和服务水平、完善公共文化服务投入机制、加大文化市场监管力度，这一系列措施将全面推动公共文化服务体系的建设。同时，《行动计划》又将北京历史文化名城的保护放在重要日程上考虑，提出健全文物保护体制机制，充分发挥首都文物、档案资源的功能，加强非物质文化遗产的保护等多项措施，合理解决城市发展规划与历史文化名城保护相协调的问题。不断提升文化遗产的价值，充分展现首都特有的古都风貌和深厚的文化底蕴。

文化创意产业是北京经济的支柱产业，如何巩固和提升北京文化创意产业的支柱地位，增强文化创意产业创造社会财富和就业机会的能力，是人文北京建设的重要组成部分。《行动计划》提出，北京文化创意产业增加值要继续保持年均两位数增长，文化创意产业增加值要达到地区生产总值13%。通过进一步健全文化创意产业扶持政策，壮大优势行业和发展新兴产业，加强科技与文化的结合，运用现代科学技术改造传统文化业态，推进文化要素市场建设，加快文化创意产业集聚发展，培育文化创意产业骨干企业，提升文化创意产业国际化水平，把北京建设成为全国的文艺演出中心、出版发行和版权贸易中心、广播影视节目制作和交易中心、动漫游戏研发制作中心、广告和会展中心、古玩和艺术品交易中心、设计创意中心、文化旅游中心、文化体育休闲中心。

（五）法制完善　社会和谐

一个全面发展的人文北京离不开完善的法制和社会的和谐。《行动计划》设立了法治环境建设工程，将之作为人文北京建设的重头来予以实施。计划中强调，要依法保障人民群众的基本权利，坚持立法为民，更加注重加强改善民生、公共安全等社会领域立法，更加注重发挥法规保障公民权利、规范政府权力、维护社会公平正义的功能。同时根据不同地区、不同群体、不同阶段的要求，有针对性地开展法制宣传教育活动，提高全体市民的法律素质，引导群众依法有序表达利益诉求。并提出加强和改进法律援助工作，

进一步拓展法律援助领域，努力实现"应援尽援"；全面构建首都公益性法律服务体系。继续鼓励和引导社会力量参与法律援助工作，创新社会管理体制。

和谐是中华传统文化的核心，也是党的十七大提出的重大治国方略。建设人文北京，必须建设一个安居乐业的和谐社会。为此，《行动计划》提出，要实现社区规范化建设，全面提升社区科学管理、公共服务和民主自治水平，形成科学合理的社区治理结构完善社会公共服务。不断扩大和完善社会公共服务，不断满足广大人民群众的公共服务需求和对幸福生活的新期待。对于政府来说，要进一步推动政府职能的转变，加大政府购买公共服务力度，实现政府、市场、社会资源有机整合，不断创新公共服务的提供方式。

和而不同，协和万众。30多年的改革开放，北京高速发展，使得不同群体的利益得失发生巨大变化，各个阶层的生活状况也发生了进退升降。改革获得了大量成果，积累了大量财富，全面提升了北京市民的生活水准，但也积累了大量矛盾和问题，如贫富差距，社会不公，诚信丧失、职务腐败，弱势群体困境等。一系列新的矛盾需要化解，一系列新的社会关系需要理顺。这是转型时期社会发展的必然过程和必要代价。因此，中央提出和谐社会的总体理念意义深远。通过人文北京这一全体市民参与的富于凝聚力的大众文明实践，来凝聚人心，使整个社会更趋和平、和解与和睦，使得全体市民团结图强，和衷共济，实现北京建设世界城市的宏伟目标，实现中华民族伟大复兴的百年祈愿。

计划周密，贵在践行。尽管《行动计划》目标明确，规划宏伟，内容翔实，项目清晰。然而关键在执行，在落实。实践是检验真理的唯一标准。人文北京的成败，最终取决于北京市委市政府与全体市民的共同实践。而且可以肯定的是，《行动计划》在执行过程中必将遇到许多并不容易解决的问题和困难。但是，我们相信，通过北京奥运会严峻考验的北京市民，万众一心，同心同德，具有强大的凝聚力和行动力，一定能实现人文北京的宏伟目标。

三、新的视野：具有世界影响力的文化中心城市

在北京"三步走"的发展中，北京提出了更新更高的目标，就是要建设富有世界影响力的文化中心城市。在此过程中，如何建设人文北京？就是要将它放在建设具有中国特色和国际影响力的世界城市的高度，来发展，来强调，才能真正实现人文北京的宏伟目标，实现文化软实力的影响力、凝聚力和竞争力。

北京建设具有世界影响力的文化中心城市，这是顺应历史的潮流，回答现实发展的必然选择。是实现中华民族伟大复兴的历史要求的必然选择，也是应对全球竞争的严峻形势，开创北京发展的新阶段，带动区域经济全面快速发展，迈上历史新高度的必由之路。

北京建设世界文化中心城市从总体上来看，就是要承担中国走向世界的国家队和先遣队的重大责任。作为国家队，北京承担着中国走向世界的重大责任和重大使命，成为21世纪世界最重要的金融之都、高新科技信息产业之都、文化创意之都、生态环保之都，以及文化上最具特色的文化历史名城。要参与激烈的全球"红海"竞争，为国家赢得全球竞争中的经济发展、社会进步、文化繁荣的"金牌"。

作为先遣队，北京就是要在中国率先实现现代化，就是要瞄准中国在世界文明发展中再度崛起的重大的提升之际，在中国国际环境的迅速变化之中，承担起自己的国际责任。北京要担起中国的国际责任的很重要的一部分，要强化从更深远的历史视野来看北京走向世界城市的重大决策。

（一）实现中华民族伟大复兴的历史要求

从历史上看，中国的首都曾是世界上最繁荣、最发达、最辉煌

的城市，具有世界影响。近代国际经验告诉我们，纽约的兴起和成长为世界城市，成为美国崛起乃至成为世界大国的标志。东京成为世界城市，也成了日本崛起为世界大国的象征。北京建设世界城市，是因应历史的呼唤，回应全民族的期盼，实现中华民族伟大复兴的历史要求。北京作为历史悠久的文明古都，中国近千年来最重要的政治中心、文化中心，它的发展变化与中华民族的兴衰际遇息息相关。北京是中国的象征，北京文化是中国文化的典型代表，北京的发展是中华民族伟大复兴的集中体现，这在举办29届奥运会的过程中，得到了充分的验证。

今后几十年，将是中华民族实现伟大复兴的重要历史时期，北京建设具有世界影响力的文化中心城市，就是要瞄准中国在世界文明发展中的再度崛起，中国国际地位的重大提升，中国国际环境的迅速变化，中国国际责任的逐步强化的现实，从更深远的历史视野，来审视这一历史性的抉择。

（二）承担中国走向世界的国家队的重大责任

在全球化的潮流推动下，在世界城市化的浪潮中，城市之间特别是世界城市之间的竞争代替了壁垒森严的国家、民族间的斗争，上升为重要的国际战略。21世纪，国际化大都市之间的竞争，成为世界各国之间竞争的重要方式。21世纪是城市的世纪，是城市大竞争的世纪，是国际化大都市特别是世界城市之间大竞争的世纪，是世界城市带动的都市圈作为全球经济中心并日益成为文化中心的大竞争的世纪。

因此，北京选择建设具有世界影响力的文化中心城市，就是选择了一条参与当代新形势下国际化大都市之间高端竞争的发展方式。作为参与国际竞争的中国代表队，北京承担着中国文化走向世界的重大责任和重要使命，北京要代表中国向世界传播与展示中国文化形象，要在文化产业硬实力与文化环境软实力方面与世界其他城市进行竞争。

（三）应对全球竞争的严峻形势的需要

随着北京进入世界的步伐加快，北京的发展已经日益与世界的经济、文化紧密联系在一起，我们必须时刻关注全球的发展变化。但是，长期以来我们习惯于关注自己眼前的发展，手头的工作和应急的任务，我们的国际视野还不够宽广，我们的国际联系还不够广泛，我们应对世界经济政治的经验不足，特别是应对危机的策略还不够完善。因此，北京提出建设具有世界影响力的文化中心城市，是北京应对国际发展需求的正确决策，它要求北京更多更清醒更具体的了解世界，进入世界，应对世界。

世界竞争的形势是严峻的。从历史上看，世界上任何一个城市都有其兴衰存亡的际遇。澳大利亚戴维·F·巴滕认为，城市的地位是变化的。由数据可知，一些原来占据主导地位的城市，如今往往已经萎缩，而另外一些城市，如墨西哥城和圣保罗，仅在过去半个世纪就极大地扩张了它们的版图。[1]前几年，美国《纽约时报》在评论版中以中文标题发表著名专栏作家克里斯托夫的评论文章：《从开封到纽约——辉煌如过眼烟云》。这篇从中国中部城市开封发出的评论，回顾了1000年前全世界最繁荣城市开封不再像历史鼎盛时期那样有着无与伦比的富庶繁荣，"连个省会也不是，地位弱化，以致连机场都没有。这种破落相更让我们看清楚了财富聚散的无常"。作者以开封衰败的历史，提示美国切不可骄傲自大，需再接再厉，保持住自己的辉煌。文章发人深省，鞭策美国人的同时，也让我们认清：激流勇进，不进则退，前车可鉴，后事之师。北京不可掉以轻心。

作为一个发展中国家，我们底子薄、环境差、基础弱，面对激

搭建要素配置的最优平台

---

1 [澳] 戴维·F·巴滕：《网状城市群：都市圈发展的创新模式》，《城市观察》，2009年第1期，第42页。

烈的全球竞争，随时都有被国际强队挤出"赛道"的危险。作为后来者，我们必须要付出更多的努力，更多的心智，选择更优的发展道路，才能实现跨越式的发展。所以，选择建设具有世界影响力的文化中心城市，就是要在复杂的全球竞争形势下，学习全球世界城市建设的国际经验，寻找最佳的应对战略和策略。在这一点上，比起国内上海等城市早已开始的研究和推动，北京显然已经落后了。

（四）因应北京内在发展的必然要求

北京提出建设具有世界影响力的文化中心城市，是适应北京自身内在发展的需要的选择。改革开放的30多年来，北京经历了粗放的资源型产业到制造业发展，再到投资型发展的阶段，现在正在走向了金融发展、科技创新、文化创意的新阶段。进入一个产业升级换代、全面调整产业结构的非常重要的历史时期。

国际经验告诉我们，世界各国的国际化城市，都曾经历产业结构的调整升级，文化创意产业在产业结构的调整中发挥着重要作用。20世纪末，英国伦敦面对世界全球化、信息化、网络化的发展，适时地提出调整产业结构，发展创意产业的战略决策，使伦敦乃至英国获得了长达10年的创意产业的高速发展。欧盟展开的欧洲城市复兴旗舰项目，也是面对欧洲制造业的衰落，进行产业结构调整，升级换代，寻找城市发展的新增长点的成功案例。

北京目前人均GDP达到10000美元，服务业达到73%的人均GDP达到中等发达国家水平，服务业比重也达到了一些发达的国际城市的水平，在这样的转型时期，北京提出建设具有世界影响力的文化中心城市，就是适应产业结构调整，产业自身上层次，上台阶的需要。

（五）带动京津冀城市圈与环渤海协作区区域经济的快速发展

从国际经验来说，几乎任何一个世界城市的发展都不可能是单枪匹马自身独立发展的结果，而是大都市圈内分工协作，共同发展的结果。世界五大都市圈的实践说明，一个世界城市如果没有城市圈内的协同，中心城市很难快速发展，也很难在全球经济中占据重要地位。一个内部经济发展协调的都市圈可以使地理位置、生产要素和产业结构不同的各等级的城市承担不同的经济功能，在区域范围内实现单个城市无法达到的规模经济和集聚效应，使得资源在中心城市和其他城市之间实现更优化的配置。

从以往的经验看，以行政区划为界的发展模式，是我国计划经济时期的发展模式，存在着诸多弊病。它使得中心城市的职能过于集中，发展空间狭小，中心城市与周边城市发展差距拉大，矛盾冲突凸显，产业结构缺乏层次，上下游连接脱节。与我国长三角和珠三角相比，京津冀都市圈发展缓慢，北京建设具有世界影响力的文化中心城市，是实施国家京津冀都市圈和环渤海协作区发展战略的重要步骤，是推进我国北方经济社会发展的重大举措，将带动京津冀城市圈与环渤海协作区区域经济的快速发展，将推进京津冀一体化，振兴环渤海经济带，推动产业结构的升级与换代。

第二节 北京精神：伟大首都的灵魂

北京拥有数千年的深厚的历史文化积淀，北京拥有难以尽数的物质的和非物质的文化遗产与文化资源，北京拥有纷繁多样千姿百态的文化现实与文化景观，北京还拥有构成北京哲学、宗教、道德和民俗的各种独具特色的文明要素……

那么，什么是北京文化的核心？秉承中华民族深厚文化传统，集中体现当代中国文化品格的北京精神，是伟大首都文化的核心和灵魂。

文化，是人类社会物质文明与精神文明的积淀。在当今激烈的

世界城市竞争中，文化是一个城市的名片，文化是一个城市走向世界的重要的创新之源，文化是一个城市向高端发展的必要保障。文化领域的建设和发展对于北京建设世界城市的目标具有举足轻重的意义。

一个国家需要拥有伟大的民族精神，一个城市同样需要有自己的城市精神。城市精神是一座城市的灵魂，是一种文明素养和道德理想的综合反映，是一种意志品格与文化特色的精确提炼，是一种生活信念与人生境界的高度升华，是城市市民认同的精神价值与共同追求。

城市就是文化的体现，城市就是文化的实体。城市的文化有其特定的文化结构系统。怀特将人类文化结构划分为三个层次：哲学层次是上层、社会学层次是中层、技术层次是下层。按怀特的这种划分，城市文化结构系统可以相应地划分为：精神文化、制度文化和物质文化三个层次。其中精神文化是城市文化结构系统中的最高层次，是城市文化的内核或深层结构。一个城市独特的文化，实质上体现在其独一无二、卓尔不群的文化精神上。

一、城市需要独特的文化精神

城市精神（city spirit），虽然国内外没有一个一致的定义，但城市精神主要是城市的历史文化、城市建筑风格、城市形态格局，以及城市市民的价值观念、思想情操和精神风貌的集中体现，是植根于城市历史、体现于城市现实、引领着城市未来的特质。城市精神表明了人在城市空间范围内的理想、信仰与追求。城市精神是在城市历史文化的积淀中形成的，它具有继承性、相对稳定性和一定的变异性。对于一个城市精神的概括，既是一种判断，也是一种选择，更是一种期盼。

国际著名的世界城市都有其独特的城市精神。例如，纽约的城市精神被概括为"纽约精神",指纽约高度的融合力、卓越的创造力、强大的竞争力和非凡的应变力。伦敦城市精神被概括为历史与现实的和谐统一、人和自然的和谐统一、坚强不屈的精神。巴黎的城市精神被概括为世界时尚之都、浪漫之都、服饰之都、文化之都。东京的城市精神被概括为干练、优雅、合作。

当今经济全球化、文化全球化浪潮席卷全世界,各个世界城市都在这个全球化进程中努力寻找自己在未来世界城市格局中的地位。随着"意识形态时代"的终结,世界上众多国家被迫地或主动地转向自己的历史和传统,寻求自己的"文化特色",未来的世界城市之间的竞争注定要从经济实力竞争转向文化的竞争。纵观当今世界上公认的真正有魅力的国际性大都市,例如:纽约、东京、伦敦、香港、巴黎等,不管它们是以突出什么方面来发挥其中心作用的,都必定具有高度发达而且颇具特色的城市文化。因此,北京作为中国的首都,作为中华文化的中心,保持并发展自己的文化特色是一个极具战略意义的重要使命,这将直接关系到北京建设世界城市的目标的实现。

中华古都、千年一脉。从北京在世界城市中的历史地位来看,北京自古就是一个世界闻名的历史文化名城。北京拥有三千多年的建城史和八百多年建都史,历史上长期以来就是中国的政治、文化中心和国际交往中心,其深厚的历史文化积淀形成了北京特殊的文化特色和文化精神,某种意义上北京文化就是中华民族文化的浓缩和结晶。因此,北京的文化特色和城市精神是北京创建世界城市的基础和优势。

北京,作为全国的政治文化中心,几千年历史文化积淀使北京成为独具魅力的世界名都。总结其几千年历史文化的特色,并从中发掘千年文化赋予北京独特的城市精神,是北京建设世界城市的题中之义。

"左环沧海，右拥太行"，北京拥有优越地理位置。北京地处华北大平原北端，西依太行上，北靠燕山，东南是北京湾平原。西部的群山是太行山的余脉，俗称北京西山，与北京浑然一体，是北京的龙脉之根。北靠燕山山脉，以南口关沟一线分界，与太行山脉连成一片。西山和燕山是北京西部和北部两道天然的屏障，不仅抵御着来自蒙古高原和西伯利亚的寒风，同时也阻挡了东北、西北游牧民族的南下侵袭。北京湾是指西山以东和燕山之南的冲积平原，与华北大平原连成一片。北京的气候宜人，河流湖泊众多，自然资源丰富，山川秀丽，雨水较丰，从远古时代起，我们的祖先就生活在这块土地上，逐渐发展成了中华民族的一个文化摇篮。

北京精神，是中华民族文明摇篮中一代又一代北京人共同创造、传承、实践的价值、理想，是北京建设发展过程中不断形成、丰富的文化内核、思想动力。

20世纪近现代北京几位文化名人对北京特色发表了不同的观点。

如朱自清将北京文化特色概括为：大、深、闲三大特色；

林语堂分析了北京个性的自然、艺术、日常生活三要素等。

老舍先生对于北京：母亲般的温暖与爱之所在。

关于北京的城市精神，王东先生在《北京魅力——北京文化与北京精神新论》一书中总结了20世纪以来形成的几种代表性观点。一批文化名人对北京精神进行了自己的概括，形成了六种代表性观点：李大钊的观点是"新旧兼容论"；鲁迅的观点是"继古开今论"；林语堂的观点是"生活和谐论"；老舍的观点是"精神家园论"；梁思成的观点是"内在秩序论"；侯仁之的观点是"从帝王中心论到人民主体论"。书中还列举了近年来形成的四种新的观点：杨东平在《城市季风》中将北京精神概括为："知识分子、精英文化论"；易中天在《读城记》中的观点是"大气醇和论"；李建平在《皇都京韵》中概括为："宽容和谐论"；戈佐拉等外国学者代表性观点是"东方和谐论"。而王东本人则将北京精神归纳为："多元和谐论"。

古往今来，无数先贤哲人都对北京的城市精神、核心理念、文化要旨、思想特色做出了自己的概括。北京文渊武德，通古宣今。那么，今天我们为什么还要寻找、概括、提炼北京精神？它的现实性和必要性何在？

时任北京市委书记的刘淇指出：提炼北京精神是首都各族各界人民的强烈愿望，是首都践行社会主义核心价值体系的迫切需求，是首都建设中国特色世界城市的重要举措。凝练出北京这座伟大城市的灵魂，表述她的精气神，受到社会的广泛关注、积极参与。

"爱国、创新、包容、厚德"，既概括了北京深邃厚重的民族情怀和积极进取的精神状态，又体现了其兼容并蓄的文化传统和容载万物的人文精神，也反映了北京的文化品位和首善特质。爱国是北京精神的核心，创新是北京精神的动力，包容是北京精神的器度，厚德是北京精神的品质。它们相辅相成，共同构成北京精神的完整表述。

文脉通古今、天下第一城。北京精神是伟大首都的灵魂。

二、爱国，北京精神的核心

爱国，是中华民族的光荣传统，是社会主义核心价值体系的基本内容。爱国精神是动员和凝聚全民族为振兴中华而奋斗的强大精神力量，也是北京精神最核心、最深刻、最显著的特征。

东汉许慎《说文解字》："国，邦也；从口从或"，意即用武器保卫人口、保卫土地。爱国，是对自己所属祖国的国土、人民和国家的热爱，这种热爱，既体现在情感、心理上，也体现在思想和行为上。

爱国体现在北京发展的各个历史阶段，源远流长，历久弥新。从"外争国权、内惩国贼"的"五四"运动、打响全面抗战第一枪

的"七七"事变,到开天辟地的新中国成立大典,再到高水平、有特色的奥运盛会,无不展现出北京人民所具有的"天下兴亡、匹夫有责"的爱国精神,展现出北京人民与民族命运紧密相连、心系国家发展、勇担时代使命的向心力、凝聚力和家国情怀。伴随着日新月异的时代变迁和经济社会的快速发展,北京人民爱国的内涵得到不断丰富和深化,由忠诚祖国、抵御外来侵略,到热爱祖国、关注民族发展,献身祖国建设,爱国成为推动北京发展的政治、道德基础和情感纽带、精神支柱。

立足于国家首都的特殊地位和首善之区的发展要求,爱国作为北京精神的核心,不断焕发出新的时代光辉。在新的时期,爱国,就是要不断增强民族自尊心和自信心,弘扬团结统一、爱好和平、勤劳勇敢、自强不息的伟大民族精神,自觉维护国家利益、国家形象,为祖国的繁荣富强作出积极贡献;就是要不断强化首都意识和首善意识,讲政治、顾大局、重服务,正确行使公民权利,模范履行公民义务,自觉维护首都的政治安定和社会稳定,为构建和谐社会作出积极贡献;就是要不断强化主人翁意识,把满腔的爱国之情转化为积极的报国之行,努力把自己的本职工作与国家和人民的需要统一起来,爱岗敬业、无私奉献,为建设"人文北京、科技北京、绿色北京"和中国特色世界城市作出积极贡献。

三、创新,北京精神的动力

创新即推陈出新,继往开来。最早见于北齐史学家魏收编撰的《魏书》第六十二卷:"革弊创新者,先皇之志也。"在西方国家,创新作为一种理论,最初是由美籍奥地利经济学家、哈佛大学教授J.A熊彼特在1912年德文版《经济发展理论》中提出的。

创新精神是人类求生存、求发展所必备的哲学理念和变革动力,是人类改造自然、改造社会所要求的本质力量。《易经·系辞上》载："富有之谓大业，日新之谓盛德。"《礼记·大学》载："汤之盘铭曰：'苟日新，日日新，又日新。'"我国自古就崇尚创新精神，近代以来更是把创新精神上升到救亡图存的高度。当今世界，创新精神作为人类文明的驱动力日益凸显，"实践永无止境，创新永无止境"。

创新是社会前进的基础，是民族发展与活力的源泉。没有创新，就没有社会的进步，就没有人类的发展，也就没有崭新的未来。人类社会的每一点进步都是创新的结果。勇于创新、善于创新的民族和国家，就能够迅速发展和强大；而因循守旧、缺乏创新能力的国家就会失去发展的机遇。自主创新是一个民族自立和崛起的灵魂，中华民族历来是勤劳勇敢、富有创新精神的民族。古代中国在许多具体领域都有过领先世界的科学技术，"四大发明"让古代中国闻名于世。创新精神是我们民族几千年来生生不息、发展壮大的重要动力。

周口店发掘出的"北京人"文化遗存中近10万件石片、石器以及众多的用火遗迹无不体现着先民的创新胆识。北京地区最早的开拓者就具有创新精神，一代又一代北京人将它传承光大，在历史上留下了无数创新佳话。

"五四"运动在北京发源，新思想、新文化由此传遍中国。新中国成立后，北京作为国家的首都，聚集了得天独厚的创新资源。2008年北京奥运会，再一次高扬了勇攀高峰的创新精神。创新，已成为北京精神的重要组成部分。

创新精神属于科学精神和科学思想范畴，是进行创新活动必须具备的一些心理特征，包括创新意识、创新兴趣、创新胆量、创新决心，以及相关的思维活动。它是一种勇于抛弃旧思想旧事物、创立新思想新事物的精神。创新精神就是不满足于对现状的把握，不

断开创新的局面；创新精神就是不满足现有的认识，不断追求新知；创新精神就是不满足现有的生活生产方式，根据新的变化不断进行改革和革新等。

创新是北京精神的动力，它体现了北京积极进取、追求进步的精神状态。一座城市的和谐健康发展，无论是经济的繁荣、科技的进步，还是人文的充盈，都离不开创新精神。

创新作为北京精神，表明北京以创新理念引领发展，以创新制度保障发展，以创新环境支撑发展，以创新成果促进发展。历史上北京每一步发展都离不开创新；未来北京的发展更需要创新推动，建设"人文北京、科技北京、绿色北京"和中国特色世界城市，北京需要根据自己的资源禀赋，以科技创新、文化创新"双轮驱动"，推动经济社会又好又快地发展；按照城市功能定位，大力推进服务管理创新，为创新提供体制机制保障；发挥科教优势，培育人民创新意识，培养创新人才，提高全社会创新效率，实现创新社会化；加快构建具有明显特色和优势的全球创新体系，吸纳世界创新资源和优秀成果，增强创新的核心竞争力，占领全球创新制高点。

观念创新。北京奥运会给北京留下了很多珍贵遗产，在这些珍贵遗产中，"绿色奥运、科技奥运、人文奥运"三大理念是北京奥运留给北京最宝贵的财富。在奥运会结束后，更是将其拓展为北京今后发展的新理念，建设人文北京、科技北京、绿色北京。

科技创新。北京在推动城市发展过程中，提出实施科技创新、文化创新"双轮驱动"战略，这充分强调了"科技创新驱动"的重要战略意义，把增强科技创新能力摆上战略高度。北京聚集了我国绝大部分的科技资源，是全国的科技信息中心，科研成果居全国领先地位。高技术产业生产总量位居全国前列，高技术园区发展迅猛。中关村科技园区作为国内首屈一指的高科技产业发展基地，是高新技术产业发展的重要载体，中关村园区的科技、教育、文化与高科技产业相互渗透，产、学、研之间的创新网络已逐步形成。

人才创新。世界范围内的综合国力的竞争，归根到底是人才特别是创新人才的竞争。北京有国家级科研院所200多所，有全国著名的高等院校80多所，进入"211"工程的有20多所，科技人才的拥有量全国第一，有大量的高素质创新人才资源。

文化创新。20世纪90年代以来，科技与文化成为世界经济发展的两大最重要的动力，科技与经济、科技与文化、文化与经济呈现一体化的发展趋势，文化创意产业在全球范围内蓬勃发展。北京不仅是国际化大都市更是历史文化名城，历史文化底蕴深厚。自古以来，北京就处在一个多民族交会、融合的人文地理环境中，它以博大的胸怀对各民族的优秀文化兼容并蓄，形成了多元的文化风格和深厚的文化底蕴。在这里现代文化与传统文化，中国文化与外来文化交相辉映。依托丰富的历史文化资源与雄厚的经济实力与科技实力，北京提出发展文化创意产业，建设世界文化名城，北京的文化创意产业发展迅猛。

创新作为北京精神，表明北京以敢于担当、敢于碰硬、敢于创新的精神引领发展。根据自身的资源禀赋，以科技创新、文化创新"双轮驱动"，推动经济社会又好又快地发展；按照城市功能定位，大力推进服务管理创新，为创新提供体制机制保障；发挥科教优势，培育北京人民的创新意识，培养造就创新人才；加快构建具有首都特色和优势的自主创新体系，吸纳世界创新资源和优秀成果，增强核心竞争力，占领全球创新制高点。

四、包容，北京精神的器度

北京精神中具有的另一个显著特色就是包容。包容，是指以宽阔的胸怀和气度容纳不同的人和事物。从词义上讲，包容有两个含义：一是宽容，二是容纳。《汉书·五行志下》中说："上不宽

大包容臣下，则不能居圣位。"前蜀杜光庭的《皇后修三元大醮词》："气分二象，垂包容覆载之私。"包容，既可以指人们海纳百川、雍容大度的胸襟和气度，也可以指人们博采众长、兼容并包的思维方式和精神境界，还可以指一个民族、一个地区、一个城市尊重差异、包容多样、和谐共生的文化特质和独特品格。

包容，既可以指人们海纳百川、雍容大度的胸襟和气度，也可以指人们博采众长、兼容并包的思维方式和精神境界，还可以指一个民族、一个地区、一个城市尊重差异、包容多样、和谐共生的文化特质和独特品格。

北京是多元文化的汇聚之所。北京文化的最大特点就是多元文化共融共存。从历史上看，北京正处在中原农耕文化、西北草原文化和东北森林文化的交会点上，是中国北方多民族、多文化交往融合的中心。

北京地区是三种文化、三种文明的交会之地。北京文化的源头来自三大文化，即中原文化、东北森林文化、西北草原文化。华北平原的中原文化自古就是中华文明的核心和源头，北京坐北向南，中原文化哺育了北京文明；北京文化向东北传播的同时，东北的红山文化也反哺北京文化，尤其是1644年满人入关建立清朝，更使满族文化、旗人文化、东北文化带入了北京文化之中；13、14世纪，蒙古南下灭金和南宋，并定都大都（北京），将西北的游牧民族及游牧文化带入了北京。由此可见，北京是三种文化的交会地。这种独特的地理方位，孕育和造就了北京人包容的性格和气质。

北京作为五朝古都成为中国传统文化最集中的城市。中国五大宗教，即天主教、基督教（指基督新教）、伊斯兰教、佛教和道教，在北京五方杂处，和谐共存，乃是全世界的奇观。北京天宁寺周边，聚集着五大宗教的众多著名活动场所。包括道教的白云观、基督教的珠市口堂、天主教的宣武门南堂和伊斯兰教的牛街礼拜寺。这种"宗教文化区"现象在世界大城市中也是罕见的。

随着近代欧美文化为代表的西方文化不断涌入，选择、接受和吸纳西方各国文化已经成为北京人和北京文化的一个历史特征。圆明园的西洋楼就是一个明证。总之，在北京，新与旧、古与今、中与西交叉存有，多元共生。

多元汇一，和谐为宗。自辽代以后，北京逐步成为全国的政治中心和文化中心，包括北方少数民族在内的外来移民持续增加，不同文化之间的交流融合更加频繁，如何让纷繁多样的文化之间避免冲突，和平相处，相容相谐？包容！两千年封建社会一直追求和平、稳定、安宁、长治久安。北京各种遗留下来的命名无不充斥"平、和、安、宁"。而和、和合的理念则是包容的宗旨与根本。

和谐是中华民族五千年文化的精髓，是中华文明对世界和平的伟大贡献，也是北京的城市灵魂，和谐体现在人与自然的"天人和谐"、古今和谐、民族和谐、国际和谐等方面。

北京充分体现了中华传统文化所包含的天人合一、以天合天的和谐自然观与政通人和的政治观，和为贵的人际关系社会观，和气生财的商业信条，贵和尚中的哲学观，协和万邦，善邻怀远的国际关系观。

20世纪以来，一批文化名人对北京精神进行了自己的概括。李大钊提出："新旧兼容论"；鲁迅认为是"继古开今论"，林语堂认为的北京特点是"生活和谐论"。包容与和谐，是大家的共识。

中国梦，北京梦，是新老北京人的梦想，也是全国人民的梦想。北京已经成为两千多万人的特大型城市，他已经从古老的移民城市转变为今天的现代移民城市和国际移民城市。参照联合国人居署提出的"包容性城市"概念，北京已经成为国际范围内地域开放性最高的都市之一，体现为积极评价外来人口的贡献和影响、对困难群体给予保障性社会关怀、多元人才选择相对理性与包容，包容

搭建要素配置的最优平台

力与成长性使北京在国际都市序列中地位稳步上升。

《联合国人居署最新世界城市状况报告》中清楚地表述："北京，中国的首都，是亚洲最平等的城市；它的基尼指数（0.22）不仅是亚洲城市中最低的，同时也是世界上最低的。"报告还从与美国城市作对比的角度，明确指出北京是全世界最平等的城市："美国许多城市，如亚特兰大、新奥尔良，华盛顿、麦阿密、纽约，在该国家的不平等程度最高，与阿比让、内罗毕等城市相仿。而在世界的另一端，北京却是世界上最平等的城市……"

2008年北京奥运会，是当代北京人包容精神的生动展示和集中体现，它的主题口号"同一个世界，同一个梦想"，以及脍炙人口的奥运歌曲《北京欢迎你》，就是包容精神的生动诠释。

北京是全国的政治中心、文化中心和国际交往中心，要建设社会主义和谐社会的首善之区，实现建设最具人文关怀、最显文明风采、最有文化魅力、最为和谐宜居城市的发展目标，就必须把包容作为广大市民自觉的价值追求，善于吸纳和借鉴一切优秀的人类文明成果，尊重差异、包容多样，在包容中实现融合，在包容中实现创新，在包容中促进和谐、实现发展。

为什么北京人拥有包容的精神品格？源于北京文化根深源远，底气充沛，大气醇和。包容是北京人的器度。

北京城市精神首先是它的在中国所有城市中独具一格的浩然大气。它弘浩博大，流丽万有。孟子曰"我善养吾浩然大气"，北京精神首推北京恢宏的气势，宽容的气度，海纳百川的胸怀，宏阔宽广的视野；正大光明、豁达自信、心忧天下，达观容人的城市品格和与市民风范。皇城根下的"臣民"，有历史眼光，人间阅历。

和合的理念是包容的渊源与根本。和谐是中华民族五千年文化的精髓，是中华文明对世界和平的伟大贡献，也是北京的城市灵魂，和谐体现在人与自然的"天人和谐"、古今和谐、民族和谐、国际和谐等方面；北京充分体现了中华传统文化所包含的天人合一、以天合天的和谐自然观与政通人和的政治观，和为贵的人际关系社会观，和气生财的商业信条，贵和尚中的哲学观，协和万邦，善邻怀远的国际关系观。

在实施人文北京、科技北京、绿色北京战略，建设中国特色世界城市的进程中，坚持和弘扬包容精神，就是要不断增强开放意识，树立世界眼光，进一步扩大对外交流；就是要进一步扩大城市公共服务体系和社会保障体系的覆盖面，提高城市管理和服务水平；进一步营造既鼓励创新和竞争、又宽容失败的良好氛围，让优秀人才脱颖而出、先进文化竞相绽放。

五、厚德，北京精神的品格

文渊深长、德泽天下。北京精神的另一个内涵是厚德。《国语·晋语六》："吾闻之，唯厚德者能受多福，无福而服者众，必自伤也。"

厚德载物，出自《周易》中的卦辞："天行健，君子以自强不息；地势坤，君子以厚德载物"。天（即自然）的运动刚强劲健，相应于此，君子应刚毅坚卓，奋发图强；大地的气势厚实和顺，君子应增厚美德，容载万物。古代中国人认为天地最大，它包容万物。对天地的理解是：天在上，地在下；天为阳，地为阴；天为金，地为土；天性刚，地性柔。认为天地合而万物生焉，四时行焉。没有天地便没有一切。天地就是宇宙，宇宙就是天地。这就是古代中国人对宇宙的朴素唯物主义看法，也是中国人的宇宙观。所以八卦中乾卦为首，坤卦次之；乾在上，坤在下；乾在北，坤在南。天高行健，地厚载物。然后从对乾坤两卦物象(即天和地)的解释属性中进一步引申出人生哲理，即人生要像天空那样高大刚毅而自强不息，要像大地那样厚重广阔而厚德载物。

《左传·襄公二十四年》："太上有立德，其次是立功，其次是立言，虽久不废此之谓三不朽。"确定了立德是中华文化的最高追求。古圣先贤把"立德"摆在"太上"之位置，因为"德是才之帅，才是德之资"。在古代，立德就是做圣人、创制垂法、博施济众。随着时代的发展，在当代而言，立德就是常怀爱心，积德行善，争做一个从内涵修养到外在风范的典范。古往今来，人以品为重，官以德立身。人常说："以德服人"。现代，人更讲究宽厚诚实，仁义慈祥，做人有道德修养。从武有武德，从艺有艺德，做人有品德，经商有商德。

立德做人是立功、立言的前提和基础，明代学者高攀龙曰："吾立于天地间，只思量做好人，乃第一要义。"做人的含义宽如天海、深若渊薮。这一精神也凝练在北京人的精神品格之中。建城三千多年、建都近千年的历史，培育了北京人崇德、尚德、重德、厚德的品格。注重日常道德修养，拥有高远博大胸怀，是厚德的主要内涵，也是社会转型时期特别需要提倡的精神品格。

民为邦本，亲仁爱人，厚德载物，践行首善。尽人之性，赞天地之化育。北京关注人，热爱人，提升人，追求人的全面和谐发展，爱民、惠民，唤起人们对人自身可贵、不可轻的不断体认、无限珍视。

厚德是北京精神的人格化，是北京立德扬善的首善品质和人文精神的典型反映。"厚德"是北京精神的品质。历史不仅赋予了北京辉煌灿烂的文化遗存，也培育了北京市民文明有礼的优秀品德。"厚德"，是北京人传统精神、北京人首善精神之魂。日常道德修养和高远博大胸怀是北京人厚德精神的展现，既有历史传统，又有时代特点。当前正处于社会转型时期，特别需要提倡"厚德"。

厚德的内涵随着社会的变迁而演进。当今，以为人民服务为核心，以集体主义为原则，以爱祖国、爱人民、爱劳动、爱科学、爱社会主义为基本要求，与社会主义市场经济相适应、与社会主义法律体系相配套的社会主义道德体系，极大地丰富和提升了厚德的内涵，成为中华民族新的道德追求。"2011平凡的良心"颁奖盛典在北大百周年纪念讲堂举行10位"良心人物"获"良心人物"奖。天安门广场义务捡垃圾的75岁老太太刘玉珍成为北京后的精神的代表人物。

"厚德"精神，既是对优良传统的概括和总结，又是对新的道德理想的构建和期待。厚德，就是要不断推进社会主义核心价值体系建设，坚持马克思主义指导地位，坚定中国特色社会主义共同理想，弘扬以爱国主义为核心的民族精神和以改革创新为核心的时代精神，树立和践行社会主义荣辱观；就是要以社会公德、职业道德、家庭美德和个人品德建设为载体，倡导互助、奉献的社会风尚，传承敬孝、仁义、感恩等传统美德。

特别是在我国当下发生诸多食品危机、药品危机、奶品危机的状况下，在道德下滑，诚信丧失，价值底线屡遭突破的现实下，北京精神提出的厚德更具有重要现实意义。诚信是立国之本，诚信也是立市之本，诚信这一人类最基本的美德，将在北京得到进一步弘扬。

培育和弘扬北京厚德精神，彰显了城市人文关怀，有利于实现社会主义核心价值体系与首都人民群众的价值追求、理想信念的有机结合，确保了社会主义核心价值体系所包含的指导思想、共同理想、民族精神、时代精神、社会主义荣辱观等，深刻地内化为全市广大干部群众的机制规范、精神品格和自觉行动；培育和弘扬北京精神，使社会主义核心价值体系有了体验标准和实践支撑，将社会主义核心价值体系的崇高目标，生动地体现在首都市民的工作、学习、生活中，成为构建社会主义核心价值体系建设常态机制的有益尝试。

弘德广惠崇文，首都首善首创。以"爱国、创新、包容、厚德"为主要内容的北京精神，是首都人民长期发展建设实践的概括

和总结，体现了社会主义核心价值体系的要求，体现了首都历史文化的特征，体现了首都群众的精神文化追求。培育弘扬和实践北京精神是首都践行社会主义核心价值体系的重要战略举措，事关首都科学发展的全局。北京将以培育弘扬北京精神为有力抓手，不断提高文化自觉，增强文化自信，发挥好首都国家文化中心的示范作用，为增强国家文化软实力、建设社会主义文化强国作出更大的贡献。

第三节 公共文化服务要素配置

"公共文化服务"的理念是在我国文化改革、创新的基本框架中提出的。公共文化服务对城市文化具有再造作用，它构建着文化消费的大众化基础，也是城市文化创新能力的源泉。只有把公共文化服务体系纳入到城市文化发展的规划之中，政府的文化管理职能才能有效发挥，文化事业的社会效益才能真正得到保障。

一、公共文化服务的要素构成及重要作用

公共文化服务的实质就是文化从业群体向社会提供的公共文化产品和服务，其中既涵盖了城乡公共文化设施建设、发展文化生产力、发布公共文化信息等行业行为，也涵盖了为城乡居民文化生活和参与文化活动提供必备保障和创造条件的社会行为。

公共文化服务是城市文化的重要内容，它以保障公民基本文化生活权利为目的，向公民提供公共文化产品与服务。城市的公共文化服务是由若干基本要素组成的有机体，在一系列法律法规、章程规定的程序下有机地运转。公共文化服务的要素既涵盖了公共文化服务设施、公共文化的载体、平台等硬件设施，也涵盖了资金、人才、信息、活动和政策保障等软性配套服务。综合分析公共文化服务内外部的各因素的功能及其相互间的关系，构建安排合理、运行

良好的公共文化服务机制，是公共文化服务职能提升的关键所在。

（一）公共文化服务的要素构成

2007年8月，中共中央办公厅和国务院办公厅在《关于加强公共文化服务体系建设的若干意见》中就指出要努力建设以公共文化产品生产供给、设施网络、资金人才技术保障、组织支撑和运行评估为基本框架的覆盖全社会的公共文化服务体系。公共文化服务体系具体包含着实施重大公共文化服务工程、公共文化基础设施建设工程(各类文化馆、博物馆、图书馆、美术馆、艺术馆、纪念馆和广播电视台、互联网的公共信息服务点和卫星接收设施公共服务管理系统等公共文化设施建设)、公益性群众文化活动的开展等内容。

根据以上文件，结合以往研究成果，我们认为从供给的角度看，公共文化服务体系建设涵盖一下几个基本要素。

1. 服务对象

公共文化服务的服务对象是公共文化服务生产者和提供者的活动所指向和作用的对象。公民的各种直接文化需求，在很多情况下是通过组织汇聚的方式表达出来的，因此，公共文化服务满足的是公民及其组织的基本的文化需求，公共文化服务具有公益性，现代的公共文化服务体系是以全体人民为服务对象，以保障人民群众参与公共文化活动、进行公共文化鉴赏等基本文化权益为主要内容的公共文化服务体系。

从历史发展看，由于文化资源的有限和社会阶层差异的存在，公共文化服务的很多领域都长期存在着不公平的情况。以博物馆为例，博物馆是集中展示人类历史文明成果的重要场所，能够起到教化民众、传播知识、保护文化遗产的社会作用。是当今世界传承文明、传播文化的重要渠道，也是提升城市品位、丰富市民生活的重要平台，在经济社会发展中发挥着不可替代的重要作用。

然而，从历史上看，无论中国还是西方，相当长时间里，并不

存在现代意义上的公共博物馆，一些国家或私人的收藏，为少数人所独占，也只允许少量的王公贵族参观。直到1793年卢浮宫开放后，世界博物馆才开始了其服务于社会公众的进程。博物馆的公益性和非营利性在国际社会被达成了共识，并被写进了国际博物馆协会章程。1974年，国际博物馆协会提出博物馆的新定义将博物馆定位于不追求营利，为社会和社会发展服务的公开的永久性机构。现在世界许多国家，博物馆都实行免费或低价对观众开放。博物馆的经费一般都由国家或地方政府负担，或由某基金会提供赞助。许多世界著名的博物馆都有免费参观或对少年儿童、老人免费开放的措施。它把收集、保存、研究有关人类文明当作自己的基本职责，以便展出，公之于众，提供学习、教育、欣赏的机会。对博物馆公共性的强调，体现了博物馆对其基本职能认识的突破性转变，标志着博物馆公众服务意识的生成，也标志着对民众公平参观使用博物馆这一基本文化权利的正式认可。

公共文化服务具有极强的外部性，间接地带来了巨大的社会收益，因为每个公民文化素质的提高，正是社会整体文明程度提升的基础。公共文化服务提供的是公益性极强的公共物品，公共文化服务追求的是公共利益的最大化，体现的是全体社会成员的共同利益。公共文化服务通过直接服务个人，间接地服务了整个社会。必要而完善的公共文化服务，对促进公民文明素质的提高、社会共同价值观的形成、和谐友爱文化氛围的营造、宽容社会风尚的形成等，都具有无可替代的重要作用。

2. 公共文化政策法规

公共文化政策法规是公共文化体系发展的重要环节。政府要出台相关的政策法规，进行必要的投入，才能保证公共文化服务体系的建立与正常运转。作为党的十六大以来我国文化建设的重大战略部署，公共文化服务体系建设已经得到了中央和地方的高度关注和重视。2006年《国家"十一五"时期文化发展规划纲要》明确提出"公共文化服务"的概念，《纲要》将加强"公共文化服务"作为下一步文化建设的重要组成部分，并指出我国将以6项举措拓宽公共文化服务领域，创新服务方式，提高服务质量，如建立健全公共文化设施服务公示制度、完善公共文化设施开放制度、支持民办公益性文化机构的发展等。

2007年6月16日，胡锦涛同志主持召开中共中央政治局会议，专门研究公共文化服务体系建设问题。2007年8月21日，中共中央、国务院联合下发了《关于加强公共文化服务体系建设的若干意见》，就如何建立、健全公共文化服务体系提出了具体的要求。2010年7月23日，中共中央政治局就深化中国文化体制改革研究问题进行第二十二次集体学习，胡锦涛同志指出要加快构建公共文化服务体系，按照体现公益性、基本性、均等性、便利性的要求，坚持政府主导，加大投入力度，推进重点文化惠民工程，加强公共文化基础设施建设，促进基本公共文化服务均等化。

2011年，党的十七届六中全会通过的《中共中央关于深化文化体制改革，推动社会主义文化大发展大繁荣若干重大问题的决定》进一步提出了"大力发展公益性文化事业，保障人民基本文化权益"的要求，"满足人民基本文化需求是社会主义文化建设的基本任务。必须坚持政府主导，按照公益性、基本性、均等性、便利性的要求，加强文化基础设施建设，完善公共文化服务网络，让群众广泛享有免费或优惠的基本公共文化服务"。

与此相应，全国各省市开始逐渐出台相关的政策和法规，比如广东省委、省政府于2009年出台了《广东省基本公共服务均等化规划纲要（2009—2020）》，提出分阶段推动广东公共文化服务均等化的发展目标。广东省还是国内第一个就公共文化服务统一立法的地区，作为中国第一部关于公共文化服务体系建设的综合性地方

法规,《广东省公共文化服务促进条例》于2012年1月1日起实施。2012年11月,上海市也通过了《上海市社区公共文化服务规定》,并于2003年4月起开始实施。

3. 资金

经费的投入是发展公共文化的根本保障,公共文化的经费来源包括政府拨款、贴息、集资、社会捐助、赞助、基金等,是公共文化事业发展的资金保障。公共文化服务多是一种需要大量资金投入的基础工程,我国政府过去对公共文化的投入比例较低,尤其是地方财政投入严重不足,而且资金缺乏刚性有效的投入和监督机制。比如基层公共图书馆的建设,据文化部门2011年对《"十五"以来全国公共图书馆发展情况》的统计,全国有1177个图书馆建成于1990年以前,占图书馆总量的41.3%,市、县级图书馆分别有42.7%和41.1%的图书馆建于1990年以前。这些图书馆的空间布局大多不符合现代图书馆技术要求和建设标准,难以满足信息化布线、防尘、防静电的要求。有的甚至不具备安全保卫条件,珍贵的古籍、善本在保藏中面临防火、防潮、防盗方面的安全隐患。经费不足,导致公共图书馆为基层群众提供文化服务的总量偏少、质量不高。国际图联、联合国教科文组织2002年修订的《公共图书馆服务发展指南》中规定,公共图书馆人均藏书量应达到1.5-2.5册。而我国2014年公共图书馆人均藏书量仅为0.55册,远远低于国际图书联合会的标准。2014年,全国有141个县仍无县级图书馆由于投入的相对不足,基层文化机构运转都很困难,更不要说改造设施、添置设备、改善服务了。

近几年来,这种状况正在逐渐改观。据财政部网站消息,2012年中央财政安排公共文化服务体系建设资金155.21亿元,比2011年增加25.66亿元,增长19.81%。资金主要用于继续支持实施重点文化惠民工程;稳步推进公益性文化设施向社会免费开放;支持加强农村文化建设；支持提升公共文化机构服务能力；支持加快公共数字文化建设等。

为了保证公共文化体系的建设，政府需要出台专门的公共财政政策，加强对公共文化的财政投入力度。随着市场经济的发展，如何依托社会力量，吸收社会资金办文化也成为建立完善的公共文化服务体系的重要内容。

4. 公共文化设施

公共文化设施包括政府财政预算投入的各种文化设施和设备及社会自愿参与投入的具有文化服务功能的文化设施设备等。在我们国家公共文化设施的主要类型有博物馆、纪念馆、图书馆、展览馆、美术馆、文化馆（群众艺术馆）、社区文化活动中心、剧院等，它是公共文化服务的物质保障。除此之外，公共文化服务平台也是公共文化设施的重要内容，它包括公共文化服务决策、实施、管理与监督的制度平台，公共文化项目指引、投融资及其他公共文化信息的交流平台、公共文化问题研究与技术研发平台等。

文化设施在带动城市功能转型方面也起到了重要作用，目前，针对国际社会经济发展速度放缓及经济的结构性衰退的问题，各国纷纷提出以文化为主导的转型计划，通过文化设施建设改善城市形象，以此来吸引文化旅游，以及银行业、保险业、服务业等行业，带动地区经济转型。比如新加坡从2000年起，推出分阶段的"文艺复兴城市计划"，其中一个重点就是加强公共文化基础设施的建设和利用，在此计划的第三个阶段，中心市区将搬迁腾出的最高法院和市政厅等具有殖民地特色的建筑将被改造成为国家美术馆，加上已改为文化设施的旧国会大厦、滨海湾艺术中心和新建的滨海湾金沙艺术科学博物馆等，形成一个"文化与娱乐核心区"和"国家艺术画廊"。

公共文化设施是公共文化服务体系建设的基础和首要任务，是

展示文化建设成果、开展群众文化活动的重要阵地。公共文化设施的建设和管理水平，直接关系到人民群众基本文化权益的实现和文化发展成果的共享程度。

（二）公共文化服务在北京建设世界文化中心过程中的重要作用

公共文化服务水平在很大程度上直接反映一个城市整体文化产业的发展水平与质量，并成为衡量城市综合实力的重要指标之一。城市公共文化发展水平与发展能力以及公共文化服务需求的满足程度，是该地区文化竞争力的重要体现。因此，在新的历史条件下，大力推进公共文化服务供给是政府的职责所在。从目前国际经济社会发展情况来看，公共文化服务领域已经成为各地经济社会发展过程中极为关注的对象。

对作为政治文化中心的北京市来说，加紧完善公共文化服务体系是当前面临的一个现实课题。它不仅关系到政府的文化管理职能和公民的文化权利诉求，还关系到城市文化空间的拓展，是城市品牌和城市精神的核心内容。把建设公共文化服务体系作为文化建设的重要目标，这是文化体制改革背景下新的文化自觉的体现。建设覆盖全社会的公共文化服务体系，是我国社会主义和谐社会建设的战略任务，也是践行科学发展观的现实体现。北京在提出建设中国特色社会主义先进文化之都的目标的同时，也就明确了要以满足人民群众精神文化需求为出发点和落脚点。

对于北京来说，公共文化服务体系的建设关系到城市的文化形象的塑造、文化吸引力与文化软实力的提升，应被纳入城市文化总体战略的重要组成部分。公共文化服务对北京城市文化空间具有再造作用，支持着文化消费的大众化和城市文化的创新能力。只有把公共文化服务体系嵌入到北京城市文化空间的拓展中，成为空间再造的一部分，构建完善城市公共文化服务体系，提供高质规范的文化服务和健康丰富的文化产品，也有助于提高北京的城市生活质量，提升幸福感和认同度，使人们在参加文化创造、享受文化成果的过程中，精神需求得到满足，利益诉求得到表达，文化创造力得到激发。除此，建设公共文化服务体系有助于保护和传承优秀的民族文化，通过公共文化服务的投入和引导，使历史文化资源得到良好的保存和传承，激发全社会参与文化活动的热情和延续传统文化的自觉意识，从而塑造文化自觉自信和自强的精神。

在全球化的城市竞争中，世界各大城市纷纷推出重量级的公共文化建设项目，作为自己的文化品牌，吸引更多的旅游者、参观者，提升文化活力和文化交流，以促进城市文化产业的发展。同时，许多城市也纷纷通过公共文化环境的改善，提高城市品质，吸引创新人才，建设创意城市，促使城市整体竞争力的提高。目前，北京正在加紧建设中国特色社会主义先进文化之都的步伐，要想成为在国际上具有重大影响力的著名文化中心城市，构建完善城市公共文化服务体系是其中必不可少的环节。加快北京公共文化服务体系建设，已经成为发挥首都文化建设示范引领作用的重中之重，是形成文化软实力的根基和基石，是建设首善之区的重要支撑。

二、北京配置公共文化服务要素的发展历史和当前现状

北京具有3000多年的城市历史和800年的古都文化的积累，丰富的历史文化资源成为北京文化建设的底蕴。新中国成立之后，经过60余年的建设，尤其是近年的发展，北京的公共文化服务水平在不断的提升。尤其是在2008年奥运会的带动下，北京兴建了一系列现代化、国际一流的文化、体育设施，使公共文化服务水平有了根本性的改善，可以说，具有北京特色的公共文化服务体系正在塑型。但是我们也看到，与巴黎、伦敦、纽约等世界文化都市相比，

北京的文化影响力不够，还需进行整体的文化形象定位，并在标识城市特色的公共文化设施建设方面和公共文化活动宣传上做出更多的努力，以建立国际声誉。

（一）发展历史

从北京公共文化服务发展的历史看，北京公共文化服务要素的配置有三个主要的时期：新中国成立初期、改革开放时期和2000年以后。

1. 新中国成立初期

新中国成立后，开启了我国公共文化建设的新航程，新中国成立初的文化事业呈现出生机勃勃的景象，这是新中国文化艺术事业发展的起步阶段。

50年代的北京，经济上生产力刚刚恢复，人们的首要目标是满足他们的物质生活需要，但是北京市并没有忽视文化的繁荣和发展对社会的作用，为了使人民群众享受到经济发展相适应的公共文化，兴建或改建了科教文卫体等一大批基础设施，向公民提供了相对均等的公共文化服务，这个时期的公共文化活动逐渐活跃起来。

计划经济体制下作为公共部门整体建立起来的文化事业单位，实际上是在物质资源极度稀缺条件下满足人民群众基本文化需求的特定方式。这个时期，公共文化设施主要是由政府核拨经费，在原有基础上先后建设了博物馆、体育场、文体宫等公共文化设施。还有承载着时代记忆的工人文化宫，在当时也是风光无限，各个工人文化宫曾是市民文化活动的"主会场"。一些传统性文化设施，如博物馆、影剧院，随着社会的逐步发展在公共文化活动中占有了一席之地，另外，还兴建了一些较新型的文化设施，如图书馆、广播电视和体育馆。

这时北京的文化设施建设较为集中，博物馆、纪念馆主要集聚在西城区，还有一些零星地分布在东城区，影剧院的集聚区域没有博物馆和展览馆那么明显，主要是散布在内城区内，其他的文化设施，如体育馆、图书馆在这个阶段没有形成大规模的集聚，只是零星地散布在海淀区和朝阳区。

计划经济时期，文化设施作为文化事业单位，从投资、建设到管理都是由国家包办，公民的文化活动在福利的意义上说都具有公共性质，这些文化设施的兴建为公共文化的发展奠定了基础。

但是从整体上看，受当时经济发展总水平与社会生活水平的制约，社会总供给严重不足，因而这时的公共文化服务水平极低。比如在头几个五年计划期间，可以反映国家公共文化服务水平的国家向包括文物及出版在内的文化事业单位的年度财政拨款最高才达到3亿元，按6亿人口计算每人每年平均只有0.5元。人们在生产力水平不高的情况下，没有能力进行较多的文化生活消费。

2. 改革开放之后

"文革"期间，北京市的公共文化建设遭受了严重的挫折，基本停滞。1978年，党的十一届三中全会的召开使文化建设进入了新的发展阶段，公共文化领域全面放开，各项建设成就斐然，我国文化建设进入了快速发展时期。

20世纪末，我国的人均GDP从20世纪70年代末200美元的水平上升到800美元的水平，实现了翻两番的既定目标。随着物质生活水平的大幅度提高，人们的思想观念也发生了根本变化，文化消费的比例大幅提升。对精神文化方面的迫切需要，促使北京文化馆、博物馆、图书馆、剧场和体育场馆、电影院等的迅猛发展。

本时期北京的文化设施受城市经济和社会各个方面建设的推进而不断进步。以博物馆为例，新中国成立初，北京只有2座博物馆，1979年发展为38座，2001年9月在北京市文物局注册登记的达到了118座，馆藏文物200余万件，平均年接待观众3000余万人次。

1949年北京公共图书馆数量是2个，到1978年增加为18个，2000年则达到了26个，总藏数由1978年的1423万册增加到了3020万册。群众艺术馆、文化馆1978年为19个，2000年为23个。[2]

随着北京"文化事业"向"文化产业"的逐步转变，很多文化设施通过市场运作投资修建。表现在空间布局上的变化，北京的文化设施处在由原来中心集聚向周围扩散的状态。主要是由于计划经济向市场经济的转变，市场因素占了一定的比例，布局及类型上都受到了市场的影响，很多文化设施不再是由政府决定其位置的选择，而是通过各个因素如交通指向、消费指向、人口的密集程度和区域经济发展程度等多方面影响，自发地形成新的集聚点。

3. 优化和协调发展时期

进入21世纪，随着奥运的筹备工作，带动了一系列文化设施布局的变化和发展，这是北京公共文化体系优化和协调、全面发展时期。这一时期北京在文化设施类型上更加丰富，每个文化设施类型分布更加趋于均匀化，这说明北京的文化设施的建设是平稳地向前发展。随着人们的精神生活开始追求多样化、多层次化，根据每个城区自身的历史条件和现有发展环境，树立自己的文化形象品牌，进行文化功能定位，打造各自城区的文化特色。这也是城市文化功能协调发展的体现。

从空间集聚的角度看，公共文化设施集聚范围随着北京的交通向外扩展而继续扩大。图书馆、文化宫发展态势良好，主要集聚在西城区，另外东城区、海淀区也有大量分布，博物馆、展览馆集聚点向北偏移，主要集聚在朝阳区的北三环和北四环附近，在这个阶段新兴的文化设施类型，如琉璃厂文化街、三里屯酒吧一条街等都代表了新时代的文化特色。

朝阳区是北京公共文化建设的示范区。2011年6月，朝阳区代

---

2 资料来源：《北京市统计年鉴2012》。

表北京市取得了全国首批公共文化服务体系示范区的创建资格，现在已经形成具有特色的公共文化服务体系。为了做好经费保障工作，文化部给予每个示范区400万元扶持经费，市财政给予朝阳示范区3000万元支持，其中2011年已拨付1500万元，2012年再拨付1500万元。到2012年，其文化设施网络已经实现广泛覆盖，区级——地区级——街乡级——社区（村）级的四级公共文化服务网络初具雏形。有区级文化馆1个、区级图书馆1个，地区级文化中心3个，街乡文化中心38个、街乡图书馆43家，社区（村）文化室460个，益民书屋148家。此外，有博物馆54家、奥运文化广场4个、露天剧场2个、500平方米以上文化广场181个、文化大院9家。[3]

　　另外，朝阳区的文化品牌培育初见成效。群众文化活动丰富多彩，平均每年举办规模以上文化活动1500余场，参与群众超过400万人次。这里还实现了国际文化与传统文化元素的融合。国际风情节、流行音乐周、国际旅游文化节等时尚文化活动已开始产生影响。传统文化方面，围绕春节、元宵、清明、端午等民俗节庆日，广泛开展系列活动，加强非物质文化遗产保护，传承了中华优秀传统文化。另外，文化队伍建设也在扎实推进。目前，全区共有群众文化队伍1993支，文化专家库入库名人专家103名，长期参与文化工作的志愿者近万人。

　　在由上海师范大学上海高校都市文化E-研究院对外发布的"2011年全国31个省市自治区公共文化服务综合指数总量排名"中，北京人均公共文化服务指数位居全国第二，排在前3名的分别是上海、北京、天津。

　　（二）当前现状

　　目前在北京市的城市发展规划中，北京的城市定位大致已经明

---

3 数据来源：《北京市朝阳区创建国家公共文化服务体系示范区建设规划（2011—2012）》。

确，特别是在公共文化方面，以及通过公共文化来提升市民的文化素养和现代意识方面，有了比较先进的理念和更为明确的方针，同时有了总体规划，制定了相应的法规，从制度的层面加以保证。北京市公共文化服务体系格局已经展开，多级公共文化服务网络日渐成熟。

1. 基础设施建设

近些年，北京先后兴建了国家大剧院、首都博物馆新馆、中国电影博物馆、奥体公园等一批重点文化设施，这些大型文化工程在城市文化发展中占有重要的地位，具有很高的知名度和影响力，成为北京具有标志性的文化设施。另外，各级财政统筹规划，加大投入，扩大基层文化设施覆盖范围。与2002年相比，文化馆体系设施增长约50%，其中尤以社区、村级文化室为主；文化广场增长一倍；各区县普遍新建、改建了属地图书馆(室)；一些文物建筑经过维修后成为社会文化活动场所。目前，全市已完全实现区县建有图书馆、文化馆，基本实现街乡设有文化站，部分社区居委会设有小型综合性文体室的阶段性目标，北京市四级公共文化设施覆盖率达到98%，市、区县两级公共文化设施覆盖率达到100%。

北京各个地区的发展都有着不同的历史背景和发展过程，形成了各区的文化特色，文化设施的选址和布局与各地区不同的文化氛围和发展方向相结合，促进其文化特色的完善和发展。

在旧城区，历史文化遗产丰富，汇集了北京市许多文博单位和图书出版发行部门，同时也是许多国家机关、国家级文化设施的聚集地，重点发展的是能够体现出北京市民传统文化的特色的文化设施；比如，故宫博物院、中国美术馆、人民文学出版社、西单图书大厦等文博单位，长安大戏院、北京人民艺术剧院、青艺剧院、中央实验剧场、天桥乐茶园、万盛剧场、北京音乐厅等一系列各具特色的戏剧演出场所，还有北京体育馆、北京古玩城、潘家园古玩旧货市场等文化体育设施等，都是极具北京特色的文化娱乐设施。

朝阳区内的CBD、使馆区、望京等地区是对外交流活动较为密集的区域，文化设施建设布局考虑到了更好地促进国际交流功能的发挥；现代国际交往文化功能区。该区是北京市国际化程度最高的区，聚集了所有140个大使馆和领事馆、相当部分的外国企业代表机构和外商投资企业。本区拥有保利剧院、世纪剧院等高雅艺术演出中心，全国农业展览馆、国际展览中心等会展中心，工人体育场和奥林匹克体育中心等体育设施。

而海淀区内，则有众多的高等学府和教育科研机构，也是北京科技、文化创新产业的聚集地，这一区域的文化设施建设重点考虑发挥对人文创新的促进作用。这个区域拥有海淀图书城、中央电视台、北京电视台、北京电影制片厂、北京展览馆、首都体育馆、海淀体育中心与锡华体育俱乐部等多个文化设施和机构，侧重建立的是科教文化功能区。

为了营造更广泛的文化氛围，改善公共空间的文化品质，北京文化设施建设过程中已经开始注意与公共交通设施规划的结合，设置一些小型的文化展示站、图书馆、博物馆等，为大容量、人流密集的公共交通空间增加文化氛围，为居民、旅游者提供方便、及时的文化服务。目前北京的一些大型商业中心已经有了与地铁车站地下空间结合开发文化设施的先例，如在西单文化广场的4D影院，王府井东方广场地下的古人类遗址博物馆等。

2. 公共文化活动

城市公共文化活动主要包括文化产品中的图书展示、电影放映、艺术表演、展览、政府公益惠民演出，文化休闲活动中的社区活动、公园活动等。丰富多彩的公共文化活动是公共文化供给的重要内容。北京城市公共文化的发展不能只靠几个文化区和文化设施的建设，而需要营造积极、富有活力的城市文化氛围，文化活力竞

相迸发，文艺创作演出活跃。所以除了加强重点文化区建设、提升文化设施品质外，还需要将文化建设深入到城市公共空间的各个层面，在每一个角落都能感受到北京的城市文化气息，这才是公共文化服务体系更加完善的体现。

现在的北京每年都会举办大量的公共文化活动，其中既有传统性文化活动也有现代文化活动，很多活动已成为北京城市文化的名片。节庆文化活动也已成为北京政府推介旅游资源与产品、形成合力占领市场的一大平台。利用北京世界旅游目的地城市的品牌效应，使得更多的北京节庆活动充满活力，获得国际知名度与美誉度，什刹海文化旅游节、皇城文化国际旅游节。

截至2012年底，北京市有市群众艺术馆1个，文化馆19个，文化站323个，组织文艺活动29076次，参加人次699万人，举办训练班19465次，培训112万人次，举办展览2144次。公益惠民演出规模数量也继续扩大，全市400多家专业和业余文艺团体参加"万场演出下基层"活动，演出11000多场，1800万人次群众受益。[4]

另外，户外大型文化广场和社区文体活动场所正日益成为公共文化活动的重要载体。近年来，大型户外文化广场、社区居民文体活动场所受到各级政府的高度重视。目前，全市各区县至少都建成一个1000平方米以上户外文化广场，其中王府井文化广场、西单文化广场占地面积分别为3.2万平方米和4万平方米，平谷世纪文化广场占地面积达20万平方米；1000平方米以下的小型文化广场不断增多。

3．公共文化服务的"软件"建设

为了进一步加强和推动北京市公共文化事业发展，加强公共服务体系建设，做好公共文化政策研究和制定工作，出台了推动北京公共文化服务体系建设的系列政策文件。北京市除了投入大量精力在公共文化设施和精品工程的建设上，同时注意在运行管理等服务

---

4 资料来源：北京市文化局统计数据：《北京市2012年文化发展概况》。

建设上加以改善，逐步树立公共文化机构从受众和服务对象需求的角度出发来安排文化服务和产品供给的意识。

2011年8月，北京市文化局发布了《北京市基层公共文化设施服务规范（试行）》，启动实施了基层公共文化设施服务评价机制，推动提高设施的使用效率。在2011年10月北京文化局推出的"北京公共文化服务十大工程"中，除了有硬件的提升外，还包括服务达标工程，即从2012年启动公共文化服务设施达标、服务达标、活动达标、经费达标和管理达标五项评审，每三年评审一次。

在文化信息资源方面，北京市于2002年就启动了文化信息资源共享工程建设。这项工程是全国文化信息资源共享工程建设的一部分，旨在整合包括图书馆、博物馆、美术馆、艺术院团、研究机构等现有的文化信息资源，形成互联网上文化信息资源的整体优势。北京市"十一五"期间共享工程专项经费累计投入超过1亿元，到"十一五"结束时期，北京市已建设起了文化信息资源共享服务平台，全市16个区县共23个支中心，街道乡镇基层服务点共计318个，已经成为具有北京文化特色、进行网络文化服务的重要手段。这一工程还征集北京地区优秀剧目，编辑制作"首图讲坛"音视频资源、视频资源，建设北京市农业资源数据库。开通了《北京记忆》等数字资源网站，大型地方文化历史数据库"北京记忆"的建设，形成了具有浓郁北京地方特色的数字资源。倾力打造品牌资源《北京历史文化系列专题片——典藏北京》，已制作完成《公园开放记》《近史重寻》系列等内容。

另外，北京市已经开始着手进行公共文化信息数据库的建设。2010年，北京市文化局和信息中心共同启动了《北京市市、区、街乡、社区（村）四级文化中心（站）》数据库的建立工作。此次数据库的建设涉及了各区县文委、首都图书馆、北京文化艺术活动中心等多个单位，"十一五"期间全市公共文化服务体系建设基础数

据统计基本完成。在经过数据的审核、修改等环节后，目前完成了第一阶段工作。此次数据库的建立涉及了319个街道6000个社区的6套基础报表，共计约14000张基层报表，统计内容包括全市市、区、街乡、社区（村）四级文化中心（站）的经费、人员、文化设施的基础数据情况。通过数据库建立，不仅为进一步推动公共文化服务体系建设提供了数据支撑，同时对今后做好公共文化政策和制度研究提供了重要依据。

三、公共文化服务的资金配置状况

公共文化的资金投入是城市公共文化建设水平和服务质量的根本保障。从公共需求和基本福利的角度看，公共文化服务的对象体现出广泛性和公益性的特点。从国内外大型城市的发展情况来看，近些年来各地政府的年公共财政对文化的投入额和投入比例一直保持上升的趋势。

（一）国内其他城市情况

公共文化投入机制是影响公共文化服务体系建设的关键因素。近几年来，为了保障公共服务体系建设的资金来源，我国已经出台了一系列相关政策。在2012年的《国家"十二五"时期文化改革发展规划纲要》和2013年1月文化部正式发布的《"十二五"时期公共文化服务体系建设实施纲要》中都明确了：保证公共财政对文化建设投入的增长幅度高于财政经常性收入增长幅度，提高文化支出占财政支出比例。纲要中还提出要建立公共文化服务经费的投入和保障机制，增加公共文化服务体系建设资金和经费保障投入，把主要公共文化产品和服务项目、公益性文化活动纳入公共财政经常性支出预算，建立健全公共文化服务经费投入长效机制等。

以2011年为例，全国财政文化体育与传媒支出1893.36亿元，比2010年增长22.7%。其中，中央财政文化体育与传媒支出415.88

亿元，比2010年增长31.6%。2005年，全国财政文化体育与传媒支出为597亿元，2010年达到1543亿元，年均增长20.9%。其中，中央财政文化体育与传媒支出，2005年为102亿元，2010年增加至316亿元，年均增长25.4%。

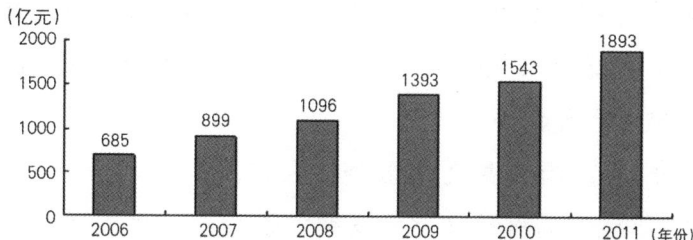

图1 2006—2011年全国财政文化体育与传媒支出情况[5]

从国内如天津、上海、重庆等一些大城市2012年财政支出情况来看，为了贯彻落实党的十七届六中全会和国家"十二五"文化发展规划纲要精神，各级财政普遍加大文化财政投入力度，以此推动城市公共文化建设。天津2012年文体传媒支出35.8亿元，增长20.5%。占全市一般预算支出的1.7%。上海市文化体育与传媒支出共30.6亿元。占财政支出的0.7%。重庆市文化体育支出32.4亿元，增长9.4%，占财政支出的1%。[6]这些支出主要用于完善公共文化服务体系，安排数字图书馆、公共电子阅览室建设经费，以及纪念馆、美术馆、公共图书馆等文化场馆免费开放经费；加强非物质文化遗产和文物保护管理；改善城市社区公共文化服务设施条件，丰富市民业余文化生活；打造城市文化品牌，安排展会节会等特色文化品牌活动，推进文化信息资源共享等。各市本级支出中公益性文化支出增幅普遍高于财政经常性收入增幅，达到国家提出的公益性文化支出增长要求。

---

5 数据来源：财政部网站：《财政支持文化发展情况2012》。

6 数据来源：天津、上海、重庆市2012年财政预算执行情况和2013年财政预算草案的报告。

搭建要素配置的最优平台

公共文化活动需要资金支持，但由于其公益性质，资金不足往往成为其发展的瓶颈。现在，我国正在努力创新公共文化服务投入方式，比如扩大公共财政覆盖范围，通过采取政府采购、项目补贴、定向资助等政策措施，鼓励包括民营文化企业在内的社会各类文化机构参与提供公共文化产品和服务，支持社会力量兴办文化事业，逐步拓宽公共文化服务供给渠道，促进文化公共服务提供主体和提供方式的多元化等。

（二）北京市公共文化资金投入状况

2012年底，为推动文化大发展大繁荣，北京市提出了"设立100亿元专项资金助力文化发展"的工作目标。北京市的文化支出从"六五"期间的不足亿元，到"九五"时期的33亿元，一直上升到现在的近100亿元，资金投入可以说是在突飞猛进。从资金的分配来看，每年体育产业发展专项资金、旅游产业发展专项资金、文化固定资产投资、文物及历史文化保护区专项资金等占60%，增加专项资金的投入是为了引导文化投融资服务体系的深化和全方位构建。余下的40%则被界定为增量资金，大体用于支持以文化创意产业为主导的文化产业项目发展。扶持项目大都是面向社会公开征集，再进一步加以考评、选拔而出。

从对公共文化的资金投入情况来看，与我国其他省市相比，北京市对公共文化的财政投入力度更大。从北京市2012年财政支出情况来看，本年度财政用于文化体育与传媒支出93.6亿元，增长86.3%，占公共财政预算支出的2.3%。具体情况是：投入文化创意产业发展资金5.0亿元，扶持文艺演出、影视制作和影视交易，激发文化创新活力；投入22.5亿元，支持农家书屋、电影公益放映，完善基层公共文化服务体系，加快文化体制改革，打造品牌活动及精品工程等，活跃群众文化生活；投入8.5亿元，支持广播电视村村通、媒资共享平台运维等，推动广播影视、新闻出版等行业健康发展；投入13.5亿元，支持全市200余项重大文物保护及修缮项目，保障各类博物馆运行，努力繁荣首都文化；投入9.4亿元，实施全民健身计划，加快体育场馆和设施建设，支持体育产业发展。其中：文化法定支出23.9亿元，增长9.6%。[7]

　　除了加大公共文化的资金投入力度之外，北京市还在积极探索资金投入方式的创新。以前，北京市政府对公共文化服务事业的投入主要是通过专项拨款的形式，如通过以文化信息资源共享工程、农村文艺演出星火工程、折子工程等项目拨款形式，对各区县政府给予公共文化服务经费的财政补助。从2009年开始，北京市政府对这种财政拨款模式进行了创新和改革，由原来按项目补助的方式转变为政府间的转移支付形式，即：北京市文化局不再直接拨付区县文化项目经费，而是市财政局通过转移支付的形式直接下划区县财政，由区县统筹安排。

　　目前，北京市公共文化建设的资金主要还是依靠政府投入，虽然在部分文化活动的开展以及文体设施建设方面有企业参与，但多元化的投资机制仍然没有建立起来，政府投入占绝大比重，企业赞助、社会捐助较少。

　　从美国、法国、日本等国城市的经验来看，公共文化建设的资金渠道多样，大多采取以政府资助为主，社区组织、社会团体、企业、个人等多途径投资和捐助为辅的资金投入方式。多渠道的投资方式不仅减轻了国家和政府的财政负担，而且提高了全社会的参与程度，使社会上更多的单位或个人关心社区、回报社区。世界文化大都市的发展经验对于北京市具有重要的借鉴意义，下面我们就以几个国际城市为例来分析它们的文化资金配置情况。

7　数据来源：《北京市2012年财政预算执行情况》和《2013年财政预算草案的报告》。

（三）国际经验

以东京为例，东京的公共文化基本上是通过独立的财团法人的形式来运作的。东京公共文化具体的运作体系包括：与政府行为相关的运作体系、民营企业和民间财团的运作体系。与政府行为相关的运作体系主要资金来源有东京都历史文化财团和东京都生涯学习财团等。东京都历史文化财团下辖的机构主要有江户东京博物馆、江户东京建筑园、东京都美术馆、东京文化馆、东京艺术剧场等。东京都生涯学习财团下属的机构有东京体育馆、东京武道馆、东京埋藏文化财调查中心、大岛会议中心等。

财团法人在日本基本上是公益性的机构，不以营利为目的。财团与东京政府有密切的关系，但在形式上并不隶属其领导，而是以财团法人的身份独立运作。最高设理事会，另设评议员组织，对机构的运作建言献策。理事会除了理事长和一名常务理事外，其余的理事为非专任，多来自各民间机构和大学教授。通过这些财团，基本上就将原本与政府相关的公共文化设施管理运作起来了。政府只是制定政策和法规，设立文化审议会（成员均来自民间），给予一定的行政指导，但不直接管理，管理运作由财团法人以财团的方式进行。从运作情况来看，是比较成功而有效率的。

除此以外，民营企业和民间财团也是东京公共文化运作的重要主体，从"二战"之后，企业对具有法人资格的文化艺术团体通过加入团体会员的方式进行资助已经极为普遍。对公益性文化团体给予资助，在日本的大中企业界已经形成了一种公共意识，这一方面是企业回报社会的一种形式，同时企业也借此提升了自身的公共形象。比如设立于1969年12月的三得利音乐财团，它建立的目的是推进日本的西洋音乐事业，保存和发展日本的传统音乐。它由三得利公司总裁亲自兼任财团主席，并由公司全额提供资金。财团设立的当年，便设立了三得利音乐奖，至2009年已经颁发了40届，经外聘的评选委员会严格评审，每年选出一位，用来奖励为音乐事业做出杰出贡献的日本音乐家。此外还设立了"芥川作曲奖"，用来表彰在乐坛上卓有影响的青年音乐家，奖金额为每人50万日元。

英国的公共文化扶持体系被称作是"一臂之距"模式。英国政府重视在文化领域投入的数量与质量，同时采取各种政策优惠及法律措施鼓励企业与个人赞助文化事业，为公共文化发展提供充足资金来源。英国各届政府都选择非政府公共组织作为代理机构，来管理政府文化拨款的发放，决定被资助者名单，公共文化组织或文化个人通过文化中介机构获得政府的资助。伦敦市在文化政策方面与英国中央政府文化行政机构基本保持一致。市政府尽管没有法律上的义务在财政上必须支持公共文化，但实际上政府在公共文化发展上发挥着重要的作用。重点资助的是营利性不高的戏剧、歌剧、芭蕾等严肃艺术，以及国家级的重点文化组织，例如皇家歌剧院、皇家芭蕾舞团、大英博物馆、大英图书馆等。同时，伦敦市政府资助了一系列具有重要意义和创造性的文化活动，例如青少年音乐教育、阿拉纳月球时钟计划，号召市民踊跃地参加居住地社区举办的文化活动，市政府及其各部门对社区举办的重点文化活动予以联合支持。社区的主要文化活动包括公众节日和有关音乐类的社区文化活动，例如中国城举办的中国新年就得到了市政府及各个部门的支持。

从德国柏林的情况来看，德国政府虽然一直坚持对文化事业的高额投入，但随着财政支出捉襟见肘，政府也在不断拓宽资金引入模式。现在德国政府对公共文化项目的资助主要依托基金会管理、公共组织、商业公司和联合会管理等四种组织形式。以博物馆为例，政府每年都要拿出大量资金支持。柏林普鲁士文化遗产保护基金会管辖着柏林地区17个博物馆，国家每年向其拨款1.45亿欧元，但这笔资金远远不够维持17个博物馆的正常运作。各博物馆都有几万名到十几万名的会员，这些会员要缴纳年会费，很多会员都经常

主动向博物馆捐款，立下遗嘱将全部遗产捐赠给博物馆的富豪也不在少数。另外，德国博物馆也会利用小商店搞经营活动，以补充收入。对德国人来说，参观博物馆后购买相关书籍、经典作品复制件等纪念品回家，是他们的一种消费习惯。现在大部分德国博物馆都利用自身的资源和品牌优势开发经营小商店。德国博物馆的小商店大多不是博物馆自己经营，而是通过招标的方式承包给专业机构。中标之后，承包机构除了每年向博物馆缴纳租金外，还要按照利润比例上交提成，它们会根据市场的需求，设计、开发出具有吸引力和个性化特征的旅游产品和博物馆文化商品。一个承包机构每年上交给普鲁士文化遗产保护基金会的利润可达100万欧元。

美国纽约的公共文化服务模式可以被称作是"自保公助"模式，又称"最低保障与兼顾效率型"公共服务模式。这种模式的特点是由民间主导，中央和各级政府不设置专门的文化行政部门，政府主要是通过政策法规对各类文化团体、组织或机构进行管理，并给予优惠，以使其在市场中生存和发展，公共文化服务的提供主要由大量的非政府组织（NGO）或非营利机构（NPO）即所谓的第三部门承担。联邦政府仅设全国人文艺术基金会，对全国的人文社会科学和非营利艺术进行资助；州一级的文化管理部门也与联邦政府大同小异，纽约州设州艺术委员会。纽约市文化局的职责是"规划、发展、组织和监管全市的文化活动"，其目标是"保持和促进纽约的文化生活，通过文化活动促进纽约的经济发展"。

我国长期以来基本上实行的是以政府为主体的公共文化服务供给模式，借鉴以上各城市经验，北京市以后应改变供给主体一元化的现状，积极开发多元化、灵活性的文化产品供给主体。要发挥社会力量在建设公共文化产品供给体系中的重要作用，让非营利组织、文化企业、社区居民组织、居民个体都成为有效公共文化产品的供给者。创新公共文化产品供给方式，推进政府生产、政府购买、委托生产、合作生产等的融合，建立多种形式的公共文化产品供给模式。国外实践证明，购买服务要比政府直接提供节约20%～30%的成本。公共文化产品供给也要依据成本效率原则，改变政府兼顾生产和供给的双重角色，建立科学的成本核算和标准化的政府购买流程。

四、北京公共文化设施配置状况

公共文化设施是文化得以流传的重要载体，体现了一个城市的科技、文化水平。文化设施旗舰项目具有积聚文化资源、扩散文化能量的功能，一方面是城市文化品位的象征、城市形象的代言，另一方面也是城市转型的催化剂，同时这些项目还是举办文化活动的容器。

下面我们选取最具有代表性的几种公共文化设施：博物馆、公共图书馆、艺术剧场，考察北京具有代表性的公共文化设施项目，及其基本建设基础数据，并选取十个城市，包括几大世界文化都市——伦敦、纽约、巴黎、东京以及中国的几大城市——香港、天津、上海、重庆、南京、广州与北京进行对比，从而衡量北京公共文化设施配置水平的高低。

（一）博物馆

博物馆往往是一个城市最具代表性的文化身份符号，伦敦的大英博物馆，巴黎的卢浮宫，东京的国立博物馆，纽约的大都会博物馆，都是其所在城市的重要象征物和旅游目的地。

目前在北京，国家博物馆和首都博物馆已经建设成为能与北京"历史文化名城""文化中心"和"国际化大都市"地位相称的大型现代化博物馆。

历时4年改扩建、耗资25亿元人民币精心打造的国家博物馆新馆，总建筑面积近20万平方米，是目前世界建筑面积最大的博物馆，并免费向公众开放。新国家博物馆藏品120余万件，展厅48个，自2011年3月1日开馆试运行一年，于2012年正式开馆，建立了

专职讲解员和志愿讲解员队伍，并成功举办了一系列陈列展览以及学术讲座和论坛等活动。

首都博物馆是北京市政府投资兴建的面向21世纪的大型现代化公共文化设施。1999年，作为北京市"十五"期间重点文化建设工程，首都博物馆新馆建设项目的立项申请得到北京市政府批准，并于2001年12月正式奠基兴建。首都博物馆新馆2006年正式开馆。首都博物馆在新馆完成建设后，除了常设展之外，还举办过多次极具影响力的临时展览活动。现在，国家博物馆和首都博物馆都已经成为北京市标志性建筑。北京的博物馆的硬件建设正在向"国内一流，国际先进"的博物馆行列迈进，其宏大的建筑、丰富的展览、先进的技术、完善的功能，使他们的影响力逐步扩大。

表1中列出的就是世界几大都市和国内几大城市的博物馆数量、每百万人拥有的博物馆数量、参观人数、藏品数等。

表1 各城市博物馆情况[8]

指标	伦敦	纽约	巴黎	东京	香港	天津	上海	重庆	广州	南京	北京
博物馆数量	173	131	137	37	54	19	120	39	31	44	162
每百万人拥有的博物馆数量	22	16	10.9	2.8	7.6	1.5	5.1	1.2	3.8	6.9	8
参观人次（百万人次）					6.2	4.1	11.6		8.4	19.4	35.0
藏品数（万）						69	296	52	31	77	430

从以上数据可以看出，与国内其他城市相比，北京地区的博物馆胜在"博"，门类齐全，不管是藏品数还是参观人数在国内都无人能及。从世界范围来看，北京共拥有162个博物馆，绝对数量较多，在几大城市中排名第二位，仅次于伦敦的173个，但是，北京

---

8 世界城市数据来源：《世界城市文化报告2012》；香港数据来源：香港特别行政区政府统计处；其他国内城市数据来源：各城市2012年统计年鉴。

博物馆的相对数量水平不是很高，由于人口基数大，人均拥有博物馆量较少，每百万人拥有的博物馆数量是8个，伦敦每百万人拥有博物馆22个，纽约为16个，巴黎近11个，北京的数量仅为伦敦的约1/3，纽约的1/2。

伦敦和巴黎最受欢迎的五大博物馆每年吸引超过2000万人次来参观，2012年，卢浮宫接待观众1000万人次，比2011年增长100万人次，在大多数世界文化都市中，有1/3或一半的居民每年参观一次博物馆。而北京的国家博物馆新馆试开馆一年，共接待国内外观众410多万人次，从吸引力和影响力来说还不够。

举办专题性临时展览和讲座等活动是博物馆保持活力，吸引更多参观者的重要手段。原创性临时展览也是衡量一级博物馆陈列展览运行状况最重要的指标。各大博物馆都会定期推出主题鲜明突出和内容相对独立的临时性展览。法国博物馆的大型展览就有很强的轰动效应，如近年举办的莫奈大展、马奈大展等。临时展览方面，仅《提香、丁托列托和委罗奈斯：威尼斯城的竞争》一个展览就吸引观众达40万人次。

从国内各城市博物馆举办活动的数量来看，上海和广州2011年举办370个左右的展览活动，天津举办了137个展览活动。北京各大博物馆每年平均举办400项展览。以首都博物馆为例，近年来举办的大型展览活动有：2007年的"卢浮宫珍藏展——古典希腊艺术"，2008年的"中国记忆——5000年文明瑰宝展"，2009年的"早期中国——中华文明起源"，2011年至2012年的"回望大明——走近万历朝"等，都产生了一定的影响。

（二）公共图书馆

阅读和出版文化在构建公共文化服务体系过程中也是一个不可忽略的重要环节。知识是城市发展的动力，社会的不断进步、公众信息意识的不断提高，公众对知识的渴求越来越迫切。只有社会大

众把读书作为日常的爱好与习惯，一座城市甚至社会才能更加和谐。公共图书馆为公众提供了搜集、整理、存贮、开发、传递和利用文献信息资源的平台，是传播科学文化知识、活跃文化、提高公民素质的重要阵地。

公共图书馆作为文化事业的一部分，越来越得到社会的认可与重视。近几年北京的公共图书馆不管是硬件建设还是服务水平都有了进一步的提升。2012年北京市人均拥有藏书1.01册，人均购书经费2.69元。两项人均指标与上年同期相比分别增长了6%和13%。居全国第四位。首都图书馆二期开馆运行之后，首图总建筑面积达到9.4万平方米，位居全国公共图书馆前列，可容纳文献千余万册（件），具有2万人次的日接待能力，可借阅图书数量在全国公共图书馆中居首位。仅2012年国庆、中秋8天假期，就接待读者10.7万人次，办理读者卡2500张，外借图书5万余册，参与各类文化活动3万余人次。现在全市公共图书馆（不含国家图书馆）面积达到22万平方米，全市平均每万人拥有公共图书馆设施面积达到107平方米，大大超出全国平均水平。

但是北京公共图书馆的发展也有明显的不足之处，接下来我们从图书馆的数量、人均拥有量、借书人次等角度来比较北京与世界文化城市与国内其他城市之间的差距。

表2 各城市公共图书馆情况[9]

指标	伦敦	纽约	巴黎	东京	香港	天津	上海	重庆	广州	南京	北京
公共图书馆数量	383	220	830	377	77	31	25	43	15	18	25
每十万人拥有的公共图书馆数量	5	3	7	3	1	0.22	0.1	0.1	0.19	0.28	0.1
图书馆借书人次（百万次）	37.2	68	47	112.2	55.2	2.7	6.1	7	21	6	333
馆藏量（万）					1301	1354	6893	1149	2093	1493	5049

9 世界城市数据来源：《世界城市文化报告2012》；香港数据来源：香港特别行政区政府统计处；其他国内城市数据来源：各城市2012年统计年鉴。

公共图书馆的万人拥有量和借书人次，是城市文化水平的重要标志。从国内各城市比较情况来看，北京图书馆的馆藏量和借书人次都遥遥领先。虽然北京图书馆总量与其他城市相比居中，但是人均拥有量少，每10万人拥有的图书馆数量排名末位。长久以来，政府对图书馆认识不足，加之社会大众的图书馆意识薄弱，公共图书馆尤其是基层图书馆一直处于尴尬的境地。不仅数量少，北京公共图书馆的利用率也偏低，2012年5月，北京市统计局对"北京市民的公共文化参与和文化需求"进行的调查中，有52.7%的被调查者表示一年内从来没有去过图书馆。

从国际范围比较看，北京无论是公共图书馆的绝对数量还是人均资源均显不足，且差距较大。《世界文化报告》中的12个世界文化城市中有半数拥有200个或者更多的公共图书馆，巴黎数量最多，有830个，伦敦383个，东京377个，纽约220个。目前北京市共有公共图书馆25个，仅为巴黎的3%、伦敦的6%、纽约的11%、东京的6%，甚至还不到香港的1/3，巴黎每十万人拥有7个图书馆，伦敦每十万人拥有5个，纽约和东京每十万人拥有3个，北京每十万人仅拥有0.1个图书馆，可以看出北京公共图书馆建设的薄弱。

在欧美一些发达国家，国家全额投资建设图书馆，还硬性规定：步行不超过10分钟，或者每隔200米就要有一家图书馆。在美国，一个小镇刚刚成立，学校、图书馆是人们马上就想到的事情。日本在1960年就提出，一个5万人的城市必有一个图书馆，12个馆员，每年增加5570本书。法国图书馆新馆即密特朗国家图书馆，也是世界上最大的图书馆之一。图书馆的运作每年经费12亿多法郎，占法国文化预算的十分之一。馆藏文献约3000多万册。

西方发达城市的公共图书馆不仅数量多，而且类型丰富，比如纽约的公共图书馆既有综合图书馆，也有分门别类的图书馆，比如经济图书馆、艺术图书馆、黑人研究图书馆、儿童图书馆等；有

研究图书馆、阅览图书馆等，从学科看，有历史类、社会类、文学类、科学类、种族文化类、手工艺类等。而北京的图书馆性质单一，绝大多数是小而不全的综合性馆。

国民阅读习惯的培养靠个人也靠政府推进，西方国家尤其是欧洲国家很注意培养公众的读书习惯，并充分发挥书店、报纸、电视、广播对新书的推介作用，激发公众读书的热情。比如法国就在全国建立了各种各样的"读书沙龙"，聚集读者人气。国家倾力为阅读搭台，图书馆和出版社等各家联手，每年都会举办盛况空前的读书节。

现在，北京公共图书馆尤其是基层图书馆的发展显得必要且迫切，要使图书馆功能完善，服务到位，利用方便，资源更新快，并全面体现公益原则，真正在城市居民的生活中发挥作用。

（三）艺术表演场所

近几年，北京演出场所的演出场次、观众人次保持稳定。据统计，截至2012年底，北京市70家演出场所共有艺术演出17348场，艺术演出观众997万人，演出收入14.8亿元。从演出场次看，9家大型场馆演出场次245场；54家艺术剧场演出场次16659场，占总演出场次的96%；7家区县影剧院演出场次444场。从演出收入看，9家大型场馆演出收入63444万元，占总收入的43%，场均演出收入259万元；54家艺术剧场演出收入83996万元，占总收入的57%，场均演出收入5万元。从涵盖艺术形式看，在2012年的演出场次中，戏曲曲艺、话剧为重头戏，分别占总演出的24%和22%，同时两者共占到了总演出场次的五成。[10]

根据北京市2012年统计年鉴，从2007到2011年，群众艺术馆、文化馆每年组织文艺活动三四千次，专业艺术剧团演出场次每年均达到一万次以上，艺术表演场所的演出场次2007年为3.5万次左右，

---

10 数据来源：北京市文化局：《北京市2012年文化发展概况》。

2011年为5.5万次左右,观众人次达到了1千万人次。从数据来看,近几年北京演出活动的发展情况稳中有升。具体情况见表3:

表3 北京市艺术剧团、艺术表演场所情况(2007—2011年) [11]

年份	群众艺术馆、文化馆	专业艺术剧团			艺术表演场所	
	组织文艺活动(次)	演出场次(场次)	国内演出场次	国内观众人数(万人次)	演出场次(场次)	观众人数(万人次)
2007	4752	11720	10076	720.0	34946	553.3
2008	3007	11417	10663	877.0	45014	750.0
2009	3470	10131	9684	863.0	59464	791.0
2010	3564	10983	10483	1108.0	54376	1035.0
2011	3401	11757	11069	1173.0	54905	931.0

2012年,北京市组建成立了首都剧院联盟,统筹央属、市属、民营文化资源,文化创作演出活跃,极大丰富了首都舞台艺术和群众文化生活。采取政府邀标、委约创作和市区合作等模式,推动各文艺创作机构、国家大剧院、北京人艺和市属院团、民营院团创作了50多部剧目。精选了其中36部优秀剧目进行展演和汇报演出。其中,国家大剧院原创歌剧《运河谣》、北京人艺话剧《甲子园》一票难求。北京市曲艺团、北京京剧院、北京交响乐团等院团深入社区,以群众喜闻乐见的形式,开展系列专场演出活动。在春节、元宵、端午、中秋等传统节日开展了近千项文艺汇演、讲座、展览等群众文化活动。

下面我们看一下北京与国内外各城市在表演场所数量、演出场次、入场人次、专业剧团等数量上的比较。

11 数据来源:《北京市统计年鉴2012年》。

搭建要素配置的最优平台

表4 各城市艺术表演情况[12]

指标	伦敦	纽约	巴黎	东京	天津	上海	重庆	南京	广州	北京
表演场所数量	214	420	353	230	57	103	46	13	19	70
剧院演出场次（万）	3.2	4.3	2.7	2.5	1.7	1.2		0.5		1.7
观众人次（百万人次）	14.2	28.1	5.7	12.0	1.45	8.3		0.3		9.97
每百万人拥有的专业艺术剧团数					1.6	4.4		5	7.7	1.8
专业艺术剧团数					16	102		30	63	35
群众艺术馆、文化馆（站）					19	241	1037	129	179	340
群众艺术馆、文化馆（站）组织文化活动次数（万次）					0.2	3.1	1. 6	0.4	0.4	2.4

通过对北京、上海、重庆等国内城市2011年艺术演出场次、艺术演出收入、艺术表演团体个数等多方面内容进行比较分析，可以看出北京的表演场所数量仅次于上海，但是专业剧团数量较少，仅有35个，约为上海的三分之一，约为广州的二分之一。剧院演出场次为1.7万次，观众人次近一千万人次，在国内各城市中居榜首，可见北京的演出市场较为繁荣。

但是如果与世界城市相比北京无论在演出场所数量和演出场次上都无法企及。在各城市中，纽约的剧院数量最多，有420个，巴黎达到了353个，东京230个，伦敦214个，而北京仅有70个，约为纽约的1/6。演出场次纽约达到4.3万场，伦敦3.2万场，巴黎和东京也有超过两万场，而北京仅有1.7万场。纽约剧院的观众人次最高，

---

12 世界城市数据来源：《世界城市文化报告2012》；香港数据来源：香港特别行政区政府统计处；其他国内城市数据来源：各城市2012年统计年鉴。

一年超过了两千八百万人次，伦敦一千四百万人次，北京仅有不到一千万人次。

可以看出，纽约仍是世界表演艺术的中心，纽约的表演艺术文化设施主体是百老汇剧院，每年纽约以及全美乃至全球各地的艺术团体在此上演各类精彩演出，吸引了超过两千万人次观看。此外纽约还有林肯艺术中心、卡内基音乐厅等众多世界知名演出场地，每年举办古典或是流行艺术演出多场，包括格莱美音乐颁奖典礼等全球性的重要文艺活动。

在演艺设施的产业规模和影响力方面，北京较世界城市还有着相当的差距。北京2014年艺术演出的票房收入约为2.4亿美元，纽约仍不及伦敦，仅纽约的百老汇2013—2014演出季的票房收入就高达12.7亿美元。虽然各个国家与城市的统计口径有所不同，但我们仍然可以看到北京与其他世界城市的差距。

五、公共文化产品的有效供给

公共文化产品的有效供给主要呈现在文化投入—生产—配置—消费这一条供应消费链上。政府依据政治、财政货币、权力和服务优势可以进行文化投入，大批量提供公共文化产品，节约交易成本和组织成本；企业或私人部门根据政府的计划调节借助市场的力量，经营公共性文化产品的生产，通过市场配置供给满足群众需要，提高文化服务效率；非政府组织机构或企业个人则自愿免费提供公共性文化产品，让群众享受免费提供的开放性文化服务和产品供给。因此，钥匙公共文化产品获得有效供给，必须紧紧依托政府提供公共文化产品福利，依靠市场发展文化产业购买文化产品，依靠非政府组织机构或企业个人自愿提供免费文化产品。只有通过这三方面的合力提供，才能获得公共文化产品的有效供给。北京市在这方面走在了全国前列。

（一）北京市加大公共文化服务投入，有效供给公共文化产品

随着党的十七大、十七届六中全会、十八大对文化保护及开发运用的高度重视和国家文化强国战略的提出，各个省区直辖市加大文化投入，强化文化保护和开发力度，使文化惠民政策进入千家万户，更多公民享受到国家改革开放的成果。例如2011年全国文化事业费为392.62亿元，与2002年的83.66亿元相比，增长了3.69倍，人均文化事业费增长了3.5倍。而北京市作为首都，高度重视文化建设，逐年提升公共文化投入，加大文化产品产出效能，有效提供公共文化产品，满足人民群众日益增长的精神文化需要。从表5可以看出，北京市文化事业经费占财政支出比重0.6%，比天津要高，低于上海、广州。但人均文化事业费北京市是82.44元，属于全国最高水平，这说明北京市逐年加大的文化投入已惠及方方面面。

表5 北京等城市公共文化投入和公共文化机构数据[13]

城市	公共文化投入		公共文化机构						
	文化事业经费占财政支出比重（%）	人均文化事业费（元）	博物馆机构数（个）	公共图书馆机构数（个）	群众文化机构数（个）	文化馆机构数（个）	文化站机构数（个）	艺术表演团体机构数（个）	艺术表演场馆机构数（个）
北京	0.60	82.44	41	24	337	19	317	18	73
上海	0.62	80.92	27	28	240	26	213	89	96
广州	1	不详	31	15	不详	14	不详	63	19
天津	0.53	43.55	18	31	256	18	237	36	37

13 引自《2011年全国31个省市自治区公共文化服务指数（蓝皮书）》，商务印书馆，2012年。其中广州数据来源于广州统计局网站http://www.gzstats.gov.cn/tjsj/2012tjsc/201301/P020130117352456371931.pdf。

作为首都，北京市的博物馆41个，远超上海、天津、广州，图书馆数量虽然没有上海多，但国家图书馆是中国第一大图书馆，其藏书量与阅读量无馆可及。群众文化机构和文化站远远超过了上海、天津，这说明北京市的公共文化投入不仅"顶天"，而且"立地"。"顶天"是北京市对大型图书馆、博物馆等场馆建设投入非常大，而"立地"则是对大多数民众亟须的基层文化机构、文化场馆也进行大量投入和扶持，接地气。同时，北京市拨出专款支持行政村多媒体综合文化中心建设，基本实现农村地区文化设施的全覆盖。资金的保障是文化生产最重要的前提。

（二）北京市积极扶持公共文化活动，满足普通民众的文化诉求

北京市非常重视草根民众的文化需求和利用诉求，积极扶持公共文化活动，培训普开设各种培训班对通人群和草根民众进行文化培训，开放博物馆展览次数，提升他们的文化艺术欣赏能力，满足他们对文化的需求。

表6 北京等城市公共文化活动数据[14]

省市	公共文化活动				
	群众文化机构组织文艺活动次数（次）	群众文化机构举办训练班次（班次）	群众文化机构培训人次（千人次）	艺术表演团体分剧种国内演出场次（千场）	博物馆陈列展览数（个）
北京	24237	22836	1307	6.84	137
上海	35600	21073	1164	19.76	146
天津	5067	4753	257	3.79	104
重庆	15840	7285	506	52.78	209

从公共文化产品的配置来看，北京市的基层文化活动活跃，政

14 引自《2011年全国31个省市自治区公共文化服务指数（蓝皮书）》，商务印书馆，2012年。

府积极扶持基层文化建设。政府群众文化机构组织各种文艺活动24237次，高于天津的5067次和重庆的15840次。尤其值得称道的是，政府群众文化机构举办的训练班班次达到22836次，高于上海的21073次，更是天津和重庆的3-4倍，而且培训人次为1307000次，远远超过上海、天津和重庆，成为目前国内培训班次和培训人次最高的省市，这说明北京市非常重视对基层文化工作者的素质培训，借助群众文化机构组织各种文化活动，提升文化爱好者的文化素质，帮助文化工作者以更高的服务精神提升公共文化服务质量。

（三）北京市提升公共文化服务能力，满足大众的公共文化享受

在公共文化设施建设上，北京市建成了一批功能齐全、布局合理的公共文化基础设施，全市基本形成了市群众艺术馆、首都图书馆、区县文化馆、图书馆、街道（乡镇）文化站和社区（村）文化室四级公共文化设施服务体系和网络。基层街道（乡镇）、社区（行政村）文化设施平均建有率达96.42%。其中，行政村多媒体综合文化中心3884个，率先在全国实现了农村地区文化设施全覆盖。这些设施的建成，为百姓就近参与文化活动提供了便利。

表7 北京等城市公共文化享受数据[15]

城市	公共文化享受						
	公共图书馆人均购书（元）	人均拥有公共图书馆藏书册数（册）	每万人公共图书馆建筑面积(平方米)	每万人拥有群众文化设施建筑面积(平方米)	艺术表演团体演出观众人数(千人数）	文物参观人数（千人数）	博物馆参观人数(千人数)
北京	2.286	0.87	86.6	217.8	1448	17121	2628
上海	6.494	2.96	160.9	485.0	5504	6416	4118
天津	2.525	0.97	103.1	174.1	2419	4222	3361
重庆	0.564	0.36	70.8	201.4	2471	16203	13860

---

15 引自《2011年全国31个省市自治区公共文化服务指数（蓝皮书）》，商务印书馆，2012年。

从表7可以看出，我国除了上海、天津、北京市，其他省市人均拥有公共图书馆藏书册数远低于联合国教科文组织和国际图联《公共图书馆服务发展指南（2001）》中提出的人均1.5-2.5册的建议性标准[16]。北京市公共图书馆人均购书2.286元，人均拥有图书0.87册，在全国排名仅低于上海和天津，但远高于重庆。文化设施建筑面积217.8平方米，仅低于上海485.0平方米；文物参观人数略低于重庆，远远高于上海、天津，这说明北京文物投入经费较多，创新产品供给的有效办法。例如北京市大兴区利用地下人防工事变活动场所，开创了"民防工事为民所用"的先例；老百姓看电影不出村、看演出不出村、看图书不出村、上网不出村，打造出独具特色的村级文化大院；政府花钱买群众文化乐园，建立了文化活动场所，率先建立了"广覆盖、高效能"的立体公共文化服务体系。而且北京市实施公共图书馆、文化馆（站所）、美术馆等免费开放工作，实现无障碍、零门槛进入，充分提供了公共文化服务产品，保障了社会的安全，推动了公共文化服务方式的创新。

（四）与国际大都市相比，北京市文化投入和创意增加值达到国际水平

作为国际大都市，北京市与伦敦、纽约、巴黎相比在公共文化产品的有效供给上差距越来越小，北京市文化投入和创意增加值也基本上达到国际水平，但在普通民众的公共文化享受和文化惠民的体制机制上还需要其他大都市学习。伦敦是英国文化产业发展的中心城市，伦敦集中了全国约90%的音乐商业活动、70%的影视活动，全国85%以上的时尚设计师，30%以上的设计机构，70%以上的国际广告公司的欧洲总部。作为"全球最酷的城市"，伦敦文化创意产业每年产值均超过210亿英镑。巴黎有超过57个剧院，超过

---

16 《公共图书馆服务发展指南》，林祖藻译，上海科学技术文献出版社，2002年。

2.6万个座位。纽约文化产业年产值达到1100亿美元。北京市文化创意产业增加值接近2000亿元，中心城区剧院数约有55座，超过了世界戏剧中心伦敦和纽约的40余座纽，与巴黎接近。

在公共文化产品供给的具体做法上，北京市还需要向纽约等大都市学习。例如，纽约市政府提供免费或少量租金的场所，大量戏剧表演免费演出，由政府进行补贴，不仅培育了大量消费群体，还通过表演实践提升演员的演技。而对门票比较贵的高端戏剧演出，纽约市政府通过折扣售票厅以25%或50%的价格出售各档次剧院的话剧、音乐剧、舞蹈、歌剧等演出票。这种让利于民的方式，增加了消费。如百老汇音乐剧《歌剧魅影》演出时间最长，在过去24年里全球演出逾万场，全球观众人数超过1.3亿人，票房累计收入高达60亿美元。而好莱坞影片《阿凡达》收入只有它的一半。百老汇超级音乐剧《狮子王》《悲惨世界》等在世界各地演出大获成功。而且，官方举办义艺演出或晚会全是民间行为。2013年，纽约市政府拿出1.5亿美元举办文艺演出和晚会的钱，直投投资民间草根文艺演出团体。推出廉租排练厅，目前首批投入市场的四个艺术排练厅，通过审核后，排练厅以每小时12-16美元的价格按小时出租，工作室将以每月350美元的价格按年签约。这种补贴来自纽约市文化局、纽约市长发展基金会、洛克菲勒基金会等政府和民间机构联合组成了名为"工作空间"的非营利组织，来补贴排练厅、工作室的租金。这种官方让利于民的资助方式无疑是值得北京市借鉴的，只要让民众获得文化红利和文化实惠，国际文化大都市的品味与格调自然也随之上升。

总之，北京市加大公共文化服务投入，使投入和创意增加值达到国际水平，并积极扶持公共文化活动，提升公共文化服务能力，充分发挥公共文化产品的文化同化价值，构建文化想象共同体，巩固共同理想信念，培育精神文明，才能真正使公共文化产品的供应消费链获得良性循环运转，进而促进公共文化产品的有效供给，达到社会和谐的目的。

六、公共文化服务要素配置存在的问题、难点与困境

北京市近年来一直在文化产业和公共文化服务方面加大投入，尤其是在演艺、影视、文化活动和图书馆及文博服务等领域加大投入，提升服务能力、服务水平和服务质素，统筹城乡之间、区域之间的协调发展，逐步形成实用、便捷、高效的公共文化服务网络，初步建立起结构合理、均衡发展、网络健全、服务优质、覆盖全社会的、较完备的公共文化服务体系，保障了人民大众日益增长的基本文化权益和需求。

但是，北京市及其郊区的都市化、国际化带来更多集中居住的城市人口、劳动务工人口，人口结构更加复杂，人口流动更加频繁，文化需求更加多样化。而且，北京市城区与郊区发展不平衡，地区差异很大，为公共文化服务体系建设带来了挑战和机遇。尽管北京市文化投入逐渐增加，但一直存在效率不高的问题，如何在增加政府投入的同时，提高投入使用的效率和综合效益。这些难题需要政府相关部门和科研院所进行联合攻关，优化配置公共文化服务要素，从而保障公共文化服务和文化产品的有效供给。具体说来，主要呈现在以下几个方面。

（一）文化事业费投入总量不足，公共文化设施不完善

北京市文化事业经费占财政支出比重的0.6%，低于广州的1%。北京市的公共图书馆24个，低于天津的31个和上海的28个，文化馆数量少于上海。艺术表演团体18个，远远低于上海89个、广州63个和天津36个，艺术表演场馆也低于上海。不仅需要加大投入，还要扶持和引进艺术表演团体，厘清演艺机制。

表8 北京等省市公共文化服务综合指数（总量）得分[17]

省市	文化事业经费占财政支出比重（%）	公共图书馆财政拨款（万元）	群众文化机构财政拨款(千元)	文物科研机构财政拨款（千元）	公共文化服务综合指数（总量）百分制得分	公共文化投入综合指数（总量）百分制得分	公共文化机构综合指数（总量）百分制得分	公共文化活动综合指数（总量）百分制得分	公共文化享受综合指数（总量）百分制得分
北京	0.60	32746	223262	10622	50.39	68.99	38.33	65.15	43.85
上海	0.62	56345	559992	14071.21	59.76	90.75	39.19	71.54	56.95
天津	0.53	18500	100262	14071.21	39.88	56.13	35.00	45.44	42.49
重庆	0.40	7650	215311	2051	47.84	52.26	47.06	32.85	49.96
江苏	0.39	34240	500672	2546	77.68	74.25	75.05	75.97	84.15
浙江	0.79	43536	788332	14516	75.00	92.81	70.17	73.28	73.17
广东	0.52	58296	852113	15653	80.91	94.22	78.28	73.25	83.03

　　从公共文化服务综合指数总量上来看，广东、江苏、浙江不仅经济总量名列前茅，相应投入大。而北京市的公共图书馆、群众文化机构等财政拨款高于天津、重庆等直辖市，公共图书馆、群众文化机构、文物科研机构等财政拨款低于上海、广东、浙江等沿海发达省市。北京市的公共文化服务、公共文化投入、公共文化活动综合指数高于天津、重庆等直辖市，但远低于上海、广东、浙江等沿海发达省市。

　　从公共文化服务人均综合指数上来看，由于广东、江苏相对来说是人口大省，所以，北京市的公共文化服务、公共文化投入、公共文化活动、人均综合指数仅次于上海，远远高于广东、江苏、浙江、天津等发达和欠发达省市自治区。而公共文化机构、公共文化享受人均综合指数不仅低于上海，还低于以休闲著名的重庆，这说

17 引自《2011年全国31个省市自治区公共文化服务指数（蓝皮书）》，商务印书馆，2012年。

明，重庆、上海在基层文化服务配置和公共文化设施上是做得很到位的，这为北京市的提速发展提供了可资借鉴的参照。

表9 北京等省市公共文化服务综合指数（人均）得分[18]

省市	文化事业经费占财政支出比重（%）	人均文化事业费（元）	公共文化服务综合指数(人均)百分制得分	公共文化投入综合指数(人均)百分制得分	公共文化机构综合指数(人均)百分制得分	公共文化活动综合指数(人均)百分制得分	公共文化享受综合指数(人均)百分制得分
北京	0.60	82.44	73.79	77.05	45.44	89.65	65.09
上海	0.62	80.92	89.59	94.38	44.75	87.52	94.12
天津	0.53	43.55	68.69	69，02	46.73	51.88	73.86
重庆	0.40	26.81	53.92	51.39	51.05	50.86	53.78
江苏	0.39	20.74	54.83	49.29	44.78	47.14	61.17
浙江	0.79	44.46	68.69	71.68	52.69	57.60	72.02
广东	0.52	25.88	55.18	56.07	40.69	42.74	62.28

从上述分析可以看出，北京市总体公共文化服务投入与其经济地位尤其是政治地位、文化地位不匹配，还需要政府加大相应投入，提升公共文化服务素质，增加公共文化机构，拓展公共文化活动，从而使公民真正能够均等享受到公共文化服务。

（二）公共文化服务由政府主导，主体单一

文化产品和服务的社会属性是由其公共性所决定的。公共文化产品和服务的核心就是公益性，发展公益性文化事业是我国文化建设的重要发展领域。党的十七届六中全会明确提出，"满足人民基本文化需求是社会主义文化建设的基本任务。必须坚持政府主导，加强文化基础设施建设，完善公共文化服务网络，让群众广泛享有免费或优惠的基本公共文化服务。要构建公共文化服务体系，发展

---

18 引自《2011年全国31个省市自治区公共文化服务指数（蓝皮书）》，商务印书馆，2012年。

现代传播体系，建设优秀传统文化传承体系，加快城乡文化一体化发展。"公共文化机构要始终坚持公益的属性，把社会效益放在首位，降低公共文化服务的成本，扩大公共文化服务的范围，增强公共文化服务的能力，增加公共文化服务的供给。

当前，公共文化服务主要由政府主导，提供公共文化服务产品，忽视了市场调节和受众需求这两个主体，导致公共文化服务主体单一、服务方式较为呆滞。文化服务过程是一个由市场主体运用多种要素提供文化服务的过程。市场主体的缺乏，会造成对文化服务要素和文化资源的需求不足，而这又会制约民众对多元文化服务的需求及市场的发展。北京市也在这些方面存在着不少问题。

文化服务领域的主体不仅包括政府及其文化职能部门，还包括国有文化企业、民营文化企业、境外文化企业、民间组织以及个人。由于政府的单一主导，其他主体缺席，导致公共文化产品和服务出现结构性短缺，以致某些农村、外来务工者聚居区仍然不同程度存在享受文化生活难等问题；一些公共文化部门仍然存在文化服务消费手续烦琐、收费贵等现象；一些公共文化场所拥挤，服务质量难以保障；民营经济进入公共文化服务领域的门槛仍然过高，影响了公共文化产品和服务的供给效率；部分公共文化服务供给不对路，出现单向度输送的被动局面，政府送什么，公众接收什么，从文化的表现形式到文化产品的种类，选择余地不大，针对性不强，群众自始至终在被动地参与，积极性不高，由于没有发动其他社会力量等主体参与公共文化服务，严重影响和掣肘公共文化服务产品的有效供给；文化管理体制上仍然存在区域性"壁垒"和行业条块分割的现象，使国内民营和境外资本、人才等要素无法有效注入公共文化服务领域，影响了文化服务规模的扩大和文化服务效率的提高，在一定程度上阻碍了公共文化服务要素的市场化配置和跨行业、跨地区配置进程，导致公共文化机构无法发挥应用的功能。

目前，北京市大多数文化企业的前身是国家事业单位，在从事业单位向企业转制的过程中，改革的第一推动力来自政府主导行为，由于产权关系的不明晰，政府在很大程度上代替了市场的资源配置功能，使得他们在参与市场化竞争、国际化竞争往往处于劣势。因此，北京市市政府必须理顺政府部门与文化企业、文化团体、文化市场中介机构等之间的关系，分清职能、明确职责，调动各行业和社会力量的积极性，打破行业、部门和地区的利益保护，落实政企分开和政事分开，转变政府职能，由"办文化"转变为"管"文化，由"单向输送"公共文化服务向"供需对接、增量提质"转变，从而构建公共文化服务由政府为主导、社会力量协办为补充的文化服务体系格局。

（三）公共文化服务要素利用率不高，没有充分发展市场导向

北京市公共文化资源供给体系主要包括政府直接提供公共文化服务、政府公共文化服务机构代供公共文化服务、社会兴办公共文化服务机构或社会资源提供公共文化服务、购买社会资源提供公共文化服务、文化志愿者队伍向公众提供文化服务。但是有些服务采取单一的行政调节，缺乏市场导向，导致利用率不高，如一些乡村的文化场所几乎无人问津，提供者也了无兴趣，于是，形成恶性循环。因此，如何盘活文化资源，提供高效文化服务是一个迫在眉睫的问题。因为不少基层单位对文化设施和文化活动及文化服务往往重建设轻管理，并不关心活动的质量、民众的需求、公共文化设施的运行效果、设施配置的合理性及有效性；一些基层文化站的活动不"接地气"，对居民的吸引力弱，导致居民参与度不高；甚至一些基层文化设施因后续经费投入不足、管理缺位、功能单一等原因，长期处于闲置状态，实际使用率低，没有发挥应有的学习、教育、娱乐等功能。一些政府部门片面追求政绩，执行"上级"的行

政命令，单纯追求文化产品数量、开发文化消费方式，而对促进文化服务要素和文化资源市场化配置的重要性认识不足，直接影响了公共文化服务的效率以及文化产品供给的数量和质量，限制了文化创新能力和自我循环供血功能的提高。例如，从前边表6可以看出，北京市艺术表演团体分剧种国内演出场次远远低于重庆和上海，博物馆陈列展览数也低于重庆和上海。而且执行事业会计制度艺术表演团体和场馆演出场次都要比上海少，这说明艺术表演的体制机制还需要创新，需要引入更为现代化和国际化的现代演艺制度，如此，才不能制约北京市向国际化大都市发展的步伐。从前边表7可以看出，北京市的艺术表演团体演出的观众人数和博物馆参观人数要低于上海、天津、重庆。

因此，未来出路就是要借鉴市场杠杠的功能，在坚持公共文化服务的公益性基础上，如何引入市场化运营模式，探索建立充满活力、富有效率的管理体制和运营机制，最大限度地发挥公共文化服务设施的功能作用。尤其是加强图书馆、博物馆、文化馆、美术馆、展示馆、剧院、影视城、音乐厅、艺术中心、文化站、群艺馆、文化广场等核心文化设施的管理运营工作，使其充分发挥为市民提供高层次、高品位文化服务的重要功能。

（四）公共文化服务要素布局不均衡

公共文化服务建设的未来发展目标必须覆盖全社会，但北京市公共文化服务要素配置上更倾注于中心城区，如东城区、西城区、海淀区、朝阳区等核心区多，而周边如密云等区县配置少，形成布局不均衡、配置不合理的现象，不利于社会的和谐发展。

一般说来，区域经济发达会推动文化繁荣，丰富文化产品的供给，反之则相反，与满足城乡居民文化生活的需求相比，北京市公共文化领域财政投入仅仅停留于低水平的保障，对欠发达地区仍显不足，地区间、城乡间差异仍然明显，这既与城乡二元体制的僵化有关，又与公共文化服务的财政保障机制缺乏制度制度创新相关。北京市公共文化服务要素配置形成两个极端，一是以东城区、西城区、海淀区、朝阳区等中心城区经济发展，区位优越，财政投入大，形成了比较完善的公共文化服务要素配置体系，居民能享受较高水平的公共文化服务；而昌平、石景山区甚至密云等北京市远郊、城中村、农民工务工聚居地、企业厂矿以及农村等地区，相对于中心城区来说经济欠发达，在城乡二元体制的桎梏下，公共文化基础设施的供给、文化人才的数量、公共文化服务资源配置和服务水平等与主城区存在着较大差距，普遍存在基础差、设施落后、人才不足的问题。

公共文化服务的财政保障机制缺乏制度创新，各区县之间、城乡之间等财力不均衡，财政支付能力较强的区，公共文化服务标准较高，而财政相对短缺的地区，公共文化产品供给的增加只能是一种较低水平的重复性、粗犷式的改善，更加加剧了布局的不均衡。这就需要政府引导、监督和合理布局，通过政策倾斜和制度性安排来实现配置公平，提高公共文化服务的覆盖范围、投入力度、服务标准，使公共文化服务由覆盖少数人群向覆盖全体人群转变，解决农村地区、后发展地区和外来人口等弱势人群的公共文化服务缺位问题，实现公共文化服务的均等化。

（五）公共文化服务要素配置的机制体制创新不够

北京市一直致力于贯彻落实中央关于深化文化体制改革的一系列战略部署，努力形成责任明确、行为规范、富有效率、服务优良的管理体制和运行机制。但长期以来机制体制的条块分割，束缚了公共文化服务要素的有效配置和文化资源的合理流动。

首先，政府文化系统内部不少单位如图书馆、文化馆、博物馆、群艺馆、美术馆、剧院等仍按行政关系管理，把专业分工和行业对口划分得过于狭窄，导致各个公共文化服务部门各自为政，垄

断分割，他们各自拥有的信息、知识、人才、技术、设备等资源不但难以共享，还重复建设，浪费国家资源。

其次，文化创意产业与文化事业管理职能没有完全分离，国有文化创意企业政企不分，可持续发展和再造血能力不强。各个文化企业尤其是事业单位转制成企业的单位要想提供文化服务，还必须依赖政府部门的关照，难以保证市场交易的公平、公正和公开，而其他社会组织、个人、小型企业要向提供服务还得通过政府管理部门的各种审批手续，人浮于事等不良现象依然存在，影响了文化服务产品、文化服务资源、文化服务要素进入市场配置的积极性。

再次，公共文化服务要素在事业单位之间以及文化事业与文化产业、文化产业与其他产业间的流动，缺乏政策法规的必要引导和保障，责权利不清晰导致多头管理、政出多门，掌握在国有文化生产单位手中的大量文化服务要素，得不到正常流动，至今难以进入文化市场，导致管理失控和混乱。这和国际上企业兼并频繁资源活跃流动、社会组织或个人自由便利提供服务的情况形成了强烈的对比，原因在于政策和法规及文化运作机制的滞后限制了资源配置的自由化、国际化配置程度。

最后，公共文化服务要素配置的机制体制创新不够，与文化民生关系密切的公共文化需求表达不足，表达机制不健全，文化产品和服务供给与文化需求不平衡现象仍然突出，公共文化管理体制改革还不够深入，管理和服务水平不高，政策落实不到位，政策法规体系不完善等。例如《北京市图书馆条例》颁布后，出现了一批民办图书馆，但由于政府缺乏具体的扶持政策，有些艰难运行一段时间后因后续资金困难和政府扶持政策不到位而关闭，这是非常可惜的。

因此，怎样创新公共文化服务要素配置的机制体制，如何健全公共文化需求的表达、信息反馈和社会评估等机制，改进公共文化服务政策引导和法规保障，畅通广大群众尤其是基层群众对文化服务的建议和参与渠道，及时调整公共文化服务内容，不断更新公共文化资源库，推进公共文化服务资源配置的科学化、高效化、便民化，满足群众多层次多方面的精神文化需求，这是当前我们推动公共文化服务创新方面首先要解决的难题。

（六）公共文化服务人才队伍不够健全

人才是文化赖以发展的核心要素，人才是公共文化服务的核心和保障，要提高北京市文化服务水平，要向民众提供优质服务，实现北京市公共文化服务的高效化、均等化，首先要有参与公共文化服务的专业技术人员和支撑公共文化服务体系的管理、辅助人员等高素质人才，并把他们打造成一支高素质的文化服务人才队伍。

北京是首善之区，公共文化服务人才队伍代表着国家的形象，其服务能力代表着国家最高水平。当前，北京市从不同层面加强对基层文化干部队伍、群众文化团队、志愿者队伍的培养，形成"基层干部统筹、群众文化团队支撑、志愿者队伍补充"的文化队伍建设格局，但是北京市公共文化服务人才队伍建设滞后。一些地方，尤其是基层文化人才队伍建设不到位，人员配置不够，文化人才缺乏，尤其是郊区、乡村、外来农民工聚居区的公共文化服务人才匮乏，这些区域的图书馆、文化馆、博物馆等文化场馆专业人员配置力度不够。基层文化干部公共文化服务的能力和水平不高，基层文化活动存在难组织、难开展、难运行的现象。公共文化服务队伍基本上是"兼职型"，入行准入门槛过低，大都是区域内的人才流动，对其培养、管理和服务没有跟上。而且，高水平人才引进不够，缺乏人才引进优惠政策，难以实现人力资源最经济、最有效的配置。这些问题都需要顶层设计者加以解决。

七、公共文化服务要素优化配置的对策建议

根据北京市的相关文化规划，作为我国社会百姓文化活动参与

程度最广泛、文化权益实现程度最高的城市，北京市的公共文化服务体系建设将以政府为主导，以公共财政为支撑，以公益性文化事业单位为骨干，以全民为服务对象，以基层为重点，推动资本、人才、技术有机融合，构建覆盖城乡的首都公共文化服务体系。而当前北京市在公共文化服务要素配置上存在一些问题，亟须进行优化配置。

（一）加大投入，优化功能布局，推进公共文化设施建设

首先，加强顶层统筹。古人云，天时地利人和，北京市要立足市情、人情、风情与地情，加强城市公共文化发展设施、规模、量能、布局、内容、功能、管理设计。在推动北京各项公共文化服务规划落地的同时，加强对全市尤其是区县乡镇街道层面的宏观布局与规划引导。进一步推进社区文化活动中心（图书室）、居委会综合文化活动室（图书室）、外来务工聚居地文化活动室（图书室）、公司企业文化活动室（图书室）、全国文化信息资源共享工程和公共图书馆建设，打造文化活动馆室"一卡万能通"工程，让人人能够跨时段、跨区域享受基本免费的公共文化服务。

其次，北京市要加大投入，完善各级财政文化经费投入机制。政府要充分发挥公共财政在增强公共文化服务能力中的作用，健全政府主导、财政投入稳定增长、鼓励社会力量参与的公共文化投入机制，调整和优化公共财政支出结构，保证文化事业经费占财政支出比重必须达到1%，明确公共文化服务投入的重点，设立文化发展专项资金和基层文化设施建设专项资金，实行以奖代补政策，对新建文化设施要给予适当的经费资助，以此调动建设基层文化设施的积极性。继续跟进《中共北京市委关于发挥文化中心作用加快建设中国特色社会主义先进文化之都的意见》要求，继续加强公共文化设施建设，推进国家美术馆新馆、中国工艺美术馆、中国国学中心、国家音乐博物馆、中国出版博物馆等项目建设，打造北京市博

物馆中心区。在天桥和天坛地区集中规划建设首都核心演艺区，打造亚洲演艺中心，展示全国优秀剧目，汇聚世界艺术精品。推动完成奥运博物馆、北京市文化艺术活动中心、北京市国际戏剧中心、首都图书馆二期、北京市儿童文化艺术中心、北京市歌舞剧院剧场、北京市美术馆、首都交响音乐厅、北方昆曲艺术中心等一批市级和区县级文化设施建设。对政府兴办的公益性文化单位，包括图书馆、艺术馆、文化馆、美术馆、展览馆、书画院、博物馆、科技馆、革命纪念馆等，各级财政除拨付必要的场馆维护、设备添置、资料更新等经费外，还要确保人员经费和业务活动经费，逐步增加经费投入，支持其不断发展，提高公共文化服务能力，提升文化设施的利用率和服务水平。

再次，优化功能布局，调整资源配置，在推进城市文化服务的同时推进农村公共文化服务。在公共文化机构设施和建设上，区县、乡镇、村街道和社区基层公共文化服务机构是提供基本公共文化服务的网底和基础，北京市下属各级政府要进一步增强扶持力度，重点投入农村和欠发达地区文化设施建设以及艺术馆、文化馆等设施建设，把农村公共文化建设纳入财政预算，保证文化馆/站/场开展业务必需的经费、基层公共图书馆购书经费和农村电影放映补助经费，加大对城乡公园、文化广场和各类公共文化场所的投入，优先安排涉及基层和农村群众切身利益的文化项目，支持农村欠发达地区的文化建设，逐步实现城乡公共文化服务均等化。在公共文化服务和利用上，对重要文化项目和文化产品采取政府补贴，以政府采购的方式直接送到农村，免费开放文化馆、博物馆、图书馆、美术馆、科技馆、纪念馆、群艺馆、文化站等公共文化服务设施，享受者不受地域、户籍限制。

最后，创新开放多元的投入机制，完善公共文化服务投融资机制。北京市政府必须投入，同时还要发挥市场机制和社会力量的作

用，放宽公益性文化事业的准入门槛，拓宽文化发展融资渠道，吸引社会资金参与文化发展项目，采取委托机构办文化、引进资源办文化、项目合作办文化、各种机构捐款办文化等多种路径，以参股经营、合作经营、企业融资、贷款贴息等方式进行基金化运作，引导和支持国内外企业、个人、社会资本和外资投资兴办公共文化实体、建设公共文化设施、提供公共文化服务，鼓励国内外社会法人和各界人士捐资兴建各类非营利性的公益性文化服务项目，形成非营利性的公益性文化服务项目以国家投资为主体、引导社会资金广泛参与捐赠、融资的资金筹措和基金运作机制。

（二）创新公共文化服务要素配置的机制体制

公共文化服务涉及多个部门、多个行业，必须进行加强制度设计，创新公共文化服务要素配置的机制体制，开展政产学研用协同创新攻关，着力建立公共文化服务体系的长效机制，完善公共文化服务效益评估、表彰、激励机制，推动北京市公共文化服务模式向专业化、品质化、效能化转变。

第一，改革政府文化投入方式，探索建立政府公共文化服务项目招投标制度。北京市政府文化部门应推行公共文化活动公开招标和政府采购制度，对达到一定规模的政府公共文化服务项目采用公开招投标、集中采购或委托代理等方式进行采购，保证文化服务工程所需资金的优先投入，进而提高政府资金投入效率，规范公共文化服务项目运作的组织过程，实现投入产出效益的最大化。

第二，创新公共文化服务设施的管理机制。北京市政府部门通过委托经营、国有民办、民办国助等多种途径，发挥市场机制和社会力量的作用，提高公共文化设施的运行和管理效率，转变公共文化设施"重建设、轻管理、轻服务"的弊端。对公益性文化产品，改变政府拨款形式，鼓励各类区域文化企业和文化艺术团队参与公共文化服务建设，引导鼓励区域内的文化企业与公共文化事业单位展开良性竞争，由政府全部出资或部分出资择优购买予以扶持并进行组织分配，免费或低价提供给公益性文化单位或群众，启动、示范和调控各种公益性文化服务活动。在保证公益性的前提下，推动专业化、社会化运营。

第三，探索建立公共文化服务标准、项目评估和绩效评价机制。鉴于北京市区域城乡发展不平衡、各地财政保障能力差异较大的因素，应研究制定包括设施、设备、人员配备以及日常运行费用等的基本公共文化服务标准，明确公共文化服务的范围、最低供给规模和质量标准，并根据经济提高相应提升公共文化服务保障层次和水平，拓展均等化标准和范围；制定咨询条例，组建由专家顾问、市民群众、新闻记者、文化志愿者、异国人士组成的咨询团队，完善议事规则，为政府提供公共文化服务决策咨询；聘请第三方机构，建立客观公正的评估体系，提出符合实际的北京市公共文化服务体系建设绩效评价和评估指标体系，并进行相应的制度设计，使公共文化服务体系建设指标化、项目化、实事化、科学化、规范化、制度化，定期公布公共文化服务设施的群众满意度；加强公共文化服务绩效评估的透明度，坚持以人为本的价值取向和评估主体的公众导向，把政府评估与专家学者、社会公众等社会主体评估有机地结合在一起，提高公共文化服务政策评估的透明度、客观性和公正性。

第四，建立和健全公共文化需求表达和决策参与机制。政府文化管理部门要通过调查研究、接触公众代表、人民代表大会、政府听证会等多种方法，广泛调动和汇聚民智民力，形成市民文化需求表达、意见搜集和公共文化决策参与机制，保障人民群众知情权、参与权、监督权，改变公共文化服务供给与人民群众多样化文化诉求目标错位、需求结构不对称现象，促进公共文化服务决策的科学化民主化。

（三）加大公共文化服务研究

为科学规划、统筹兼顾、有序推进北京市公共文化服务体系建设，研究、探索北京市区和城乡不同区域公共文化服务体系建设的模式、路径、方式、方法和措施。北京市相关部门应该设立宏观的公共文化服务研究项目，与高校科研院所合作进行研究。重点进行公共文化服务体系体制机制研究、公共文化服务保障和支撑体系研究、中外公共文化服务评估指标及相关理论研究、公共文化服务评估指标体系构建研究、公益性文化事业单位评估指标系统研究、区县乡镇街道公共文化服务供给体系研究、政府公共文化服务主体地位研究、北京市公共文化服务资源配置国际化研究、公共文化服务社会参与机制研究、公共文化服务经费保障机制研究、公共文化服务人才队伍建设研究、公共文化服务技术支撑研究、重大公共文化服务工程评估指标系统研究、社区文化活动中心绩效评估指标系统研究、北京市公共文化服务路径和风险规避研究，解决当前现实中遇到的难题。探讨政府、文化和财政部门、公共文化服务机构、重大文化服务项目工作考核机制，实行文化工作目标责任管理，形成政府、社会、服务群体共同参与的监督管理机制；加快公共文化机构职能研究和功能定位，重点推进公益性文化事业单位改革，形成责任明确、行为规范、服务优良的管理体制和运行机制。鼓励各大文化企事业单位设立研究开发项目，提出服务要素优化配置的创新方案，为决策管理层提供重要的决策依据，更好地指导和服务于北京市公共文化资源供给体系建设工作，并推动出台一批具有针对性、实践性、指导性、前瞻性、整体性、科学性、带动性的工作制度，进一步推进公共文化服务体系建设。同时，培养一批在公共文化服务体系上勇于创新、富有热情、理论扎实的研究队伍，为北京市公共文化建设做好人才储备。

（四）提供高效优质公共文化服务产品

党的十八大指出："要坚持以人民为中心的创作导向，提高文化产品质量，为人民提供更好更多精神食粮。坚持面向基层、服务群众，加快推进重点文化惠民工程，加大对农村和欠发达地区文化建设的帮扶力度，继续推动公共文化服务设施向社会免费开放。"北京市要以实施文化精品工程为龙头，加强对文化产品创作生产的引导，鼓励专业艺术院团充分利用北京市丰富的历史、文化、工艺、美术、戏剧等资源，创作、演出针对青少年、老年、进城务工者、少数民族、残疾人等特殊人群的优秀节目，提高公共文化服务的供给力，借鉴国内外文化产品生产的新形态，大胆推进文化服务产品的内容、形式和手段的创新，加强公共文化产品的有效供给，扩大基本公共文化服务的覆盖面，实现基本公共文化服务均等化。

首先，加强有效供给。一方面发挥政府主导、社会参与的公共文化服务供给合力，坚持以人为本和均等化理念，重点关注人民群众最关心、最直接、最现实和最薄弱的文化需要，扩大政府采购公益文化产品和服务的范围，围绕百姓有哪些文化需求、政府应如何满足需求和引领需求进行文化配送，广泛开展群众喜闻乐见的公共文化活动，解决城乡公共文化活动数量和质量以及服务供给不均衡问题，保障基层人民群众公平享受基本公共文化生活的权益。一方面整合文化资源，鼓励公立与民间文化艺术团队参与公共文化服务产品的打造，充分利用首善之区丰富的历史文化遗产和红色文化资源，将文物保护、红色开发与公共文化建设相结合，拓展公共文化服务的内容和空间，丰富文化产品的多样性。另一方面利用高科技建立文化服务惠民系统。推动公共文化与科技、媒体、金融、教育、旅游、商业等的有机结合，利用高新技术加强数字公共文化建设，建立公共文化服务云服务信息网络，开发公共文化服务导览系统，形成政府、社会、民众互动的北京市公共文化服务的新格局。

其次，完善公共文化服务供给网络。在坚持公共文化服务的公益性基础上，发挥现有公共文化资源设施和信息技术作用，根据人口分布和群众需求来提供订单式文化服务建立以人民群众需求为导向的、优质高效的、享受均等化的新型公共文化服务机制，形成城乡公共文化产品和服务"超市式"供给、"菜单化"服务的模式，实现公共文化服务资源共享。同时，引入市场化运营模式，转变政府在公共文化服务供给体系中的职能，加快实现政事分开、管办分开，供买结合，促进公共文化服务从"政府主导"向"政府主导、社会共建"转变。畅通社会力量进入公共文化服务领域渠道，通过政府采购、项目补贴、择优购买等"民办公助"等多种方式引导社会资本和社会力量进入公共文化服务领域，鼓励社会力量对公益文化活动、项目和文化设施等进行捐助，逐步形成以政府投入为主、社会力量积极参与的公共文化服务投入、管理和运营机制，最大限度地发挥图书馆、博物馆、文化馆、美术馆、剧院、音乐厅、艺术中心等公共文化服务设施的功能作用，使其充分发挥为市民提供高层次、高品位文化服务的重要功能。

最后，进行公共文化服务国际化要素配置，积极进行文化服务产业合资试点，吸引外资投入北京市文化产品供给的建设，从创新能力、资本、技术、知识进行更新。

（五）加强公共文化服务人才建设

文化服务既需要服务所需的普通人员，更需要公共文化服务化创作和制作方面的专业人才。为此，要把培养造就文化人才、专业文化艺术队伍和公益性社会文化服务队伍，作为实现北京市公共文化服务优质高效均等的重要支撑和保障，大力提高社会文化服务队伍的人员规模、服务意识和服务能力。

首先，加大高层次文化人才的引进力度。制定人才引进优惠政策，以重点项目吸引人才，以合作方式招揽人才，注重引进外向型、复合型、精业务、懂策划、善操作、会管理、熟悉国际惯例和国际运作的高层次人才。

其次，制定专业文化艺术队伍和公益性社会文化服务队伍建设规划，加快人才培养步伐。在注重引进人才的同时，对现有从业人员进行大规模培训，加快形成公共文化服务人才培养、使用、流动等一体化服务体系；通过高等教育、在职教育、举办各类专业技能竞赛评比活动，提高公共文化队伍整体素质，同时在高校要打破学科界限开设相应专业，培养一批掌握现代化新技术的文化管理人才和高素质高专业水平的公共文化服务队伍，基本解决公共文化队伍人才匮乏、人员老化、业务力量薄弱等问题。

再次，加强对公共文化服务人才队伍的培养、管理和服务。深入实施基层文化服务队伍素质提升工程，组织实施基层文化人才继续教育工程、文化骨干培养工程、非遗传承人保护工程以及基层文化干部、文化管理员轮训工程等。引导、鼓励和扶持民间文艺团队、文化协会、文化传承人、非营利性民间组织等群众性文化组织及个人，培养一批基层文化建设带头人和文艺团队。进一步在高校、中小学进行文化宣传，发展壮大文化志愿者队伍。

最后，深化公益性文化事业单位内部用人制度和收入分配制度改革，改革文化队伍育人选人用人机制，建立健全文化人才引进、培养、输送等保障机制，推行聘用制度和岗位管理制度，健全岗位目标责任制，建立从业人员准入和持证上岗制度，落实人员待遇；加快建立考核评价制度和优秀人才激励机制，对长期从事公共文化服务工作并取得突出成绩的人员给予奖励。

（六）创新公共文化服务方式

第一，通过现代科技拓展公共文化服务。现代社会的发展越来越注重运用科技因素和现代服务的理念，需要引进现代信息技术、方法和设备，推出网上博物馆、网上文化培训等服务，大力推进文

化内容信息化、网络化、数字化进程，运用现代传播技术和先进科技手段开展关键技术研发和产业化运用，增强公共文化服务的活力和效能。继续推进文化信息资源共享工程，建立全市文化信息集中处理机制，拓展互联网文化服务功能，开发网上服务业务，进一步拓宽传输渠道，确保文化信息资源能够及时、通畅、高质量地为北京人民群众服务。革新服务理念，丰富服务内容，完善服务供给方式，不断加大创新力度，积极探索新模式、新思路、新方法、新举措。

第二，在服务供给管理上，转变过去"重建设、轻管理、轻服务"的弊端，通过委托经营、国有民办、民办国助等多种途径，发挥市场机制和社会力量的作用，提高公共文化设施的运行效率和服务水平。破除过去政府"大包大揽"的做法，挖掘一切社会资源以提高公共文化的供给能力和效率，支持民办公益性文化机构的发展，扶持民营文艺团体、民间文艺社团和农民自办文化；制定鼓励企业参与公共文化建设的办法，形成企业与政府共建共享公共文化事业的机制。支持图书馆、博物馆、美术馆等公共文化服务机构全天候免费开放，提高服务水平。各公益性文化事业单位要向社会公布开放时间、服务内容、服务标准和服务程序等，营造良好的服务环境。图书馆、博物馆、艺术馆、美术馆、文化馆、文化站、爱国主义教育基地等要尽可能做到免费向社会开放，对城市低收入居民、残疾人、未成年人、老年人和外来务工人员等特殊群体实行免费或半价开放。

第三，广泛开展群众文化活动，提高社区文化、村镇文化、企业文化、校园文化等建设水平，组织群众文化汇演，健全基层文化组织员队伍，加强基层宣传文化队伍和文化志愿者队伍建设。加强社区群众文化组织建设，支持开展多种形式的群众文化活动。充分发挥农民在农村文化建设中的主体作用，培养建立一支乡土化的农村文化骨干队伍，使之成为农村文化的承载者和传播者。支持以农民群众喜闻乐见的形式，创造性的组织开展各类群众文化活动。丰富流动人口的文化生活，建立政府主导、企业共建、社会参与的文化工作机制，切实保障来京务工人员、困难群体的基本文化权益。通过政府采购、项目补贴、定向资助等方式，鼓励社会力量参与，汇聚推进创建工作的强大合力。

第四，建立文化援助和一卡通服务方式。首先，针对外来务工人员聚居及农村文化无法普及等特点，开展对务工流动人群和农村进行文化援助活动，建设"流动图书车"等流动文化阵地，开展文化服务，并建立农村文化管理员、社区文化指导员制度，推进城乡文化一体化发展。其次，对北京市各种文化资源和文化服务场所实行"一卡万能通"，不分地域、不分族群、不分职业，北京户籍所在地的常住人口和非北京户籍的流动人口都可以勉励办理一卡万能通，机会均等免费享受公共文化服务。

第二章 产 业

第一节 文化产业诸要素及北京的产业配置

在当今时代，经济的全球化运动，同时也引起并带动了文化的全球交流。随着文化的根植性和价值性意义的凸显，知识经济和创新经济已成为现今世界经济的最新发展形态，各国政府把保护和发展文化作为重要的目标，积极推动文化多元化，这也使得文化软实力在综合国力和城市竞争中的地位和作用日趋重要。国家间的文化竞争已成为国际竞争的主要领域，谁占据了文化发展的制高点，谁就能够更好地在激烈的国际竞争中掌握主动权。

我国原有的以工业为主导的城市和经济发展如今面临着严峻挑战，资源的短缺以及环境的恶化促使产业结构的调整势在必行。习近平在北京调研时明确了北京作为国家文化中心的重要地位和作用，给北京的文化软实力建设注入了生机与活力，也提出了新的、更高的要求。党的十八大报告指出，应在更大程度上发挥市场在资源配置中的基础性作用，健全统一、开放、竞争、有序的现代市场体系。随着社会主义市场经济体制的日趋完善，文化市场的发展除了要遵循特有的文化艺术生产规律，还必须遵循市场经济的基本价值规律，只有逐步建立起文化生产要素市场、文化流通市场和文化消费市场协调发展的机制，才能在国家宏观调控下，充分发挥市场对于文化资源配置的基础性作用，有效促进文化生产和市场交换，向社会提供丰富的文化商品和服务，才能有利于传播先进文化和先

进思想，谋求文化与经济、社会的协调发展。

一、文化生产要素与配置

生产要素是在生产经营活动中利用的各种经济资源的统称，市场经济要求生产要素以商品的形式在市场上实现流动和配置。任何社会产品的生产都离不开相应的生产要素。文化生产要素作为文化产品生产所必需的资源，不仅具备一般产品生产所需的土地建筑物、资本、劳动力、管理等要素，还包括人的精神活动，如文艺创造与策划等文化产品生产的独特要素。这是文化生产要素区别于一般生产要素的特殊性。一般来说，文化生产包括精神生产和物化生产两个阶段，文化生产力是一种创作、制造精神产品和提供文化服务的能力，不但指生产文化产品和提供文化服务的能力，还指文化资源在非精神领域或非文化产品中的作用。文化已经成为经济发展的一个基本要素。

1982年，联合国教科文组织在世界文化政策大会上提出，所谓的文化，不仅仅局限于由学术、艺术活动所产生的创意与产品，它更包括人与社会的各种行为模式、生活方式。基于发展文化产业的思路，欧盟委员会对文化的定义包括绘画、戏剧艺术、书法、音乐、电影制作、建筑及城市规划、媒体、连环画、科学技术及其表现形式、语言文字、艺术和传统等。我国通常在讨论文化时倾向广义和狭义的文化之分。依据《辞海》对文化的解释，广义上的文化是指人类社会历史实践过程中创造的物质财富和精神财富的总和；狭义的文化是指社会的意识形态以及与之相适应的制度和组织结构，包括科学、教育、艺术、文学、宗教、新闻、出版、广播、电影、电视等。在我国积极推动文化产业发展的进程中，对文化及其相关产业的分类也进行了范围界定，此分类主要是指为社会公众提供文化产品和文化相关产品的生产活动的集合，包括：(1)以文化为核心内容，为直接满足人们的精神需要而进行的创作、制造、传播、展示等文化产品（包括货物和服务）的生产活动。(2)为实现文化产品生产所必须的辅助生产活动。(3)作为文化产品实物载体或制作（使用、传播、展示）工具的文化产品的生产活动（包括制造和销售）。(4)为实现文化产品生产所需专用设备的生产活动（包括制造和销售）。文化是经济活动的既定前提，并内含于经济活动的总体运行之中，同时也在不同方面和不同程度上规定着经济活动运行的方式、效率和方向。文化构成了经济系统运行机制中不可避免的一个重要因素和力量。

发展经济学从经济发展的长期历史进程考察得出的一个一般结论是：经济的发展不等于单纯的经济增长。经济发展的含义包括物质生活的改善、人的自尊和自由的实现三个核心内容。一个国家、民族的传统文化中哪些成分有利于科学技术的产生、哪些成分有利于科学技术广泛应用于经济活动并转化为生产力，是评价文化要素在经济发展中起促进作用，还是起阻碍作用的根本标准和总原则。在文化生产的实践活动中，通过对文化生产要素的优化配置，使其顺畅有效地转化为文化生产力，从而推动社会经济健康繁荣的发展。

文化生产力的表现形式有直接和间接两种，直接的表现形式就是文化产业，间接的表现形态是将文化作为间接性的要素渗透到经济活动和物质产品中，进而提高其文化含量。需要强调的是，随着国际文化产业的发展，文化产业的外延也在不断拓宽。除文化产业外，弘扬民族优秀文化、保护环境资源和文化遗产、促进民族融合和认同、鼓励社会平等、改善居民整体利益和基本福利状况也成为政策研究的目标和方向。总的来说，文化生产力是以现代科学技术为生产手段，对文化资源的开发和利用力。基于文化生产的实践活动可分为文化生产实践主体、文化生产实践客体以及文化生产实践中介三个因素，相对应的，文化生产力的构成因素大致也可分为三

个部分，即文化生产力的主体性要素，文化生产力的中介性要素以及文化生产力的客体性要素。

文化生产力的主体性要素是人，即从事文化产品制造、发行、服务的劳动者。其中人的创造力作为智力性因素，又是文化生产实践活动中的核心和主导要素。文化生产力的中介性要素作为主体要素和客体要素之间相互作用的中间环节，是主体对文化资源的开发和利用所运用的一切手段和方法，是影响和制约文化生产的各种有形和无形因素，又可分为基础性要素、主导性要素和调节性要素三个层次。基础性要素指的是各种有形的物质设施和物质文化资源，对文化生产和再生产活动起基础性作用；主导性要素指的是以信息、电子科技、网络以及媒介等高新技术为核心的各类生产工具以及传播手段，这是当今信息时代中知识经济的发展所必然要求的。调节性要素指的是在文化的社会生产过程中起调节作用的各要素的综合。文化的社会生产与物质的社会生产一样包括生产、分配、交换、消费四个相互联系的环节，但文化生产的实践活动还需在一定制度的管理下，运用科学合理的方法才能进行有效的生产，包括文化环境、文化制度以及文化心理等，所以文化生产力中介性要素也就具有了传递、联结以及评价的功能。文化生产力的客体性要素指的是文化生产活动所指向的对象以及所创造和使用的生产工具、劳动资料等，文化资源是文化生产力客体性要素的基本内容。

文化资源是能够突出地区的文化特征及历史进步活动痕迹，具有地域风情和文明传统价值的一类资源，包括历史遗迹、民俗风情、地域文化、乡土风情、文学历史、民族音乐、宗教文化、自然景观等。有形的文化资源，是以实物的形式存在的各种自然遗产与文化遗产；无形的文化资源，也称精神资源，指的是在人类社会发展的历史过程中形成和产生的，以一定的物质为载体或表现手段，体现出的一定民族、区域或群体的人的生活方式、价值观念和思想情操等。有形的文化资源一般可以通过建立相应的评价体系来度量其价值，无形的文化资源则不能用现实价值来衡量，需要根据文化资源的特性将其有效嵌入、配置到文化生产实践活动中。

任何文化生产活动都离不开各种资源的支持，文化产业就是一组资源的集合体。文化产业之间的竞争实质上是对资源的竞争，而它的竞争优势不仅取决于资源的数量和质量，更取决于对资源的整合能力。对文化生产要素的合理配置，就是将文化市场系统内外各种资源互相渗透整合，从而增强市场竞争力与影响力，以实现社会效益和经济效益最大化。这是文化市场的核心竞争力形成的基础，拥有同样技术、人才与知识产权等资源的文化产业，核心竞争力依然差异悬殊，主要原因就是在整合资源和将资源转化为具有竞争力的生产力方面存在着差异。我国是发展中国家，而且文化体制改革滞后于经济体制改革，文化产业起步晚，所以，文化产业化、规模化、集约化水平比较低，而文化生产要素制约着生产力的发展方向，是文化生产得以进行并转化为现实生产力的条件，它直接影响着文化生产力的整体水平，所以将文化资源作为重要的生产要素使其进入市场，重视核心竞争力的培育和发展，是提升文化产业发展的有效途径。

从经济运动过程看，再生产是由生产、交换、分配、消费等环节构成的，是在一定体制、政策等环境中实现的。根据文化产业机制特征和发展特征，影响文化产业发展的因素有人、文化、技术、经济等产业要素和消费、体制、机制、政策及其互动等因素，这些因素在文化产业的大生产和消费等过程中产生作用。文化生产是文化经济发展的基础性力量，是文化产品和服务供求关系的主动力量。而供求关系影响着产业的投入产出状况以及生产要素的配置和转换效率，文化生产是实现有效文化需求的前提。文化生产组织作为文化生产要素配置的主体，其配置的结果直接影响文化消费的状

况。合理有效地配置生产要素，不仅可以产生直接的经济效益和社会效益，还可以对相关产业产生牵动效果，进而推动产业规模化发展以及产业结构变革，形成完整顺畅的产业价值流通链，促进文化产业的整体发展。

生产是再生产的主要环节，再生产是生产实现并循环往复的过程。文化生产是人运用生产技术和工具以其"对象化的独特方式"，将自身强烈的关注因素，诸如思想、意志、情感、愿望渗透于全部文化生产的过程。文化生产过程是一个螺旋互动的过程，在这个过程中，文化具有作用和反作用力，表现为文化积累、创作、生产、交流和传播、认可和消费的不断进步、提高。文化生产技术、生产工具、生产方式的运用与创新，使文化产业发展有了信息和网络等新途径和新方法，不仅使新文化的出现速度加快，而且使生产成本、生产规模和结构等出现积极的变化。

综上所述，文化生产要素主要包括人力要素，即作为生产主体的人（或企业）及其创造力；设备要素（相关基础设施）；文化资源；资本要素；技术要素；管理要素，包括相关政策法规等。文化要素的市场化配置，也就是指不同地区、行业的市场主体，为完成文化产品生产，在地区之间、行业之间或行业内部之间，对一定的文化生产要素通过市场进行有效合理的交换。从宏观的文化产业体系来看，文化要素的市场化配置，可分为文化生产要素市场、文化传播市场、文化流通市场以及文化消费市场。建立统一有序的文化市场，可以推动文化产业全面的发展，从而促进社会经济的健康增长；随着文化产业的繁荣大发展，完善公共文化服务体系，从而整体协调社会、经济与人民的利益。

二、文化生产要素研究的重要意义

文化生产要素是进行文化生产的必要条件和前提。与物质性的传统工业生产不同，文化产业中的文化要素贯穿整个再生产活动，投入的是文化资源以及人的智力性因素，创造的是文化内容和形式。生产、流通以及销售活动所带来的经济效益都源自文化产品及其服务的价值。随着人的文化消费需求的产生与增长，文化产业的经济活动是以消费为龙头，形成了一个消费——生产——流通——消费的立体循环，文化成为核心生产要素，而生产者只有通过生产适合消费者需要的产品和服务，以具有价值、意义、愉悦的文化内容和形式获得消费者的认同，才能使其文化生产的价值得以转换并实现，从而赢得市场和利润。

培育文化生产要素市场是国内文化产业发展的客观要求，也是适应国际文化产业发展趋势的必然选择。国内的文化产业发展是我国社会主义文化与经济全面发展的客观要求，是经济体制改革不断深化、社会主义市场经济体制不断完善的逻辑要求，党中央也把文化建设提升到了关系国家兴衰的战略高度。文化产业结构的变化与升级，与社会需求结构的变化趋势、自然资源和文化资源的价值特性、生产要素的供求关系、相关产业发展链条的拓展空间等多种要素相关。培育文化要素市场，使文化转化为资本，嵌入到其他产业中，从而改变相关产业的价值创造链条，促进整个经济的提升。

我国经济改革以来，经济有了显著的增长，随着城镇化进程的加快，资源的短缺和环境的恶化成为我国经济发展的阻碍因素，建立资源节约型和环境友好型的经济社会是我国经济社会发展的新取向。文化资源是文化产业发展的前提和基础，在通常情况下，我们在强调我国是一个文化资源大国时，基本上是把文化资源作为狭义的历史文化资源来理解，对资源的利用和开发能力欠缺，文化再生产能力不足，对创意能力、技术和渠道的重视不够。而创意、技术以及渠道是将静态的文化资源转化为动态的文化生产实践活动的关键所在。德鲁克说："今天真正占主导地位的资源以及绝对具

搭建要素配置的最优平台

有决定意义的生产要素，既不是资本，也不是土地和劳动，而是文化。"发展文化产业是在我国经济结构的战略性调整中提出的，既创造就业和经济财富，又促进文化发展，提升经济的文化含量与文化价值，提升整个社会经济的质量和优势，进而促进国民经济的长远发展。培育文化要素市场是我国经济持续健康发展的必然选择，也是扩大内需，刺激消费需求的重要选择。

从发达国家文化产业发展以及文化资源配置的经验和趋势分析，发达国家政府都非常注重运用经济、法律和必要的政策手段，通过建立完整的市场体系和有效的市场机制，促使文化产业发展所需的大部分生产要素通过市场交易，实现资源的优化配置。他们对外输出资本、技术和管理等优势资源，以控制和调动全球范围内能够为文化生产所用的一切文化资源，形成由他们主导的国际分工，利用不同地域文化资源在价格、内容等方面的互补优势，大幅度提高文化生产效率，最后以丰富的文化产品占据国际文化市场份额，维护其文化产业在国际竞争中的主导地位。近年来我国文化产品的流通和文化消费市场发展迅速，但与文化产品发展密切相关的生产要素市场仍未形成，文化资源的市场化配置程度不高。要推动文化产业的发展，必须促使资本、人才、知识产权、技术和信息等文化产业生产要素进入市场合理流动，进而实现有效配置。

文化生产要素进入市场是文化资源实现合理配置的有效途径。文化要素与经济增长之间具有文化——经济主体行为——经济增长的逻辑关系。通过市场机制的调节，文化生产要素可以完全按照市场需求和交换规律进行组合，实现人力和技术资源、资本、商品等要素的最优配置，避免不必要的资源浪费。通过市场机制的调节，文化资源可以更恰当的嵌入文化产品中，有利于提升文化生产力和丰富文化产品的生产，从而促进文化多元化发展。文化资源配置的合理与否，关键在于其效率。强调其差异性与协调性是提高配置效率的重点。文化的融合可以改变经济结构、市场化水平及经济制度。这正是文化资源配置效率的关键所在，强调不同区域间不同文化的差异性是文化融合的关键；强调不同区域间文化的协调共存是能否有效继续配置文化资源的前提。

三、配置文化要素市场的必要性、条件和环境

目前我国正在加快生产要素市场的培育和发展，由于历史原因，我国文化产业生产要素市场的培育和发展状况是不均衡的。文化产业生产要素市场按存在形态可分为资源市场、劳动力市场和资本市场。与其他要素市场相比，文化产业劳动力市场作为文化市场体系三大支柱之一，其培育和发展相对滞后，很大程度上影响了我国文化市场体系的完善。现有的文化产业劳动力市场在为文化系统配置人才方面力度不够，文化产业劳动力队伍不能适应文化产业建设的需要。文化从业人员总量比较大，但知识结构不够合理，发展文化产业需要有一支高素质的人才队伍，目前我国文化产业人才严重不足。在一段时期内，它将是制约文化产业竞争力的瓶颈之一。资源市场的开发问题主要有：品牌意识淡薄；一方面文化资源保护意识不强，另一方面市场的开拓力度也不够。我国文化市场配置资源的国际化程度还比较低。

我国的文化产业正由粗放型阶段向集约型阶段转变，所以，获得并保持竞争优势最主要的措施只能是培育核心竞争力。核心竞争力主要包括资源整合能力、市场响应能力以及持续创新能力。文化产业作为知识密集型产业，其资源整合不仅包括知识、技术、人力资本以及物质资本等内部资源的整合，而且也还包括一系列社会资源的整合。通过文化产业资源的相邻扩展、领域跨越以及资源重组等三种方式将分散的闲置的内部资源整合起来，提高资源利用率，节约文化生产成本，实现文化产业生产效益的最大化；通过外包、

并购以及联盟的方式将社会资源整合到文化产业内部，不仅增加了获取信息的途径，提高了信息的准确性以及时效性，充分识别外界环境中的机会，而且能够及时获得互补性的资源有效弥补自身资源的不足，提高自身资源创造价值的潜力。资源整合能力、市场响应能力以及持续创新能力是文化产业核心竞争力不可或缺的构成要素，并且这三要素不是孤立存在的，而是彼此联系、互相依存，离开任何一个要素，都会对核心竞争力造成巨大的影响。

文化产业的竞争力是一种文化生产能力，是在市场经济条件下，一国或地区的文化产业比另一国家或地区的文化产业更有效地向市场提供文化产品或服务、开拓并占据国内外文化市场和获取利润的力量或能力。它不仅是静态的能力，更是动态的、进化的发展能力；不仅包括物化形态的"硬力"，也包含了精神形态的"软性竞争力"；不仅包含实力因素，也包含潜力及由潜力转化为竞争力的机制，它是产业外部资源与内部资源实力、能力、素质综合作用，最终在市场竞争上所体现的力量。核心竞争力的特性蕴藏在经济有机组织体的内部，具体来讲，指的是能为经济主体赢得竞争优势的技术、知识和能力。文化产业核心竞争力的培育是一个不断累积的过程，是一个循环往返并不断提高不断发展的过程。

文化产业市场从市场的作用方面来看，是一种配置文化资源的手段和渠道。各种文化资源的配置主要是通过文化市场来进行。完整的文化市场体系应该包括以下组成部分：(1)商品和要素市场体系，包括文化商品市场、文化服务市场和文化生产要素市场；(2)文化市场中介组织体系、如版权保护、广告宣传、信息咨询、人才经纪等；(3)法规制度体系，包括文化市场准入、交易、竞争以及监督管理等方面的法律法规和政策制度。培育文化生产要素市场是完善文化市场体系的重要内容。

文化生产的集约型形态是实现资源高效配置的选择。文化产业的知识密集性特征，以及文化、经济、技术互动和企业、行业互动的发展特征，表现出来的是一种集约型的产业形态。它使文化产业在大生产过程中对各种生产要素进行价值最大化的选择、整合、建构和运作，以产生新的生产方式、新的发展模式，分散生产经营风险，提高产品和服务质量档次、结构水平和生产效率，增强生产的连续性和渐进性，取得时空优势，获得最佳的经济效益，实现文化生产协调可持续发展。文化生产集约型形态既是资源约束下市场配置资源的结果，也是实现资源配置科学合理的选择。

通过对文化要素及其结构、属性的重构，通过对先进技术的运用，将形成具有文化含量和技术含量的产品和服务，而文化和技术含量提升，又将提高文化产品和服务的使用价值和价值。通过对文化价值链的设计，会形成文化产业链；文化产业的高附加值、高效益将通过其产业链的形态体现出来。利用和加强文化生产的集约性，设计价值链，再形成的产业链条，这一系列生产实践活动，既可以解决价值分布、模式选择、成本和收益等经济问题，也可以解决范围经济、风险扩散、产品补贴等问题，而且还能推动不同行业之间的融合，促进产业价值和产业关系的协调发展。

产业集群是产业链的区域构造，是一种减少交易成本的制度安排，具有较长的生命力。作为文化企业、行业互动的一种方式，可以实现文化产业集聚效应、协同效应和规模经济效应，提高文化产业区域核心竞争力，实现区域的协调发展。在完整的文化市场体系下，文化中介成为文化产业链的关键环节。文化中介机构属于文化经纪企业。文化企业自身不必要也不可能囊括文化产品从创作、生产、流通到消费的全部环节，这就需要中介服务机构独立于生产者和消费者之外，实行有效的沟通与协调。大量高水平的经纪人、代理人及文化中介结构，是促进文化企业集团化、规模化的必备条件。从一定意义上说，文化中介机构的发育，代表了文化总体服务

功能的水平，是衡量一个国家、城市文化事业繁荣和文化产业发展的重要尺度。它可以加速文化行政职能转变，维护文化市场秩序，可以拓展文化信息传播渠道，促进文化产品流通，可以优化配置文化资源，扩大文化再生产，可以降低交易成本，提高文化企业竞争力，重要的是可以引导文化经济消费，培育文化消费群体，从而进入文化生产和再生产的有效流通循环。

近年来，随着文化资源在经济发展中的重要性日益显现，国家也出台了一系列文件来保护和规范文化资源的开发。经济环境对要素市场的影响是巨大的，中国的经济取得了突飞猛进的大发展，一方面极大地促进了文化产业资源市场的发展，另一方面对文化产业资源市场的发掘远远不够，许多文化资源并没有转化为生产力，没有进入市场，甚至许多文化资源还处于没有开发的状态。社会文化环境对区域文化市场的发展也是具有强大影响的。区域文化是一个地区在长期实践中形成的群体意识、价值观念、精神风貌、行为规范，文化与经济发展共生互动，当一个地区的文化个性形成之后，就会对这个地方的经济活动产生深刻的影响。我国幅员辽阔，每个地区都有自己相对独特的文化传统和消费习惯，这种文化对地区市场的影响是显著的。鉴于文化产业资源的普遍性和特色文化资源的地域性特征，培育文化要素市场要突出地域资源特色，形成具有市场影响力的特色文化品牌形象。区域社会文化要素对企业活动的影响依然具有根植性和路径依赖性，对城市社会文化要素的经营也就成了国内文化产业发展和调整的必然要求。

同时，全球化的经济进程促进了企业生产要素的跨时空流动，调整我国文化产业结构，建立和培育文化生产要素市场，将提升我国的文化产业资源配置的国际化程度。在一个开放的全球文化市场上，各国和各地区的文化企业不断地进行结构重组，以更好地适应市场的灵活性，增强国际文化竞争优势，从而走向建设文化强国的根本目的。国际大型文化企业不但具有敏锐的资源识别、判断和选择能力，具有强大的创造、开发和包装能力，而且还有具有国际化的文化营销能力和巨大的融资能力，以及经验丰富的知识产权保护能力。而我国的文化企业恰好缺少的就是这些。经验表明，市场化程度越高，集团化改革的力度和成效越显著，核心竞争力提升越快。我国要积极建立并推动文化生产适应于市场需求的观念，通过合理配置文化生产要素的有效途径，形成一个配合默契、互相监督的完整文化产业体系。

四、北京作为文化生产要素配置中心的重要意义和重大作用

区域文化经济发展的现代性与文化产业空间布局的先进性与合理性之间存在着一种力的同构关系。文化产业要素布局和流动的内在原因是文化的经济利益。市场经济作用下，由于城市的人口更集中，经济较其他地区发达，居民收入、消费能力较高，消费结构变化也快于其他地区，所以在城市进行生产供给，更易于传播、流通、销售和消费，能更好地形成生产者与消费者之间的互动，有利于减少成本、扩大规模，符合其利润最大化的追求目标。同时因为投入的生产要素回报率高，也有利于资源的流动和文化产业规模报酬的递增。因此，文化产业具有资源依托和城市依托的布局规律。文化产业布局的这一依托规律也就使得文化产业在资源禀赋区、城市消费区集中。依据文化产业的自身发展要求，文化市场将不断地开发、挖掘和配套，从而形成产业集中现象，文化产业在区域城市进行空间集聚，构成了城市产业的一部分，从而调整城市结构，推动城市功能的完善。

文化产业首先从资源区、城市区产生，随着资源的持续有效开发、文化生产力的发展、城市文化产业市场竞争的激烈，随着资源区、城市周边地区的经济发展，资源区、城市和周边地区逐渐产生

搭建要素配置的最优平台

互动，文化产业可以布局的空间范围随之扩大，在利益的驱动下，文化产业布局根据市场需求进行区位选择，逐渐向周边地区投射，并带动周边地区的文化投资与文化消费，文化产业呈现出了以资源、城市为中心向周边辐射发展的态势和规律。国内外的历史实践均以证明，发达的文化产业都产生和发展于规模大、经济、文化、技术、信息发达的地域。

城市经营的目标是城市整体利益最大化，而非单纯的利润最大化。对城市社会文化要素的经营是指通过对城市社会文化系统的整合，以加强和提高城市竞争力。强调城市社会文化要素对城市经营的影响，更需要加强这种影响的作用机制和时空特征的研究，进而构筑城市经营的内容体系。文化对区域经济的影响集中体现在区域经济的竞争力强弱，它影响着经济活动的软环境。在城市经济活动的过程中，城市政府、企业、市民以及行业和市民组织等都会对其产生不同的影响。根据文化观念的区域差异性，通过对区域群体观念和文化心理结构的探寻、描述、分析，扬长避短，并通过改善地方交通、增加内外交流、进行制度创新、加强政策引导、发展要素市场，能动地促进观念变迁使其发挥先驱作用，从而达到城市发展的整体利益的最大化。对城市社会文化要素经营的着力点在于市民素质，企业文化，政府制度文化与行为文化，人居环境，城市形象（精神形象与景观形象）以及文化产业。文化产业是城市创新能力的重要反映和标志，文化产业对城市整体形象的塑造、增加城市文化含量以及提升城市文化品位具有显著的强化作用，文化产业以特有的产业结构整合方式强有力地激活了城市的综合服务功能。

城市的功能指的是城市在国家或地区的政治、经济、文化生活中所承担的任务和作用，从本质上看，城市的功能是对于人们生存的作用及意义，由于人们生活的复杂性，城市内部往往又有不同的功能分区，不同功能区之间的相互关系形成城市功能的空间结构。

工业城市的主导功能是生产功能，同时还承担了人们在城市生活所需要的其他方面的功能，但是随着城市产业的增长及人口的增多，城市最终因功能负荷过密而造成地价上升、场地拥挤、环境污染等一系列城市问题，这说明工业型主导的城市已经无法实现城市功能的正常化，更无法论及功能的优化配置，于是促生了城市的新功能，即消费功能要成为城市发展的主导功能，这标志着城市发展从工业城市阶段进入大都市城市群阶段。

《国家"十二五"时期文化改革发展规划纲要》明确了北京作为国家文化中心的重要地位和作用，按照中央领导指示，到2020年，北京要成为全国文化精品创作中心、文化创意培育中心、文化人才集聚教育中心、文化要素配置中心、文化信息传播中心、文化交流展示中心；北京作为国家首都和国际化大都市，要充分发挥表率引领作用、辐射带动作用、提升驱动作用、桥梁纽带作用以及荟萃集聚作用。

首先，北京作为我国政治中心，积极培育文化要素市场，合理配置文化生产要素，具有政治功能。由于文化产品和服务所蕴含的文化内容具有民族性、地域性和国家性，并且具有独立性、联系性与传承性，体现着个人、民族和国家的统一利益关系，这种关系能唤起人们强烈的认同心理，进而可上升为共同的理想信念和奋斗方向，并转化为统一行动，从而形成民族和国家凝聚力。随着文化与政治进一步的相互渗透和融合，这种积极的功能更能发挥完善政治结构，促进政治文明建设的作用。

其次，北京作为我国经济中心，积极培育文化要素市场，合理配置文化生产要素，具有经济功能。文化产业使具有文化价值的文化资源成为生产要素，参与生产、交换、分配活动，带动产品生产、商品流通，直接创造经济效益和经济财富。文化产品和服务是使用价值和价值的统一，成为可供市场消费的对象，通过文化消费

实现文化产品和服务的经济价值。目前国际大都市的发展战略均是通过整合经济和文化活动，以此提高城市发展的生命力。文化生产力是社会生产力的重要组成部分，发展文化产业就是解放和发展文化生产力，增强经济的文化力量，使其成为拉动国民经济增长的重要力量。

再者，北京作为我国文化中心，积极培育文化要素市场，合理配置文化生产要素，具有文化辐射并提升文化竞争力的功能。新时代里，中华民族的伟大复兴，绝不仅仅是经济的增长，还必须是文化的繁荣大发展，是政治、经济、文化的全面复兴。文化产品和服务的文化性、知识性加之艺术性、审美性、娱乐性等，使其比一般商品具有较多的文化、知识内涵，不仅可以满足人们的心理和精神需求，而且其显性和隐性的教化作用能够逐步地普及、提高全民的科学文化素质和精神素养，从而提高国家文化形象和核心竞争力。同时，文化也是社会的文化，以其时代特征、地域风格和民族样式来协调群体关系，文化活动具有公众性，对社会关系具有重要的整合和润滑作用，对社会凝聚力具有重要的提高作用。

北京成为文化生产要素配置中心，依托文化资源进行配置和建设，提高资源使用效率，带动资源地的经济和文化发展，通过合理优化产业布局，形成产业集群，产生规模经济效应、学习效应、互动效应、区域品牌效应以及扩散效应，推动城市、发达区域的文化企业向农村、落后区域合理分散，促进文化经济的均衡发展。北京的文化产业发展目前还有许多不足，但市场建设的基础相对较好，随着北京积极培育文化要素市场的进程，人才指数、技术指数和包容性指数会随之增加，从而达到文化事业全面繁荣，人民思想道德水平显著提升，文化体制活力迸发，文化创意产业发达，城市文化魅力和文化影响力增强的建设目标。

五、北京要合理均衡地配置多种文化要素，培育文化生产要素市场

作为城市竞争力的有机组成部分，文化软实力在经济全球化和知识经济时代，日益显示出了增强城市凝聚力、辐射力和影响力的巨大溢出效应。北京历史悠久，人文荟萃，集聚了全国最优质的文化教育资源，具有加快文化建设，构建城市文化软实力，建设文化强市的优越条件。

完善文化产业系统划分与产业要素的界定是当前我国发展文化产业的迫切需求之一。文化产业是一个系统工程，通过对要素的界定与深入分析实现对文化资源与社会资源的优化整合。运用系统方法可将文化产业系统划分为八个要素：文化资源要素、人力资本要素、技术要素、管理要素、市场要素、环境要素、资本要素、制度要素。其中，文化资源要素是文化产业发展的重要基础和核心要素，基于文化资源嵌入性的特点，具有渗透性作用；市场因素是发展的核心驱动力；具有导向性作用的是制度、管理和人力资本要素；支撑文化产业发展的是资本、环境和技术要素。北京要合理均衡地配置多种文化要素，目的是率先建立公共文化服务体系，从公共服务的角度讲，北京作为首都，不仅要服务于北京市民，还要服务于全国。通过文化产业的规划布局，合理引导资本投向，坚持城乡、区域文化产业的协调发展，防止城乡、区域文化产业的差异扩大、分化。文化产业发达地区要大力推动新兴文化产业发展，加快文化产业升级，不发达地区要加快文化产业转移，以对接、满足、发展全国各地、城乡居民对文化产品和服务的需求。通过更科学、系统的创新方式，以更为宽广的视野，使北京的文化资源配置面向全国，面向世界，提升我国的文化竞争力。

北京要积极培育文化生产要素市场，目前北京的文化生产要素市场尚未建立，文化生产要素大部分通过行政指令等途径调拨，市

场配置过程总体上还处于零散、短缺、规模狭小的状态。文化生产要素市场由土地建筑物市场、资本市场、技术设备市场、人力资源市场、知识产权市场、文化信息市场等多个市场构成，其中交易主体由生产要素的供给者和需求者构成，中介主体由经济代理和信息咨询服务等中介组织构成，政府行政管理作为我国产业市场发展的政策引导者，构成管理主体。北京的文化生产要素市场目前存在的问题主要有：市场主体的缺乏，市场机制的不健全，要素配置的高成本，知识产权、资本和人力资源三大要素的市场配置程度尚不能满足文化生产的需求增长等。北京应更新观念，积极整合城市的文化资源，形成文化产业集群的比较优势，要深化文化管理体制改革，创新文化产业发展机制，要建立科学的人才机制，培养文化产业发展所需要的高端复合型人才，要拓宽文化产业融资渠道，要积极试点，精心塑造文化品牌，延伸文化产业价值链。

依照经济生产和消费互动关系的基本理论和实践活动，文化市场包括文化生产市场、文化传播市场、文化流通市场以及文化消费市场。积极培育文化生产要素市场是为了促进文化产业发展，从而提升文化核心竞争力，最终建设文化强国。而文化消费能力的提高，可以拉动文化需求消费的增加和文化产业的生产发展，这是文化消费与文化产业发展的总关系。我国目前的文化消费环节存在着巨大的缺口，要加强对文化消费与文化生产之间的结构关系，需求结构决定生产结构、产业结构，这是现代产业结构发展变化的一个规律。

第二节 文化生产要素及北京的产业配置

生产要素是指进行社会生产经营活动需要的各种资源及其环境条件。一般而言，生产要素的内容主要包括两个方面：人的要素和物的要素。人的要素主要是参与生产的劳动者，尤其在今天知识经济时代，"技术结构阶层"扮演着突出显要位置。物的要素主要是指资本、资源、设备等生产资料。在人与物的结合层面又需要组织和管理进行统一的协调。

正如著名经济学家阿尔弗里德·马歇尔在《经济学原理》中所说："生产要素通常分为土地、劳动和资本三类。土地是指大自然为了帮助人类，在陆地、海上、空气、光和热各方面所赠与的物质和力量。劳动是指人类的经济工作——不论是用的手的还是用脑的。资本是指为了生产物质货物和为了获取通常被算作收入一部分的利益而储备的一切设备。"[1]在这三要素之外，马歇尔认为，资本大部分是由知识和组织构成的，有时把组织分开来算作是一个独立的生产要素似乎最为妥当。这样组织就从资本之中分离出来成为第四生产要素。组织一般被视为企业家的经营和管理能力，也就是"企业家才能"。这样综合在一起生产要素就包含四个方面：劳动、土地、资本和组织。

文化生产要素是指进行文化产品生产所需要的各种资源。由于文化产品生产的特殊性，它不仅要具备土地、劳动、资本和组织管理等一般要素，更需要人的精神活动，比如创造力与策划的才能。与普通产品生产一样，文化产品生产同样需要技术的支撑，离不开技术的支持。但是普通产品生产更多的是程式化的，流程性的，虽然有工业设计、技术革新这样创造性的因素，但是更多地表现为一种普适性的生产，具有通用的产品标准，通用的流水作业生产线。而在文化产品的生产中，精神活动的参与是自始至终的，无法复制和转移，某个主创人员的离开往往意味着项目的搁浅，创造性的智力因素是主导，创意水平的高低，直接决定了产品的质量。这是文化生产要素区别于一般生产要素的特殊性。

---

1 马歇尔：《经济学原理》（上），北京，商务印书馆，1983年，第157页。

一、培育文化生产要素市场是完善文化市场体系的重要内容

文化生产要素进入市场，可以通过市场交换的方式，获得更大范围的自由流通，同时也可以通过市场的调节作用，按照市场需求进行组合，实现人、财、物、技术等资源的优势互补。这样看来，文化生产要素市场的内涵就体现为两个方面，一方面是观念的层面，另一方面是实际操作的层面。在观念的层面，文化生产要素市场是指文化生产必需的要素，比如人才、资本、技术等，可以通过市场的交换而获得，这些要素可以在市场中形成交换关系，从一个公司流通到另一个公司，这样可以充分调动市场调节作用，实现文化生产要素的合理配置。从实际操作的层面来看，文化生产要素市场是指文化生产要素按照市场规律进行交易的具体场所。它包括土地建筑物市场、资本市场、技术设备市场、人力资源市场、知识产权市场、文化信息市场等多个市场构成，涉及生产要素供给者和需求者构成的交易主体、经纪代理和信息咨询服务等构成的中介主体以及政府行政管理主体。完善不同形态的文化生产要素市场，为文化产品的生产和交易提供优质的保障和服务，才能从根基上推动文化产业发展。

文化生产要素市场是文化市场体系不可或缺的重要组成部分。文化市场体系是指文化产品市场、文化服务市场和文化生产要素市场在相互联系和相互作用中形成的文化市场有机整体。因此，文化市场并不是单一的市场，而是一个体系，它是由各类文化市场共同组成的有机统一体。这一体系既包括各类文化产品市场和文化服务市场，也包括文化资本、产权、人才、信息、技术等在内的文化生产要素市场。文化市场体系是一个有机的整体，缺少任何一个市场或者某一市场发育不健全，都将直接影响文化市场和文化产业的健康发展。

培育文化生产要素市场是完善文化市场体系的重要内容。长期以来，我国文化市场体系以文化产品市场为主，文化产品的生产、交换和消费被认为是文化市场的全部，忽视了文化生产要素市场的开拓和建设。虽然文化产品交换是文化市场交换的主要内容，文化产品市场是国民经济发展过程中文化消费的基本场所和主要形式，但是任何生产都离不开资源，文化产品的生产也不例外，健全的文化市场体系一定是从原初的生产资料，到生产过程，到产品交易，再到产品消费每个环节都进行市场化配置的。从整个流程上来看，文化生产要素市场处于文化市场体系的最上游，文化生产要素市场的健全与否不仅直接关系到文化市场体系是否完整，而且关系到最基础的文化产品生产资料能否进行市场化的供给，能否真正形成人、财、物、技术等资源的优化组合。健全的文化生产要素市场能够促进各类文化生产要素的自由流动，实现文化资源的优化配置，拓展文化产业的发展空间。

文化生产要素是文化产业发展的支撑力量，文化生产要素的市场化配置是文化产业大发展的基础。所谓"支撑力量"是指文化生产诸要素是文化产业系统这个庞大建筑物中的支柱和根基，它从根部承担着、支撑着整个文化产业体系的重量，为文化产业发展提供所需的资金、技术、人才以及相关的保障。文化生产要素的支撑作用不仅体现为生产材料和文化素材的供给，技术的支持和更新，创意人才的培养和流动，更体现为文化产权的交易，专利权、著作权等无形资产的评估、质押、登记、托管、流转和变现。文化生产要素的市场化配置，不仅可以增加流通，优势互补，在整合中形成强大的竞争力，而且可以保护文化产权交易，实现无形资产的变现，从而形成合理的"投入—产品生产—资产变现—资本再投入—产品再生产"这样良性的文化资本运转过程。因此，应当充分发挥市场在文化生产要素分配中的作用，促进文化资源的市场化配置。通过市场化配置，文化产业可以充分获得发展所需的各类资源，有效降低文化生产成本，增强产品和服务的市场竞争力；通过市场化配

置，可以使资源向社会效益与经济效益突出的文化生产部门和产品倾斜，推动文化产业的结构调整和升级，形成文化产业竞争优势。

二、文化生产要素的构成分级和界定

文化生产要素是指进行文化产品生产所需要的各种资源。文化生产要素主要涵盖文化资源、资本、技术、人力、环境、制度安排与管理机制以及信息市场等。在文化生产要素体系的八个组成部分当中，人力、文化资源、技术、资本是基础，具有"支撑"作用，处于核心层面；制度、管理、信息、环境是辅助，具有"服务"作用，处于外围层面。

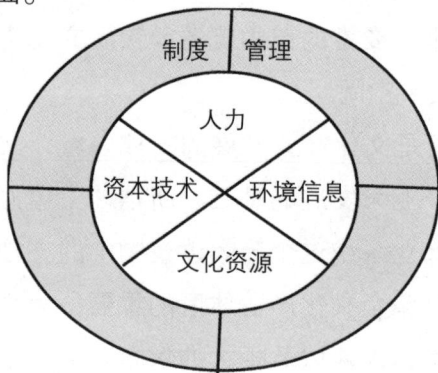

图1 文化生产要素的构成

文化资源是指文化生产过程中使用到的各种文化符号，既包括传统文化符号，也有现代文化符号。典型的传统文化符号有历史人物、历史故事、神话传说等。在文化旅游、文化观光中处处可见这样的文化符号。现代文化符号是指一个国家、一个地区、一个集体在现代语境下形成的具有表征性、代表性的符号，比如美国的超级英雄系列形象，日本的各种动漫形象。与传统文化符号相比，现代文化符号的影响力和普及度可能远远不及，但是现代文化符号一般在特定的受众群体当中有着非常大的影响力，以动漫形象为例，青年人是这一文化符号受众群体，他们更愿意为自己喜欢的事物而消费。也正是这些忠实的拥趸形成了固定的消费市场，致使现代文化符号更容易实现商业价值。传统文化符号一般属于历史文化遗产，可以共享，任何一家文化企业都可以免费利用，而现代文化符号则有着版权等限制，想要利用和开发需要支付相应的授权费，这是现代文化符号的特殊性。无论是传统文化符号，还是现代文化符号，都可以作为文化生产的原材料，进行加工和创作，形成各种各样的文化产品，比如玩偶、玩具、影视剧、游乐园等。

人力是文化生产要素中最为关键的因素，与一般性生产要素对于人的劳动能力的强调不同，在文化生产要素中人力是指具备专业知识和技能素养、具有创新思维意识的高层次人力资源。早在20世纪70年代美国经济学家加尔布雷斯就预言了"技术阶层的崛起"。加尔布雷斯认为在任何一种社会形态之中，权力总是与最难获得的生产要素紧密关联在一起的，谁获得这种生产要素，谁就掌握了权力，谁就在生产中占据主导位置。比如在封建社会，最重要的生产要素是土地，地主占有这种生产要素，所以封建社会的权力就由地主阶层支配。到了资本主义社会，最重要的生产要素是资本，它们由资本家把持着，所以权力就由地主阶层转移到资本家手中。今天，由于科学技术的更新换代带来了生产流程、生产工艺、制作技术的不断革新，产品生产过程中需要的知识和技能越来越专业，专业知识已经成为决定企业成败的决定性生产要素，所以专业知识和技术阶层迅速崛起，权力从资本家手中转向拥有专业知识和技能的人手中。这些人被称作"技术结构阶层"，包括经理，科学家、工程师、工厂管理人员、律师等。在文化产品生产中，这些人是指创意人员、策划人员、设计师、导演等各种各样的"创意人才"。

资本是指在文化生产过程中使用的资金、设备、土地建筑物等。文化生产活动也是一种经济行为，与一般性生产活动一样，离

不开资本的投入，只有投入才能获得产出。技术长期以来一直是文化生产要素中强大的引擎和动力。网络游戏、3D电影、博客微博、物联网、在线视频、云电视等，均离不开技术的支撑。

制度、管理、信息和环境要素虽然不直接参与产业运行，但仍然对文化产业产生不可忽视的影响。制度是政治、法律、经济体制等诸多方面相互作用的结果。这里主要是指对经济活动中各参与人的地位及职责权利的安排，它包括产权、市场准入、交易、竞争以及监督管理等方面的法律法规和政策制度。管理是指对于人财物的管理。既包括企业内部的资金管理，财产管理，人力资源管理，也包括企业对外的企业形象管理、企业品牌管理和融资管理。信息是指为文化生产提供决策的有效数据。环境是指文化生产企业所在地的周边事物构成的整体，它包括物质环境和人文环境，也称为"硬环境"和"软环境"。所谓"硬环境"是指周边的交通设施，通信网络，水电供应，建筑布局等物质环境，"软环境"是指企业文化，企业形象，人员素质，管理体制等非物质因素构成的人文环境。发展文化创意产业，离不开人才，而吸引人才离不开良好的环境。美国经济学家佛罗里达提出的创意经济发展"3T原则"，特别强调了"软环境"的重要性，"3T"分别指：人才（Talent）、科技（Technology）、宽容（Tolerance）。宽容在这里指的是一个重才、容才、用才的开放性社会，佛罗里达认为只有这样才能够吸引和留住创意阶层。

三、北京文化生产要素的配置状况

文化生产要素八个组成部分中，制度和管理因其特殊的性质，不能进行市场化的配置，其余六个部分以市场形态分别表现为：土地建筑物市场、资本市场、技术设备市场、人力资源市场、知识产权市场、文化信息市场。市场离不开交易，离不开供给和购买。无论是购买行为还是出售行为，都需要主体的参与，与一般性商品交易不同，在生产要素市场中，最基本的交易主体单位不是个人，而是企业，这是因为生产要素市场中交易的"商品"，不是消费品，而是用以生产的原料、工具、素材和场所，不能直接用于生活消费。所以生产要素市场的活跃程度，最直接的，最明显的体现就是参与企业的多少。比如技术设备市场中，技术设备制造企业数量，技术设备租赁服务企业数量，技术设备维护企业数量；文化信息市场中，信息咨询公司数量；知识产权市场中，中介公司，交易平台的数量。企业数量的多寡，反映出市场规模的大小，企业质量的高低，反映出市场素质的高下。

（一）人力资源市场

北京拥有的文化人力资源全国领先。从文化人力资源较为集中的文化创意产业的就业人口数量和规模来看，北京文化创意产业"人才聚集效应"已经基本形成，对于文化创意产业人才来说，北京具有较大的吸引力。13.8%的文创从业人员比例跟2007年的伦敦不差上下。虽然这一比例在国内是最高的，但是并不能因此就认为，北京在文化生产要素配置中，人才要素已经能够满足现实需求，能够为文化生产提供充足的动力。从文创人员人均增加值中可以看出，四个城市中北京不及上海和杭州。北京14.3万元的人均增加值只能算中等，远远不及杭州的19.9万元和上海的17.6万元，更无法与世界领先的文化创意地区相比，比如德国文化从业人员人均增加值为5万欧元，相当于50多万元人民币。北京文创人员虽然从量上取胜，但是并没有充分发挥出量的优势，从质上来说，北京文创人员的单人产出不及上海和杭州。

表1 2012年北京、上海、杭州、深圳文化创意产业从业人员人均增加值比较[2]

城市	文化创意产业增加值（亿元）	从业人员(万人)	占就业人口比例（%）	人均增加值（万元）
北京	2189.2	152.9	13.8	14.3
上海	2269.76	129.16	11.7	17.6
杭州	1060.7	53.19	8.3	19.9
深圳	930	90	11.8	10.3

表2 世界城市文化创意产业从业人员比例[3]

城市/国家	文化创意产业从业人员所占比例（%）	年份	城市/国家	文化创意产业从业人员所占比例（%）	年份
柏林	7.5	2006	纽约	8	2008
德国	2.3	2006	美国	4.5	2008
伦敦	12	2007	巴黎	8.8	2008
英国	5.1	2011	法国	3.93	2008
孟买	16.01	2005	东京	11.2	2006
印度	11.44	2005	日本	4	2006

（二）影视剧制作市场

据国家广电总局2013年通告，全国共有电视剧制作许可证（甲种）机构137家，审核合格的广播电视节目制作经营许可机构6175家，其中北京拥有电视节目制作机构1577家，甲种电视剧制作机构35家，全国25%以上的电视节目制作机构都集中在北京。由表3可以看到，与其他省市相比，北京电视节目制作机构数量遥遥领先。在电视节目制作行业中，北京以参与企业主体和优质制作机构数量之多，占据绝对优势。

---

2 数据来源：由各市统计年鉴和2013年北京、上海文化创意产业发展报告综合整理。

3 World Cities Culture Report 2012，第72页。

表3 部分省市电视制作机构情况[4]　　单位：个

省市	《广播电视节目制作经营许可证》机构	《电视剧制作许可证（甲种）》机构
北京	1577	35
天津	137	4
上海	542	13
江苏	338	8
浙江	700	9
广东	607	9

表4 北京甲种电视剧制作机构一览表

序号	制作机构	序号	制作机构
1	中国电视剧制作中心有限责任公司	19	北京国立常升影视文化传播有限公司
2	中国电影股份有限公司	20	北京华谊兄弟娱乐投资有限公司
3	中国传媒大学电视制作中心	21	北京唐德国际文化传媒有限公司
4	中国国际电视总公司	22	北京大唐辉煌传媒股份有限公司
5	北京电视艺术中心有限公司	23	华谊兄弟传媒股份有限公司
6	北京中北电视艺术中心有限公司	24	北京响巢国际传媒有限责任公司
7	北京中视协影视制作有限公司	25	北京北广传媒影视有限公司
8	八一电影制片厂	26	北京小马奔腾壹影视文化发展有限公司
9	空军政治部电视艺术中心	27	华视国际文化传播总公司
10	九洲音像出版公司	28	大业传媒
11	北京紫禁城影业有限责任公司	29	北京东方天星文化传媒有限公司
12	公安部金盾影视文化中心	30	总政话剧团
13	海润影视制作有限公司	31	中央新闻纪录电影制片厂(集团)
14	北京鑫宝源影视投资有限公司	32	北京东王文化发展有限公司
15	北京华录百纳影视股份有限公司	33	华视影视投资（北京）有限公司
16	北京京都世纪文化发展有限公司	34	欢瑞世纪影视传媒股份有限公司
17	北京电视台	35	怡光国际经济文化集团有限公司
18	北京东方飞云国际影视策划有限公司		

搭建要素配置的最优平台

---

4 据文化部广播电影电视总局，关于2013年度全国《电视剧制作许可证（甲种）》《广播电视节目制作经营许可证》机构情况通告，整理。

（三）资本市场

近年来，北京市政府一直加强对文化发展的政策扶持力度，加之金融机构的共同努力，北京的文化资本市场，表现为投资规模不断扩大，投融资方式不断成熟等特点。尤其是随着文化创意产业在国民经济中的重要性日益提升，它所聚合的资本规模不断扩大，新的融资路径不断拓展。

2012年7月，由北京市委宣传部、北京市金融工作局推出《关于金融促进首都文化创意产业发展的意见》。该意见指出，北京市将加快文化创意产业信贷体系、直接融资体系和文化股权体系等方面的完善和创新发展，促进首都文化资源与金融资源的全面对接，形成覆盖文化创意企业和文化产品全生命周期、文化创意产业全链条、文化市场全交易环节的金融创新体系。完善现有财政资金的投资方式，建立北京文化创新发展专项资金，在整合资源的基础上，从2012年到2015年，每年统筹资金100亿元，用于支持首都文化发展。在文化股权投资体系方面，发展文化创意产业投资基金，发展多元化股权投资主体，发展股权投资中介服务。北京市政府推出的这项政策措施，无疑为2012年以及今后，北京文化创意产业生产要素中资本市场的发展起到非常积极的推动作用。

2012年起，北京市政府大规模增加文化创意产业专项扶持资金，每年统筹安排100亿元，用以支持公共文化服务体系建设、促进文化产品创作生产等。在此之外，借助于银行和其他渠道的融资规模同样进一步扩大。据中国人民银行统计，2012年，北京市中资银行累计发放文创类贷款421.1亿元人民币，同比增长46.7%。其中，北京银行2012年累计发放文化产业类贷款3000余笔，总额达500多亿元，在北京市场份额中达到50%，在北京文化产业金融服务的市场份额中位居第一位。其次，通过其他渠道而投入到北京文化产业中的资金同样可观。比如，2011年3月，小马奔腾公司完成私募融资7.5亿元，2012年，海润影视公司进行两轮私募融资，金额达10亿元。

　　通过政府、私募等渠道获得专项资金投入之外，上市文创公司增多，信贷融资模式的形式，专业化的文化创意产业投资基金的出现，标志着投融资方式不断成熟。以前文创类产业通过银行借贷，政府资金扶持，民间融资等方法补充产业运行资金，资金来源相对固定。截至目前，北京地区已经上市的文创公司有51家，其中，软件、网络及计算机服务业有38家，广播、电视、电影业7家。北京市政府规划到"十二五"末，争取新增文化创意上市公司50家。2012年2月，北京华录百纳影视股份有限公司在深交所创业板上市，意味着北京已经拥有6家上市影视公司。其他一些影视公司也正在积极筹备上市，比如中国电影集团公司、万达院线、小马奔腾等。可以预想，未来几年，北京文创公司上市将成为常态。首先，文创公司上市融资，不仅能够通过金融杠杆获得更多的资金支持，扩大企业规模，还能加快产业市场规范和重组，形成良好的竞争和淘汰机制，有利于北京文化产业的发展。其次，文创企业信贷融资的模式已经基本形成。2008年北京银行以版权质押方式为华谊兄弟提供1亿元贷款，这种方式今天已经成为文创企业信贷融资的基本模式。2012年，北京银行与博纳影业签订5亿元的意向合作书，通过版权质押和影视剧打包贷款相结合的方式，为博纳影业10余部影片提供贷款。2012年7月，乐视星云影视文化基金成立，是北京首只文化产业投资基金。影视投资基金通过一批精通影视产业的运作又具有丰富投资经验的专业人士管理大量社会资本，挑选优秀的剧作进行投资和生产监控，给电影和电视产业提供了一个与金融资本对接的良好模式。

表5 北京、上海上市影视公司概况

上市公司	华谊兄弟	橙天嘉禾	博纳影业	光线传媒	华录百纳	星美国际	上海新文化
所在地	北京	北京	北京	北京	北京	北京	上海
成立时间	1994	1970	1999	1998	2002	原"东方魅力"2003年被收购后易名	2004
上市情况	2009A股上市	2009借壳上市	2010美股纳斯达克上市	2011A股上市	2012A股上市	收购完成后成为星美传媒旗下香港上市子公司	2012年A股上市，系上海第一家上市影视制作公司
主营业务	影视剧制作、发行等	影院、影视剧制作等	影视剧发行、制作等	电视节目、电影、广告等	影视剧投资、制作、发行及衍生业务	影院影视剧制作等	影视剧和电视栏目制作、发行

表6 北京部分影视公司获得银行贷款情况

年份	公司	来源	授信额度及用途	担保及质押
2009	华谊兄弟	工商银行	1.2亿元贷款用于《唐山大地震》等4部电影的拍摄	版权质押，个人无限连带责任
2009	博纳影业	工商银行	5500万元用于《十月围城》等3部电影的制作发行	版权质押，个人无限连带责任
2009	光线传媒	北京银行	2亿元授信用于电影、电视剧及节目制作等	北京首创投保有限责任公司部分担保，版权质押，个人无限连带责任
2010	新画面影业	民生银行	1.5亿元贷款用于《金陵十三钗》的拍摄	版权质押
2010	博纳影业	北京银行	1亿元打包贷款用于《龙门飞甲》等4部电影和《十月围城》电视剧的拍摄	版权质押，第三方保证，个人无限连带责任
2011	华录百纳	国开行北京分行	3000万元用于支持多部作品的拍摄	版权质押，应收账款质押

年份	公司	来源	授信额度及用途	担保及质押
2011	完美影视	交通银行北京分行	9000万元贷款，用于影视剧项目的拍摄、制作和发行	信用与版权质押相结合
2012	博纳影业	北京银行	5亿元意向性综合授信，用于支持博纳影业拍摄3D版《林海雪原》《白发魔女传》《冰雪十一天》等10部影片	版权质押

应当注意到，虽然北京市文化产业资本市场正在逐步扩大和完善，但是通过企业上市、银行信贷获得资金的毕竟门槛较高。文创类企业上市难度大，只有少数规模大，效益好，在国内占据重要地位的大型企业才能上市，通过股票的方式获得市场配置资金。而民间融资和银行信贷同样偏重于信誉好，投本雄厚，效益突出的文创公司，所以中小企业获得资金的难度比较大，获得投融资的机会比较少。中小企业融资难的问题，要求进一步完善文创产业投融资机制。

（四）技术设备市场

我国文化创意产业生产、制作所需的设备和技术，基本采用进口设备，比如动画制作软件、动作捕捉设备、三维图形工作站、数字摄影机、立体摄影设备、影视后期处理软件这些一般都采购国外成熟的产品。国内自主开发文创产业所需的技术设备的企业非常少，只有为数不多的几个技术开发公司，比如索贝、大洋、新奥特等公司，它们所开发的影视制作系统仅仅适用于电视领域，对于电影、动漫等领域几乎没有涉及。北京强氧科技发展有限公司虽然能够提供立体影视拍摄、数字媒体制作、播放控制、图形处理工作站等所需的各种类型器具和软件，但是强氧科技主营业务是技术设备销售和服务，它销售的产品仅仅是其他品牌产品的整合体，并没有自主的设备制作和软件开发能力。强氧科技公司代表了北京科技公

搭建要素配置的最优平台

司的一般运作模式，技术市场中的主体绝大部分是设备零售企业。

由此可以看到，我国在影视制作、动画制作等关键的文创技术和设备方面的研发能力非常薄弱。无论是三维动画技术还是特效合成技术，核心软件、系统全部来自欧美，目前虽然有能力制作特效影片、三维动画，但是技术水平仍处于应用级别。技术设备市场中销售和服务公司居多，设备制作和软件开发公司匮乏，缺少二次开发的能力，无法依据项目的需求进行相应的特设和应用开发。此外，技术市场中交易方式比较单一，没有专门的设备租售市场。资金雄厚的大型文化机构拥有众多先进的技术设备，存在设备闲置状况，而中小企业没有资金和能力购置设备，却又急需使用，二者之间缺少必要的租售对接平台，导致了不必要的资源浪费。

（五）信息市场

信息市场的主体是各类咨询机构，它们通过信息收集、整理和自己的知识、经验，为企业提供针对性的可选择方案或建议，为企业的科学决策服务。随着文创企业规模的不断壮大，顾客需求差异化扩大，文创市场的竞争也将日趋激烈，文创企业要获得持续发展，就需要不断地补充和增强自己的薄弱环节，而企业自身有限的信息和资源就决定了它们不可能面面俱到，就需要更多的专业性组织在各个环节提供帮助。比如落后的生产技术、管理技术和信息集成技术，这些都将成为企业发展的桎梏，对新技术、组织机构调整以及新的经营理念的需求，都导致了对咨询机构的需求。目前，北京信息市场，一半以上的市场份额由跨国公司占据，比如麦肯锡、埃森哲、罗兰贝格、波士顿，它们占领了北京信息市场的主体，为各大公司和大型国企提供品牌管理、市场营销和战略建议等服务。另外，北京市本土化的咨询机构也发展迅速，比如和君创业、北大纵横，新华信，央视-索福瑞，华夏基石等，它们占据了近四成的信息市场份额。咨询机构拥有强大的信息搜集和处理能力，能够在短时间内迅速集中大批科技人员和有关方面的专家，对企业的生产经营状况进行诊断，弥补企业在科技、信息上的不足，为企业改进提供科学合理的一处或多种可供选择的建议，从而减少决策失误。文创企业属于高技术、高创造的行业，对于技术和人才有着较高的需求，在技术更新、人力资源管理、产品开发、市场拓展、品牌管理等方面都需要紧跟时代脉搏，健全的信息市场恰恰能够满足这些需求，所以健全的信息市场是文化生产要素体系中重要的组成部分。随着文化创意产业的发展，信息市场将会得到进一步的开拓和细分，更多专业化的咨询机构将会出现。

四、文化生产要素的科学合理配置

第一，提高认识，统筹规划，充分发挥市场在文化生产要素中的配置作用。北京市场配置过程总体上还处于零散、规模狭小的状态，文化生产要素市场尚未健全。以资本要素市场为例，能够借助银行贷款、企业上市、文化基金、私募等方式进行市场融资的文化创意企业比较少，绝大部分局限于规模大、效益好的企业，而中小文创企业所需资金，过多地依靠政府投入和企业资助，经济领域资本运作模式与文化市场的实际有机结合程度并不高，中小企业融资难的问题需要进一步解决。

第二，发挥首都城市品牌的优势，加大文创产业优秀领军人才的引进和培养。依靠政府制定的人才政策，北京近年来吸引了大批文化生产所需的专业人才，文创从业人员规模不断扩大，但是与上海杭州相比，北京文创人员人均产业增加值相对落后，说明北京高层次文创人员比例并不高，需要加大高层次人才引进力度。对符合条件的文创产业高端人才、科技领军人才，给予相应的优惠政策。

第三，采取跨越式发展模式，重点扶持技术应用开发企业，加快科技与文化的融合。放弃国外已经形成垄断的成熟技术，集中力

量在新兴领域形成突破，扶持具有发展潜力、直接见效的技术应用研究。支持企业开展与高校、科研院所、国外企业共建联合研发中心，加快新兴技术的研发。

第四，成立由生产要素市场各种类主体其同参与的企业联盟，切实发挥集群效应。挖掘各方优势资源，加强市场在生产要素配置中的调节作用，逐步实现技术、资本、人才和专业机构的集聚。

第三节 文化传播市场要素及北京的产业配置

文化传播市场是指文化品牌、文化产品推广和营销，文化产品信息传递和播送的场所，既包括确有所指、具有时空边界的物质场所，也包括虚拟的网络场所和媒介平台。文化传播具有多样化的表达方法，既可以借助于各种类型的会展、展销会、推介会、发布会等集中传播，也可以在报纸、电视、互联网、手机平台上进行全媒体[5]，跨平台传播。文化传播市场可以综合运用多种手段进行文化产品的输出和传播，通过传播渠道把指定的内容和信息传递给目标客户，它的本质在于捕捉注意力，扩大文化产品的影响，从而带动相关的消费，所以文化传播市场是文化产品放大的有效工具，是文化生产与消费之间的连接和纽带。

一、培育文化传播市场是发展文化产业的必然要求

文化传播市场的主角是传媒，如果仔细考察，可以发现文化产业中传媒的身份并非一种，而是身兼两种："内容"和"工具"。

---

[5] "全媒体"是指综合运用多种媒介表现形式，如文、图、声、光、电，来全方位、立体化地展示传播内容，同时通过文字、声像、网络、通信等传播手段来传输的一种新的传播形态……主要指传媒媒体的工作者对于传统媒介形式衰落走势的主动应对，通过媒体流程再造，实现不同媒介间的交融和媒体发布通道的多样性。（新华社新闻研究课题组：《中国传媒全媒体发展研究报告》，《科技传播》2010年第2期。）

作为文化创意产业的"内容"，传媒业本身就是文化产业的重要组成部分，它侧重于担当内容制造商的角色；作为文化创意产业的"工具"，传媒更多承担"渠道"的重任，为文化产品构建展示与流通平台，推动文化产业"走出去"。无论作为"内容"还是"工具"，传媒都是文化产业必不可少的组成部分。

文化传播市场是文化产业链条的必需环节。文化传播市场是文化产品放大和倍增的有效工具。它为文化产品的宣传与营销提供平台和场所，是文化品牌形成，文化产品的推广，吸引消费者形成购买力的重要推手，是文化生产与文化产品消费的中介。

文化产品的商品属性决定了文化传播市场的必要性。文化产品具有精神和物质的双重属性，它既是精神产品也是商品，它既有人文价值，同时也具有经济价值和商业价值。文化产业之所以能够成为当今世界经济发达国家的支柱性产业，与它的经济价值和它所能带来的经济贡献是分不开的，而我们今天大力发展文化产业，大力推动文化产业，也正在于看到全球经济勃兴中，文化产业所起到的重要作用，这就要求我们在发展文化产业时，注重它的商业价值，重视它的经济诉求。要实现文化产品商业价值，离不开文化产品的消费，而产品与消费之间的中介和连接则主要是通过文化传播来完成的。所以文化产品的商品属性决定了文化传播市场既是必要的，又是必需的。

文化传播市场是文化市场体系的重要组成部分。完善的文化市场体系既包括文化生产要素市场、文化消费市场，也包括在生产与消费之间沟通的文化传播和流通市场。文化生产要素的市场配置主要解决文化生产过程中所需各种资源的有效供给和合理搭配，而文化消费市场则是文化生产转化为经济价值的最终环节。文化产品的消费群体巨大，可供选择的文化产品也各式各样，如何让消费者青睐某一产品，如何让产品顺利地捕获消费者的注意力，就成为问

题，而文化传播和流通市场恰恰能够满足这对接的需求。文化传播市场可以为文化生产的产出——产品提供传播、营销和推广服务，解决产品如何与目标客户群体对接，如何引导消费，如何塑造固定的消费群体等一系列问题。文化传播能够放大文化产品的影响力，能够为产品提供一个推介自己的平台，能够为形成生产和消费之间的有效连接，所以文化传播市场是文化市场体系的重要组成部分，培育文化传播市场是发展文化产业的必然要求。

二、文化传播要素的构成

文化传播是一个动态的过程，它是指传播主体通过传播渠道将特定的信息传递给受众这样动态流程。从参与要素来看，文化传播主要由传播主体、传播渠道、传播内容和目标受众构成。

传播主体是指传播活动的发起者。在文化传播中，传播主体是指有发布特定信息需求的机构，比如推介一部电影，宣传一本著作，推广某款游戏，介绍旅游项目等。传播主体是传播活动中的要约方，它有特定的需求，愿意为信息传播承担相应的费用。传播渠道是信息发布的介质和平台，它既包括报纸、广播、电视等传统的大众传播渠道，也包括互联网、手机、交互网络电视、移动电视等新媒体，还有楼宇平面媒体、户外LED显示屏、电梯媒体等分众媒体。传播内容是指传播渠道中推送的内容，比如报纸上的报道，电视中的节目。文化传播市场中的内容较多的指文化机构的品牌形象或者文化产品的信息。目标受众是指文化传播的接受者，既是信息的接收者，也是文化产品潜在的消费者。

随着文化产业的发展，文化产品的不断丰富，文化产品生产机构之间争夺消费者的竞争将日益激烈，文化机构之间的竞争将促使文化传播市场进一步扩大。文化产品会越来越具有针对性，文化产品的定位将更加细化，受众也将更加明确。这就对文化传播机构的能力，对文化传播内容的制作提出了更高要求。虽然传播主体是传播活动的发起者，但是传播主体要想达到预期的传播效果，就需要选择影响范围大、用户资源广的传播渠道供应方，同时对文化内容制作机构进行甄别，选择制作能力强、企业依赖程度高的4A级制作公司，所以在文化传播活动中处于核心的是传播渠道和传播内容，文化传播要素也取决于这两个部分的构成状况。

以此来看，文化传播要素主要包括渠道要素和内容要素，进一步细分可区别为：媒体资源、技术、创意、制作（见图2）。媒体资源是指传媒平台的类型丰富程度和多寡，媒体资源总是处于不断的形成和变化之中，随着互联网的普及，出现了丰富的网络平台，随着3G时代的来临，出现了以手机为代表的移动媒体资源。技术包括传播技术和内容制作技术两方面，传播技术主要是指应用于文化内容传播过程中的技术包括印刷技术、信号传输技术、互联网技术、手机应用技术等；内容制作技术是指内容制作过程中所使用到的各项技术，包括虚拟技术、图形技术、拍摄技术等。制作是指传播内容的制作，现在一般由专业的广告公司、文化传播公司负责。

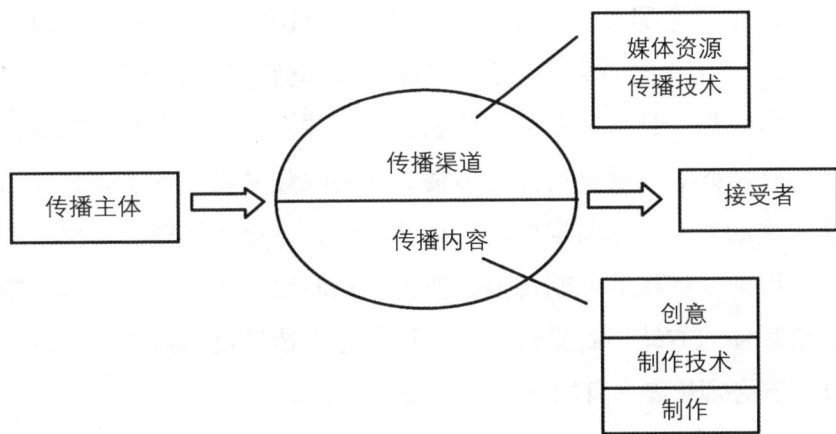

图2 基于传播过程的传播要素构成

随着新技术的层出不穷，新媒体、新型传播形式不断涌现，原

有的出版资源和电视频道资源优势不复存在，它们不再是稀缺的和不可替代的，数字时代传播渠道的多样性，将使得文化传播市场进入真正意义上"渠道为王"的时代。现阶段最有影响力的新媒体传播渠道主要有以下几种。

（一）微博

微博，即微博客的简称，是一个可以及时获取和分享信息的网络交互性平台。公司、企业或者个人可以利用微博组建虚拟的个人社区，可以不受时间和空间的限制，随时随地把信息发布到微博上，与社区内的其他用户分享和互动。文化机构可以通过微博及时更新产品信息，回复平台上客户对企业或者产品的疑问和咨询，从而能够达到宣传和推广的目的。微博传播的优势在于：互动性强，信任程度高；定向准确，细分程度高；可以及时更新和发布信息；有利于长远利益和培育忠实用户。

（二）网络视频

2011年被称为是网络视频营销的"微电影"元年。2010年底雪弗兰科鲁兹联合优酷网和中影集团推出了"11度青春系列电影行动"，其中《老男孩》热播，影片在网上获得了超过7000万以上的点击率，让业界看到了网络视频的巨大营销能力，带动了2011年的微电影热。越来越多的企业和视频媒体介入"微电影"拍摄，通过品牌植入等方式进行文化传播。网络视频的特点在于内容简洁明快、互动性强，容易推广。网络媒体中，信息传播模式发生了改变，由以前单线程的强制传播，变为了双向性，互动式的传播，中心由节目播送方转移到受众，受众可以随意选择自己需要的节目。视频广告必须依靠本身的内容，来吸引点击率。

（三）IPTV

IPTV即交互式网络电视，一般是指通过互联网络，特别是宽带互联网络传播视频节目的服务形式。数字交互电视颠覆了电视观者的"受众"定位与电视传媒的"传者"定位，它利用互动传播的方式，使得传播者与接收者之间的位置发生偏移，由先前预设的、固定的，转变为共享式的、移动和变化的。数字交互电视集合了电视传输影视节目的传统优势和网络交互传播优势，给电视传播方式带来了革新。

（四）移动电视

移动电视是指在公共洗车、地铁、电梯等可移动物体内以接受无线信号的形式，通过电视终端收看电视节目的一种技术或应用。移动电视正是抓住了受众在乘车、等候电梯等短暂的无聊时间进行强制性传播，使得消费者在别无选择时被它俘获，能够实现更好的传播效果，充分利用"无聊"是其最大的特点。移动电视具有覆盖广、反映迅速、移动性强的特点。

（五）手机

手机传播以快速的、互动的、即时沟通模式取代了单向的、压迫式的广告传播，而且拥有真实的、精确的、强大的数据库分析挖掘功能，实现了真正意义上的分众沟通。手机传播的优势主要有以下三点：庞大的受众；手机传播具有可计算、可管理的高送达率；移动网络的点对点沟通。

三、北京文化传播要素的配置状况

（一）北京是全国最大的媒体中心，文化传播市场规模居全国第一

北京以独特的区位优势，集中了一大批中央级专业媒体和地方媒体资源，成为全国最大的文化传播中心，比如中央电视台、《人民日报》、人民出版社、北京电视台、北京出版社等。目前，北京市共有传媒机构2346个，其中电视台22家，广播电台12家，各类报纸212种，期刊2100余种。此外，北京还有从事网络传播的媒体8

万多家，各类户外经营性广告2.4万余块。北京的媒体资源主要集中在东城、西城、朝阳、海淀等中心城区，这四区共有2145家媒体，占全市媒体总量的91.4%，其中海淀746家、东城529家、西城469家、朝阳403家。报纸媒介、综合性杂志等综合性媒体也主要分布在海淀、东城、西城三个区。密集的传媒资源，推动着北京文化传播市场快速发展。

（二）网络传播等新的传播形式发展迅速，成为文化传播的新增长点

从传播形式看，虽然平面媒体传播和电视传播的主体地位依然稳健，但是随着互联网和新技术的普及应用，网络传播、移动电视传播等新形式不断兴起，当今文化传播变得越来越丰富和具有活力。传播手段、传播方法都变得更为灵活多样，原先的单向导入式传播，逐渐由新兴的互动传播所替代。据工商部门统计，北京网络广告市场营业收入已由2005年的8.99亿元提高到2010年的31.87亿元，增长了2.5倍，占全国的比例也提高到56.35%，占据一半以上的网络广告市场份额。2012年，互联网经营机构网络广告营收方面，百度位居全国广告媒体收入榜首，以223.1亿元的广告收入稳居第一位，相比2011年143.56亿元，广告收入增长了55.4%。淘宝交易额突破万亿元，其广告收入规模也得到快速增长，广告收入超过170亿元，百度与淘宝的广告营收遥遥领先(见图3)。排名前20位的媒体广告营收在网络广告整体中的比重达到86%，核心媒体对我国网络传播市场的影响日益增强。网络传播具有时效性、互动性强等优势，门户网站展示广告、搜索引擎竞价广告等主要模式高速增长，网络视频、广告游戏等新兴模式也逐渐兴起。移动电视、微电影营销等其他形式的文化传播也日益呈现出良好发展态势。

图3 2012年中国网络广告市场媒体营收规模TOP20

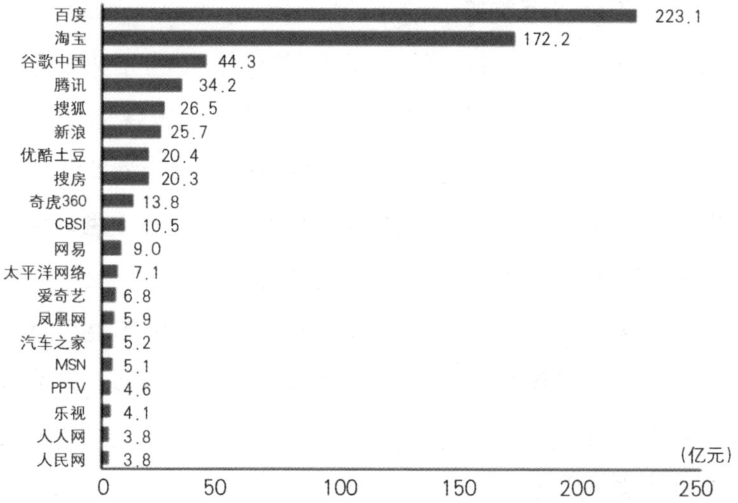

媒体	营收(亿元)
百度	223.1
淘宝	172.2
谷歌中国	44.3
腾讯	34.2
搜狐	26.5
新浪	25.7
优酷土豆	20.4
搜房	20.3
奇虎360	13.8
CBSI	10.5
网易	9.0
太平洋网络	7.1
爱奇艺	6.8
凤凰网	5.9
汽车之家	5.2
MSN	5.1
PPTV	4.6
乐视	4.1
人人网	3.8
人民网	3.8

资料来源：艾瑞咨询，2012年中国网络广告市场规模突破750亿元。

（三）传媒具有明显的地域集中性，CBD等高端功能区成为传媒的重要聚集区

与其他现代服务业一样，北京文化传播市场呈现出较为明显的地域集中布局特征，拓展区和核心区优势明显。目前，全市共有传媒机构约2万家，其中朝阳区5000多家，海淀区将近3000家，丰台区1600多家，东城区家1500左右，占全市传媒机构的60%多；此外通州区和西城区各有1000多家，大兴区800家左右。尤其是经济强劲、商务活动活跃的高端产业功能区，传媒的发展较为突出，企业聚集度大、广告投放力度强。据统计，朝阳区、海淀区、东城区和西城区四区共聚集了全市近90%的大型广告公司，主要集中于CBD、金融街等高端产业功能区，且围绕高端产业发展的需求，形成了较完善的广告服务体系。例如，CBD有各类文化传媒企业1800多家，包括中央电视台、北京电视台、凤凰卫视北京站等一批大型传媒机构，以及《华尔街日报》、CNN、BBC等169家国际传媒机

搭建要素配置的最优平台

构。北京的4A级广告公司大部分位于CBD及其周边区域，包括奥美、达彼思、天联、恒美等。

（四）媒介整合、全媒体互动是媒介发展的未来趋势

由于网络媒体和移动媒体发展势头强劲，传统媒体受到严峻挑战。既有用户向新兴媒体分流，导致了传统媒体受众缩减，从而招致了传统媒体文化传播能力、媒体影响力下降。2013年1月，梅花网发布的《梅花网中国报刊广告投放年度报告》显示，2012年中国报刊广告市场规模整体跌幅为126%，近十年来首次出现年度负增长，传统媒体必须要面对转型的"阵痛"。其实，在传统媒体、网络媒体和移动媒体三者之间既存在着激烈的竞争关系，又可以谋求合作共同发展。随着宽带的普及，网络媒体获得了巨大的平台优势，随着3G时代的到来，以手机为代表的移动媒体又将获得巨大优势，这些对于传统媒体来说都是挑战，传统媒体的渠道优势虽然不再，但是内容制作优势是不会因此丧失的。传统媒体可以充分利用自身优势寻找新的发展径。通过积极的介入，通过媒介之间的优势互补，融合到新领域当中。"三屏合一"即电视、电脑、手机三个屏幕融合为一体，电视台网络联动、电视台网络同步直播，这将是视频类流媒体的未来发展趋势。文字图片类的信息的传播，则由报纸网络互动向手机、互联网、手机三者互动发展，实现"报网屏"一体，也就是能够同步通过报纸、网络平台和手机移动终端等接收资讯。

四、加强北京文化传播要素的科学合理配置

（一）培育文化传播市场，构建文化传播要素交易平台和公共服务中心

文化传播市场是文化产业链中必不可少的组成部分，文化产品的推广、营销、"走出去"都与它密不可分，要积极培育文化传播市场。北京现有传媒机构、广告制作机构、文化传播机构虽然数量庞

大，但是依然在传媒业、广告业的主导模式下，没有形成独立的文化传播市场意识，对文化传播市场的独立性和特殊性认识不足。围绕文化传播产业链建设，构建本地区传播要素交易平台，促进媒体资源、广告创意、技术、制作等产业要素合理流动，实现集聚发展。

（二）积极扶持北京文化传播机构提高竞争力

目前，北京文化传播机构以中等规模的企业为主，企业规模小而分散，没有一家本土文化传播机构上市，文化传播机构品牌有待进一步培育。随着国外文化传播机构的入住，北京文化传播市场的竞争更加激烈，以广告业为例，在全球排名前五位的广告企业奥姆尼康、Interpublic、WPP都在北京投资并设立下属广告公司。为提高北京本地文化传播机构应对竞争的能力，鼓励规模大、实力强的文化传播机构通过兼并、重组、合作等方式，组建一批具有国际竞争力的大型传媒集团。

（三）鼓励传统媒介与网络媒介、移动媒介等新形式媒介融合

整合人力、资本和媒体优势，形成综合性、跨媒体媒介集团。三网合一、媒介融合是未来发展趋势，充分调动文化传播机构转型、升级的积极性，引导传统媒介与新媒介合流，形成综合性、全媒体、跨平台的媒介集团。

（四）推动业务整合与协作，促进文化传播机构形成联盟协作发展

组建市场合作联盟、中小型文化传播机构联盟等多种形式的行业联盟，促进文化传播机构在市场开发、广告设计、网络运营等方面的业务整合与协作。积极参与国际性的文化传播战略联盟，开展国际项目合作，充分发挥各自比较优势，实现互利共赢。建立跨行业的战略合作联盟，加强文化传播与信息服务、能源等其他产业的互补合作。

第四节 文化流通市场要素及北京的产业配置

　　文化流通是指文化产品和要素在某一范围内的合理流动，包括文化产品的流通和文化要素的流通两部分。文化产品的流通是文化生产和消费的中介，通过文化流通，生产与消费之间才能连接起来。文化要素的流通是文化生产市场化配置的前提和条件，文化要素的合理流通促使科技、资本、人才等文化生产要素在各类文化产业间优化配置，推动新型文化产品和服务开发，提高文化产业技术层次和竞争力。流通既是生产的结果，又是生产的前提。一方面，生产对流通起着主导决定作用。流通的存在、性质、规模和方式，由生产决定，没有生产就没有流通。比如文化产品的流通方式取决于文化产品的特殊性，文化产品的可复制性、便于传播等特点，就要求文化产品的流通必须以版权为中心，流通过程中注意版权保护。另一方面，流通是再生产的重要环节，能够促进或者阻碍生产的发展。商品能否顺利地转化为货币，转化为有形资产，直接关系着再生产能否顺利进行和发展。

　　随着文化产业的发展，各类文化流通代理服务机构（如宣传广告代理公司、拍卖行、发行公司、版权代理公司等）和专业人员（拍卖师、发行人、经纪人、代理人等）广泛出现，不仅丰富了文化市场活动，完善了文化产业链，而且促使文化机构进行更为细密的产业流程分工，朝向集约化发展，避免"大而全、小而全"的分散性建构。文化流通，作为文化中介业，是文化生产企业、消费者和市场之间的桥梁和纽带。文化流通隶属于服务性行业，其本身也是文化企业的一种类型，既同文化企业集团共生于文化市场，又成为文化企业集团发展的重要外部条件。从某种意义上说，文化流通及文化流通市场自身的发展水平是衡量文化市场繁荣程度和文化产业发达程度的重要尺度。

一、培育文化流通市场是发展文化产业的客观要求

（一）文化流通是文化产业发展的重要组成部分

文化市场的主体是各类文化企业，企业的类型和规模决定了文化市场的生态。企业类型丰富，才能组建一个优质的文化市场环境。现代市场经济中，由于市场细分程度越来越高，分工越来越专业，专业知识和技能要求越来越复杂，文化企业自身的人力、物力和财力有限，不可能囊括文化产品从创作、生产、传播、流通到消费的全部环节，这样完善的文化市场体系，一定是各种类型企业相互依存，遍布文化生产、传播、流通、消费各个环节。专业的文化流通机构能够为文化产品生产和消费之间提供中介服务，使得行业分工更为明确，从而使得文化企业专心致力于文化产业链的生产环节，能够集中力量带来更多优质的产品。所以文化流通是文化产业发展成熟的必需环节。

（二）文化流通是文化资源市场化配置的必然要求

文化资源市场化配置，是指不同地区、行业的市场主体，为完成文化产品生产，在地区之间、行业之间或行业内部之间，对一定的文化生产要素通过市场进行有效合理的交换。而交换的渠道或者交换实现的方式就是文化流通。从严格的经济学观点来看，流通即是交换的整体，一系列连续的交换活动构成了流通。比如文化资源的市场化配置离不开交换，而交换离不开货币，文化资源的配置以市场为基础就离不开以货币为媒介的交换，以商品-货币-商品的方式来实现文化资源的配置。这里从商品-货币，再从货币到商品，就存在两种交换关系，现实情况只会比这更为复杂。所以在文化资源的市场化配置过程，即是连续的交换过程，它的实现方式即是文化流通。

（三）在市场经济中，文化流通机构就像"润滑剂"

文化流通机构的发展成熟程度是整个文化市场的成熟标志。文化流通机构比如经纪公司，版权代理公司在维护公平竞争的市场秩序、促进市场主体之间的交易活动、降低交易费用、提高市场效率、保护市场主体的合法权益、改进市场主体的正确决策和管理等方面都发挥了很大的促进作用。

（四）文化流通市场是文化产业链构建的催化剂

文化产业链的形成一方面依赖于文化企业自身技术延伸、产品开发、市场拓展；另一方面则来自于文化流通市场的培育。在技术革新的推动下，文化企业自身的产品开发能力不断提升，新的产品、新的内容层出来穷，带来了文化产业链空间不断拓展。但是，如果没有文化流通市场，产品就无法与消费交接，如果没有生产与消费的对接，由生产到再生产的循环就无法实现，也就难以形成产业链。

二、文化流通要素

构成文化流通的要素主要是文化中介机构，文化产品和要素，以及流通渠道三大部分。其中文化中介机构是文化流通的主体，它是文化产品和要素流通的决定性力量；文化产品和要素是文化流通的客体；流通渠道是文化产品和要素流动和转移的通道，它反映的是文化产品移动的环节和流向，通过流通渠道，文化产品和要素的价值得以实现。

（一）文化中介机构是文化流通的主体和主导性力量

它包括各类文化代理公司、演出经纪公司、电影发行公司、艺术人才经纪公司、艺术品拍卖公司等。鼓励文化中介机构的建立和发展，是文化流通市场建立的根本，通过文化中介机构的规范运作，向网络化、规划化方向发展，能够活跃文化市场，加快文化产业发展，形成"活而有序"的良性发展状态。同时，文化流通环节的有序运作也离不开文化行业协会。行业协会是独立的自营化的行业组织，它负责在政府和企业之间，商品生产者与经营者之间进行沟通、监督和协调。在推动行业良性竞争，维护市场秩序与公平交易中，行业协会发挥非常重要的作用。在文化流通中，文化行业协会在文化产品生产和经营之间进行协调，从行业的整体利益出发，依据自愿的原则，组织文化企业的生产、销售、价格等方面的联合行动，发挥集团军的优势，从而在跨地域贸易和跨国贸易中实现本土行业利益的最大化。

（二）文化产品和要素是文化流通的内容和客体

离开文化产品和要素，文化流通就没有存在的必要，文化流通以文化产品和要素为基础。另外，文化产品和要素价值的实现又离不开文化流通，只有以流通的形式进行交换才能够实现文化产品的价值，以流通的形式交换才能够进行文化要素的市场化配置，文化产品和要素与文化流通是相互依存的关系，二者之间是无法分离的。

（三）文化流通渠道是文化产品和要素移动的通道

文化流通渠道包括本地流通网络和跨区域、跨国流通网络。依据流通内容的不同，文化流通可以分为文化物流和文化要素流。文化物流特指文化产品物流，包括大学城聚集圈、城市书店聚集圈、文化产业基地、文化产品物流中心等。文化要素流通一般通过人才市场、资本市场、生产要素市场等方式来实现。这里所说的文化流通渠道特指文化物流渠道。文化流通离不开渠道，就像传播离不开媒介一样。文化物流属于行业物流，可以借鉴一般物流业的经验，加强跨地区连锁经营，进行信息化管理，组建大型现代文化流通企业，还可以充分利用现代通信和计算机技术，构建网络文化产品和文化生产要素交易平台，降低交易成本，促进产品流通。

三、北京文化流通要素的配置状况

文化流通市场中，知识产权保护是基石。知识产权交易平台建设是维护文化流通市场合理有序运行的保障。健康的文化流通市场必须是以知识产权保护为基础的。北京非常重视知识产权市场的培育和建设，现有三处国家级版权贸易基地，分别为朝阳区北京国家版权交易中心，东城区雍和东方国际版交易中心，中国人民大学文化科技园人大版权交易中心。

由北京市朝阳区主导成立的国家版权交易中心依托于798、潘家园等文化基地，并与三家具有代表性的著作权集体管理组织——中国音像著作权集体管理协会、中国文字著作权协会、中国摄影著作权协会签订战略合作协议。

东城区的国际版权交易中心引进中国版权保护中心入住，开通全国惟一的国家级版权登记大厅，拥有国家级著作权登记和认证信息平台、国际化版权交易综合服务平台、全国性版权产业交流合作平台、顶级版权专家组成的核心智力平台、国家级版权价值评估和资本运作平台、版权法律保护公共服务平台等六大功能平台，为版权作品的交易使用搭建便捷的平台，为权利人和使用者提供合法、高效的授权途径。

海淀区主导成立的中国人民大学文化科技园版权贸易基地成立于2007年，系我国第一家国家级版权贸易基地，2010年11月国家版权交易网开通运营，截至2013年5月，已实现挂牌交易项目5000多项，挂牌总额超过15亿元，注册会员14000多名，遍布近70个国家和地区。依托文化科技园内丰富的文化产业资源和中国人民大学的专家资源，2012年1月版权评估中心成立，作为全国首家专注于版权的专业版权评估中心，它的成立为科学客观地评估版权资产价值，为版权作品交易、版权企业投融资、版权纠纷处理等版权产业链的各环节提供版权评估服务，提供了一条现实的途径，对于推动版权的创造、运用、保护和管理，促进版权相关产业的健康快速发展具有积极意义。

目前，北京文化市场的中介服务主要由文化企业自己组织完成，独立的文化流通渠道较少，专业从事文化市场中介服务的组织较少。在文化流通市场中，从事代理服务的机构，一般是具有较强实力的大型文化公司，它们依靠自己的实力，进行全产业链运行，从文化产品生产、传播、流通到消费进行整体化运作，为了自己的发展需要而建立起文化产品流通渠道，这些渠道做大做强之后，为其他公司提供代理服务。这种以自身发展需要为起点，进而延伸到文化产品流通行业，然后把渠道做大做强之后，转而提供代理服务的模式，是北京文化流通渠道形成的主要模式。虽然有一些代理服务，但是主要以自己的产品为主。北京市正式注册的从事文化市场服务的中介组织不超过50家，这与北京文化产业和文化集团快速发展的规模不相称。

从行业协会来看，北京依靠地缘优势，聚集了一大批全国性的和地域性行业协会，如中国拍卖行业协会、北京拍卖行业协会、中国电影家协会、北京影视动画协会、中国摄影家协会、北京摄影行业协会等几十个市级协会，以及国家级协会。行业协会虽然数量众多，但是大多属于事业性协会，不熟悉文化产业和文化市场运作，协会的协调和监督功能没有发挥该有的作用，承担应有的功能。

从文化经纪机构来看，北京演出经纪市场十分活跃。据北京市文化局统计，北京现有演出经纪机构1721家。有一大批专业的文化经纪人，从事策划、创意、组织等活动。这些文化经纪机构在北京文化产业发展、增强文化市场活力方面发挥了非常重要的作用，策划和提供了北京市和全国范围的文化演出活动，其中一部分企业在全国范围内都具有较大的影响力，带动了北京文化流通市场在全国

范围内的辐射。

从文化物流来看，北京市目前缺乏全国和区域性的大型现代流通组织。文化产品的流通与一般物流行业没有区分开，大多在原有的物流通道上流通，缺乏与文化产品流通相对应的流通保护措施。应鼓励具有竞争优势的文化流通企业通过参股、控股、兼并、收购和特许经营等方式，实现规模扩张。重点培育一批主业突出、具有著名品牌、辐射力强的大型国有或国有控股文化流通企业和企业集团，使之成为文化流通领域的主导力量。鼓励资产质量好、经营规范、成长性强的文化流通企业上市。

四、加强北京文化流通要素的科学合理配置

（一）健全中介组织

促进行业协会市场化运作，健全行业自律机制，增强自律和服务功能，推动行业良性竞争，维护市场秩序与公平交易。扩大行业协会的覆盖面，使其面向全社会的同行业企业，积极吸收民营企业、外资企业等各类经济组织入会，更好地发挥行业协会的桥梁纽带作用。加快发展优势行业、新兴产业的协会组织。推动各类中介机构与挂靠的行政部门脱钩，发展一批文化经纪机构、代理机构、仲裁机构等文化中介组织，鼓励文化中介机构向规模化、网络化、品牌化、规范化方向发展。

（二）提高文化中介组织的综合素质

提高从业人员的素质是加强文化中介组织建设的基础。首先要把好文化中介组织从业人员的准入关，加强现有在职人员的教育，不断更新知识，提高业务能力。提高文化中介组织市场运作能力。在文化中介组织的领导者(企业家)方面，应尽快转变观念，从自身的观念创新开始，建立正确的市场经营理念，努力完善自身的知识结构，提高综合素质。

（三）建设辐射全国的区域文化产品物流中心

加快文化产品流通产业布局及结构调整，支持立足区域、辐射全国的文化产品物流中心建设，鼓励跨越区域、管理规范、技术先进、服务优质的现代文化产品物流企业发展。

（四）积极发展文化电子商务

充分利用现代通信和计算机技术，构建网络文化产品和文化生产要素交易平台，降低交易成本，促进产品流通。按照政府推动与企业主导相结合的原则，发挥企业在电子商务开发应用中的主体作用，推进文化企业信息化建设。建立和完善文化行业信息资源共享和在线交易信用机制，研究制定文化行业电子商务规范，积极发展面向消费者的新型文化电子商务模式。

搭建要素配置的最优平台

第三章 消　费

第一节　文化消费补齐我国文化要素平衡的短板

一、文化消费是实现文化产业的必要条件

　　马克思曾在《〈政治经济学批判〉导言》中指出："生产直接是消费，消费直接是生产，每一方直接是对方。可是同时在两者之间存在着一种中介运动。生产中介着消费，它创造出消费的材料，没有生产，消费就没有对象。但是消费也中介着生产，因为正是消费替产品创造了主体，产品对这个主体才是产品。产品在消费中才得到最后完成。"[1]其具体意义在于两点：第一，生产创造了消费的材料、方式、引起了消费需求，是消费的动力和起源，生产生产着消费；第二，消费创造了生产主体的对象与生产的动力，消费生产着生产。生产与消费是互为前提和中介的，是一个同一的过程而不是截然分裂的，但它们又不是同一的东西，而是一个统一体内部的差别。从归属上讲，消费则表现为生产的要素。换言之，消费具有生产性。

　　消费的生产属性，决定了文化消费必然也是生产性的。文化生产作为整体社会生产活动的一个类别，无论其是否参与进商品经济之

1　[德]马克思、恩格斯：《马克思恩格斯选集》第2卷，人民出版社1972年版，第93—94页。

中，以及是否成为资本性的生产，消费都是文化生产不可或缺的必要条件。因为，没有了消费（无论这种消费是否借由资本来进行），文化就势必会失去了传承的机会、发展的机会以及转化为经济元素的机会。因此在产业领域，文化消费生产着文化生产，为文化产业提供了消费的主体与生产的动力，是实现文化产业的必要条件。

当然，文化产业并不等同于文化生产，文化消费之于文化生产也并不等同于文化消费之于文化产业。究其原因，与文化的存在方式的动态变化密切相关。文化无论是作为一种物质生产实践还是作为一种智力、精神和美学的意义系统，在最初的生产过程中其并不与经济利益发生关系，即便在人类早期的历史进程中，存在以经济利益为目的的交换活动，但这却并不是文化的主要存在方式。也就是说，文化是以一种自主的状态在生产，并不过多地收到经济他律性的制约。与之相适应的，文化消费自然也偏离于经济活动，与产业则更不相关。然而，随着历史进程的发展，文化与经济的互渗和互构活动的不断增强，文化产业便作为一种文化或经济形态出现了，文化在现时就主要以产业化的方式存在。当文化生产步入以产业化为主的阶段，之前那种与经济并无太大关联的文化消费生产在此时就转向了以创造文化产业生产的对象与生产的需求阶段，在目的取向上则更偏向经济活动。换言之，文化消费相较于文化产业有着更为漫长的历史发展，文化产业是文化消费的历史进程的产物（因为文化产业是文化生产的历史产物，消费总是在生产着生产）。事实上，这种转换不仅发生在逻辑领域，在实际的生产进程中，文化消费的需求，影响着文化产业的兴起与变迁。

近代以来，由技术所驱动的生产力的大发展，使得单位时间内的生产效率飞速提升，在传统的农业和工业领域，尽管社会需求也在逐步提升，但社会劳动生产效率的进步却超越于需求之上，如此便导致了社会必要劳动时间的减少，而劳动者闲暇时间获得了相应的延长。再加上劳动者工资收入的相对提升，于是劳动者对自身生存需要之外的满足其全面发展的精神内容的需求增强。而文化生产也正是在这一需求的激发之下得以顺利实现产业化。从文化产业的变迁上看，当代内容文化产业的出场，就与整体的经济、技术、文化氛围所塑造的文化消费需求密切相关。消费者在数字信息时代的日常生产生活已经与信息不可分割，此时谁能提供较好的信息产品，满足消费者的需求，谁便会赢得发展，取得胜利。在数字信息时代，任何消费者都可能是间接的生产者，消费者的消费和生产的双重身份已经由文化产业初期的非常态转换为常态。当代的消费者在自身的文化需求得以满足后，又会以此为基础利用信息技术将自身的所得投入到文化生产之中，不仅文化产业的生产者范围得以扩大，由于任何生产者同时又是消费者，生产者再生产文化消费需求的可能性也极大提升。

因此，无论从理论逻辑转换上看，还是从其事实作用上看，文化消费都是实现文化产业的必要条件。

从现实的产业效应上看，文化消费之于文化产业的效应表征为需求拉动效应、产业转换升级效应及产业模式型构效应，是反映文化产业乃至社会经济发展水平的重要标志。

以整个经济发展的规律来看，生产的基础性作用尽管不可动摇，但消费的刺激与引导功能却起着动力作用。然而文化消费不同于一般的满足生存性的消费，它是更高层次的消费，在拉动需求方面有其独特的作用。尽管文化的概念尚无定论，但文化必然是既依托于具体实体又包含着符号意义的，因此当文化步入消费阶段，我们对文化的消费就势必包含着诸多类别，特别是在当今产业背景下的文化消费，其辐射范围涵盖了新闻出版、演艺娱乐、电影电视、动漫、游戏、艺术品、设计、广告、音乐、会展等诸多产业门类及文化用品、设备生产等相关联的产业。因此，文化消费水平的增强

可以带动几十个经济门类的发展。可以说，文化消费的需求拉动作用不是单方面的，而是有着多层次性与联动性，在实际的经济运行中往往表现为一种协同带动效应，其意义不仅仅在于对文化产业生产的实现与推动，对整个社会经济发展则表现出较其他需求的更强的发展驱动性。

更进一步看，文化消费的经济驱动性又有着一种前倾态势，即当代社会对文化产品的需求总是倾向于其符号体验型，而这种体验型的经济的重要特征又是短暂的、即时的，因为消费者的文化消费欲望是瞬息万变、无法获取最终满足的，因此这就对文化产业自身构筑了一种无形的驱动力量，文化产业只有以此为导向不断实现结构升级、创新产品及发展模式，才能获得可持续性的发展。这实际上，暗含着一个最基本的逻辑：即以内容的创意性来推动注意力经济的发展。谁都无法否认，当代文化产业的首要特征就是依赖文化创意，谁能不断保持自身的创新升级，谁就能无限的拥有广大的消费群体，从而站在发展的前沿。而这一效果的实现，关键还是在于以消费者为出发点，最大限度地获取注意力价值。因为，注意力就是财富。戈德哈伯说："获得注意力就是获得一种持久的财富。在新经济下，这种形式的财富使你在获取任何东西时都能处于优先的位置。财富能够延续，有时还能累加，这就是我们所谓的财产。因此，在新经济下，注意力本身就是财富。"[2]反过来，建基于注意力之上的文化消费，正是驱动产业革新升级，使从业者获取财富的动因。

文化消费的驱动升级效应从另一个角度审视，又是对产业模式的型构。这里产业模式当包含两个层面，一是整体运作模式，二是具体的产业链模式。按照经济学逻辑，任何产业形态的建立必须要建立在消费具体的市场基础之上，消费市场以何种态势、何种

2 转引自金元浦：《文化创意产业概论》，高等教育出版社2010年版，第22页。

规模存在恰恰决定着产业的态势、规模，决定着产业自身以何种模式来建构自身在特定时期的发展。以我国文化产业的区域发展战略为例，在东西部地区、城市与农村地区、文化习俗不同的民族聚居地区，实质上有着不同的文化消费需求，因此在具体的地区文化产业会形成何种模式，消费因素在其中仍占据着重要位置。尽管文化产业自身存在着非地域性因素，文化产品更多地依靠其符号意义的传播，但不同文化地域的市场内依然具有不同性质的文化需求。因此，文化产业模式必须与之相匹配。从具体的产业链上看，由文化内涵所决定的文化消费的强大关联度，有助于具体产业链条的建立。在实际的生产环节中涵盖了创作（构思、实施、定型等）、复制（印刷、拷贝等）、发行（营销、宣传、分发等）及零售、展览、传播等整套产业链的运作。既有服务性企业，又有具体的硬件制作企业，因为无论怎样，文化产品并不仅仅是要具有意义，其必然要依托于具体的物质形式才能产出。可以认为，有何种文化消费需求，就会产生何种产业链，文化消费将带动一系列相关产业的发展，具有重要的产业模式型构效应。

应该说，当代的文化产业是文化消费历史发展的必然结果，文化消费不仅是文化产业发展的动力机制，而且在具体的实践环节中具有重要的产业效应，舍弃了文化消费，文化产业便无从实现。随着文化产业在整体经济社会中地位的提升，文化消费的具体态势已成为经济社会发展的显著标志。

目前，当扩大内需成为一国经济增长的内在需要时，我们必须更加注重发挥消费的拉动作用。在汽车、住房消费经历了几年的"井喷"之后，今后我国居民消费的持续热点在哪里？作为经济改革转型升级的产业高端形态的文化产业，应当成为进一步改革的目标产业形态。发展服务业，应该发挥文化产业的"领头羊"作用。十八大后第一个中央经济工作会议强调：要推动经济持续健康发

展，要求尊重经济规律、有质量、有效益、可持续的速度，要求在不断转变经济发展方式、不断优化经济结构中实现增长。强调要牢牢把握扩大内需这一战略基点，培育一批拉动力强的消费增长点，增强消费对经济增长的基础作用。这对整个中国文化产业的发展无疑具有重要的指导意义。扩大文化消费，增加文化消费总量，提高文化消费水平，是文化产业发展的内生动力，是当前推动文化产业发展的关键环节和重要着力点。

从宏观经济学基本分析框架来看，影响产业增长的三大因素投资、消费、产品输出在我国文化创意产业发展中发挥着重要作用。从目前现状来看，以创意地产和造城运动为主的投资驱动占据重要地位，文化旅游等遍地开花；文化产品的输出则呈现两极化状态：一方面是我国成为文化制造类商品的头号国际出口国，另一方面是我国原创文化产品占国际文化出口产品的很小份额。尤其需要看到的是，我国文化消费的低迷，是我国文化创意产业发展的瓶颈。按照"木桶理论"，一个产业的发展水平，是以最短的那块"木板"来确定的。文化消费作为我国文化产业发展的短板，制约了整个产业的可持续发展，也制约了产业链循环发展的运营机制。要使"木桶"盛水量增加，只有将短板加长。也就是说，我们必须改善供需关系，大力推动文化市场的"活跃度"，全面推动我国文化消费的发展。

消费是我国经济发展中最弱的一极。这与我国改革开放30多年来主要实行外向型经济和投资拉动战略有密切关系。我国的文化产业，与我国整体经济的发展一致，是自上而下、政府大力推动的结果。

推动我国文化消费的发展，首先要将消费者置于市场主体的位置，从市场的角度探讨消费者的文化需求，以文化消费的需求来引领文化产业的发展。但是，我国公民的文化消费的增长，与欧美等发达国家的经验有所不同。

首先，我国的文化消费市场发育迟缓是与我国经济社会发展的阶段、层次、程度和水平相关。改革开放30多年以来，我国国民经济GDP以年平均两位数的高速度发展，创造了当今世界的经济奇迹。但是国民收入的普遍增长却低于经济增长的速度。毫无疑问，收入与消费有着直接的、确定的关联效应，而文化消费总是在消费的更高阶段更高层次展开。由于长期贫困、经济落后，文化消费的经济支付能力薄弱，我国国民普遍将文化消费视为软消费，即可有可无的消费。文化消费很难形成必要消费、固定消费，更难成为充分消费。

　　根据发达国家的经验，人均GDP达到1000美元，文化产品和文化服务的消费将有一个显著提升，人均GDP达到3000美元，国民的文化产品消费将会有较大的增长，人均GDP达到5000美元以上，文化消费将有爆发式的增长。这是与欧美国家高福利、高保障、低储蓄、高消费的经济运行方式以及消费环境、消费心理、消费习惯密切相关。我国文化消费，在人均GDP达到1000美元时，几乎没有显现出文化消费的增长，在人均GDP达到3000美元时，我国消费者的文化产品消费也没有发生显著增长，更没有爆发式的增长。我国人均图书消费20年没有大幅度增长，图书出版业的重要支撑是各级教材特别是中小学教材及其辅导书，包括学龄前儿童的学习用书。这从一个侧面反映了我国国民文化消费的尴尬局面。

二、西方国家的文化消费状况

　　那么，世界其他国家的文化消费怎样呢？

　　《2013国际统计年鉴》的"居民消费支出构成"提供了世界一些主要国家居民的消费状况，其中发达国家的休闲与文化消费大致占整个消费的10%左右，是除了住房水电之外最大的支出。

表1 世界其他国家休闲与文化消费支出占比（百分比）

国家和地区	Country or Area	年份 Year	休闲与文化 Recreation and Culture
澳大利亚	Australia	2010	10.74
奥地利	Austria	2010	10.68
比利时	Belgium	2011	9.01
加拿大	Canada	2010	9.85
捷克	Czech Rep.	2011	9.77
丹麦	Denmark	2011	10.94
芬兰	Finland	2011	11.30
法国	France	2011	8.37
德国	Germany	2011	8.94
希腊	Greece	2011	5.63
匈牙利	Hungary	2011	7.49
冰岛	Iceland	2011	10.61
爱尔兰	Ireland	2010	6.86
意大利	Italy	2011	7.27
日本	Japan	2010	10.37
韩国	Korea, Rep.	2011	7.79
卢森堡	Luxemburg	2011	6.86
墨西哥	Mexico	2010	4.97
荷兰	Netherlands	2011	10.02
挪威	Norway	2010	12.58
波兰	Poland	2010	7.76
葡萄牙	Portugal	2011	7.19
斯洛伐克	Slovakia	2011	9.50
西班牙	Spain	2011	8.07
瑞典	Sweden	2011	11.07
瑞士	Switzerland	2010	8.38
英国	United Kingdom	2011	10.76
美国	United States	2011	9.23
爱沙尼亚	Estonia	2011	6.37
以色列	Israel	2010	7.77
斯洛文尼亚	Slovenia	2011	8.70

欧盟在文化经济的统计中，可以看出国民参与文化活动的情形。参观历史遗迹（宫殿、城堡、教堂、花园）占比最多，看电影的消费最普遍，其中体力劳动者参与最多。欧盟各国参观博物馆、画廊、去音乐会、去公共图书馆、去剧院的比例都在三、四成。

表2 欧盟27国文化活动参与情况，2007年（百分比）

	全部	女性	体力劳动者	退休人群
参观历史遗迹（宫殿、城堡、教堂、花园等）	54	53	53	42
去看电影	51	50	57	20
参观博物馆或画廊	41	41	35	31
去音乐会	37	36	35	25
去公共图书馆	35	37	28	23
去剧院	32	34	24	25
看芭蕾和舞蹈表演或歌剧	18	19	13	15

资料来源：欧洲统计局（2007）。

不同国家的统计机构采用不同的分类方法来统计文化消费状况。美国的文化消费不仅包括软件，也包括一些硬件，如收音机与音响设备，不仅包括有形文化产品，也包括无形的文化服务。美国的娱乐消费远高于我国国民的文化娱乐消费。

表3 美国平均消费支出，2004年（美元）

活动项目	支出
全部娱乐消费	2, 218
电影、戏剧、歌剧、芭蕾舞剧入场费	92
视频游戏硬件与软件	18
录影带和碟片	43
收音机与音响设备	135
全部阅读消费	130
图书	50
报刊订阅	42
杂志订阅	15

资料来源：美国劳工部，劳工统计局，消费支出调查：娱乐类选摘。

表4 美国国内生产总值和文化产品与服务消费
支出的百分比，2001—2005年

活动类型	百分比（%）
国内生产总值	11.7
个人消费支出	13.5
娱乐消费支出	31.1
表演艺术活动入场费	1.9
电影入场费	-6.9
书籍与地图	19.6
杂志、报纸和活页乐谱	14.0
音视频产品	52.1
商业文娱活动	21.6

资料来源：美国商务部，经济分析局。

表5 澳大利亚平均每周文化产品与服务家庭
消费支出，2003/2004年度（澳元）

活动类型	百分比（%）
文学	8.43
音乐	1.65
表演艺术	1.59
视觉艺术与工艺产品	1.66
广播、电子媒介和电影	7.87
其他艺术	1.86
文化遗产	0.39
其他文化	12.94
总计	36.40

资料来源：澳大利亚统计局（2008）。

表6 爱尔兰的艺术活动出席情况，2006年（参与人口的比例）

活动类型	百分比（%）
主流电影	57
戏剧	30
摇滚或流行音乐	28

活动类型	百分比（%）
露天街头剧院/公开展示	19
传统爱尔兰或民间音乐	19
单口喜剧	18
音乐剧	17
杂耍表演/哑剧	16
艺术展览	15
马戏	13
乡村与西部音乐	10
传统/民间舞蹈	8
爵士乐/布鲁斯	7
古典音乐会或独奏会	7
艺术电影	5
世界音乐	5
读物	5
歌剧	4
现代舞	3
芭蕾	2
其他现场音乐演出	17
其他舞蹈表演	7

资料来源：欧洲理事会/欧洲艺术文化政策比较研究协会（2008）：爱尔兰。

对这些项目2001年至2005年的消费趋势的分析显示，欧洲文化产品与服务的消费支出数据涵盖的项目几乎差不多，但不完全一样，他们是用欧元和PPS，即能反映欧共体内部不同水平的GDP和价格的购买力标准来表述的。[3]

2003/2004年度澳大利亚家庭总支出的4%花费在文化产品与服务上。[4]表5显示了澳大利亚人每周在艺术与文化方面的支出；和美国的数据一样，它们也包括了诸如乐器和电视机等项目。

从总体看，西方各国的文化消费普遍高于我国，不论是总量，

---

3 欧盟统计局（2007）。
4 澳大利亚统计局（2008）。2003/2004年度1澳元大约相当于1.3美元。

个人或家庭的平均量。从类别来看，西方发达国家国民的文化需求较为旺盛、稳定；文化消费呈现多元化特征。比如爱尔兰的文化消费，既有传统的主流电影、戏剧，也有摇滚或流行音乐与露天街头剧院/公开展示，还有两成民众喜欢传统爱尔兰的民间音乐、单口喜剧，乃至杂耍表演/哑剧。表明了不同的消费趣向和选择的多样性。

同时，我们看到，西方发达国家文化消费的市场机制较为完善，国民的文化消费习惯已经形成，消费渠道畅通；各国的文化经济的链条完整，文化消费的上下游联为一体，运行有致。

三、消费疲软——中国文化消费的基本特点及其原因

我国文化需求的满足分为两个部分，即公共服务类文化产品的提供与市场化文化产品与服务的消费。这与我国文化发展的基本分类密切相关。我国文化发展分为文化事业与文化产业，从总体看是公共文化服务体系与文化创意产业市场运营体系这两个对位性的系统建构起来的。这个构架正在初步建立中。

发展公共文化服务、构建公共文化服务体系是实施以人为本、保障公民基本文化权力，提升公民文化素养，构建和谐社会的必要形式；是适应当代世界潮流，建设现代民主国家的必由之路；是提高文化软实力实现文化大发展大繁荣的重要途径；它的主导取向是政府提供资金，以满足大多数公民的基本文化需求，提供具有普遍需求的基础文化服务。非营利、公益性是其重要特征。发展市场导向的文化创意产业则是向我国公民提供更加丰富多样的多种档次的文化商品，通过市场消费，满足不同层次公民的多样化、个性化的需求。产业在市场化的发展中不断壮大，全面提升文化自身的造血功能，并为公共文化服务体系积累资金，培育文明，开拓道路。

从经济学的角度来看，文化消费主要是在市场经济的环境中实现。文化产品的购买者——听众、访客和观众都是"消费者"，他

们购买了某件商品，如音乐会的门票、出外旅游观光，或者买了图书书，都是文化消费行为。

为什么我国的文化消费一直疲软？特别是在我国国民较大幅度提升了收入水平之后，为什么仍然不能、不敢或不愿进行文化消费呢？这是因为我国国民一方面受制于长期的贫困、灾难、危机的集体记忆和对突发事件的恐惧，不敢多花钱，更不敢乱花钱，宁愿多存些钱以备不时之需。另一方面，我国国民在经济上的多重压力导致更"软"的文化消费没有提上日程。这些压力包括：

一是由于医疗保障和养老保障制度还不够完善，"一病回到解放前"，也有不少国民忧虑养老困难，必须留足资金过"奈何桥"。

二是购房压力巨大，高企的房价让人望而生畏。中国成为全世界住房相对价格最高的国家之一。为了买房，倾尽几十年积蓄，成就开发商的巨富；或者为了贷款买房，抵押后30年的生命与幸福，为银行打工，成为房奴。中国人从农耕社会走来，"居者有其屋"是最普遍最基本的诉求。这一"有"不是租有，而是拥有。与西方不同，中国人信奉"有恒产者有恒心"，要成家、立业、立人，首先要有房。而西方发达国家的房屋自有率却远低于中国很多城市。

三是家庭教育，这是另一个具有中国特色的沉重负担。血缘宗族文化的千年积淀，让中国普通百姓更看重教育，推崇教育，希望借教育改变个人身份、家庭经济与社会地位。历史上的科举制度和当今的高考制度，相对合理地拓宽了社会纵向流动的通道，打破既得利益集团的把持与固化，留给普通国民上升的机会。所以，为了家族，为了后代，中国父母愿意并舍得在教育上大幅投资，愿意节衣缩食，倾尽全力，为孩子谋一个光明的前途，无论如何，也不能输在起跑线上。尤其是名目繁多的少儿教育、课外教育、择校就学的暗箱操作，特别是国外留学教育的无底深洞，让某些发达国家钵满盆溢，却让国内家长倾囊付出，致使自己不敢"自由"消费。文

化这种花钱的软消费，往往都在砍削之列。

另外，长期以来，由于我国市场经济发育晚，实施时间短，我国国民总是将文化看作公共"活动"，缺乏文化的市场化消费观念。特别是长期的计划经济，文化艺术的计划供应，政府埋单，公款包揽，无偿获得文化服务与文化产品成为一种惯例。没有形成整个社会的文化艺术的市场化消费习惯。比如实行了几十年的文艺调研，多年实行赠票制，各种名目的慰问演出大都由政府筹资或摊派，延续了供给制时代的文工团演出模式。普通公民没有建立起文化艺术的市场化的消费观，而把能够送票、"被送票"看成是一种特权，把通过关系搞到票看成是有办法，有"能水"。大型的、较为高端的文艺演出，甚至成为一个地区政府各机构以及个人之间的关系润滑剂和利益交换方式。这种做法蔓延到国外去，我国的歌唱家、演艺团体在国外的演出常常采用赠票方式，改变了所在国的艺术消费方式，形成的观看中国演出的"免费"习惯和"关系"模式。

同时，由于整个民族的实用主义生存观念，市场经济教会了人们以钱生钱，房产生钱、股市生钱，却普遍忽视个体审美的、艺术的、文化鉴赏的教育与涵养，号称文明古国的文化普遍水平和审美艺术教育处于较低状态。如高考指挥棒下中学教育的偏科与"消灭"副科现象，致使我国国民相应审美艺术与人文能力普遍缺乏。即使是今天普遍风行的高额儿童校外班的艺术教育，也具有很强的功利色彩（如考大学加分等）。这其实是我们与发达国家的最大差距。

把一个数千年的农业国，改变为一个现代化国家，进而成为一个后工业时代的科学发展的国家，其中的跨越之巨、跨越之难，举世罕有。

四、推动一个新的文化消费时代来临

从宏观上看，我国文化产业、文化经济、创意产业的发展与西方发达国家不同。这种不同在于，西方发达国家发展文化产业是自下而上的，即由市场需求推动的；而中国文化产业是自上而下的。是通过前瞻性规划在全国全面推动的。

西方发达国家文化产业、文化经济、创意经济是其全球化背景下市场推动的，是市场导向，需求导向的，是消费引领的，是消费者长期形成并不断创新的文化需求推动的，比如影响全球的欧美大众流行文化，美国的电影市场、欧洲的戏剧市场，日本的动漫市场，韩国的游戏娱乐市场，都是首先是社会产生了需求，需求推动消费，消费拉动市场，市场引发产业的兴旺，并激发创意的风起。

作为赶超型后发国家，中国敏锐地把握到世界文化产业、文化经济、创意产业蓬勃发展的大趋势，看到了弯道超车的重大机遇。在我国文化发展理论界的研究与呼吁下，形成了广泛的社会共识，最终在党的十六大确定了发展文化产业的大政方针。在过去的十多年中，在党和中央政府的战略决策特别是十七届六中全会的大力推动下，我国文化创意产业获得了前所未有的发展。战略决策、规划布局、党政督办、政策引导、财政鼓励是这一阶段的主要举措，政绩冲动，匆忙上马，贪大求速，短期效应，往往是不少地区文化产业发展的基本态势，地产为本，大项目牵头、政商协作，各得其所，是一些地方推动文化产业发展的基本方式。

然而这一方式，没有考虑或设计文化产业发展链条的根本一环——文化的市场的消费。文化产业的发展往往是城市主官选择与拍板的结果，偏于贪大求奇，偏爱面子工程，却很少考虑从市场效应，消费者需求出发。在文化创意（原创）——内容生产（生产商、产品供应商）——渠道传播（传播企业、传播方式）——贸易营销（营销企业、营销途径）——消费体验（消费者）的产业链中，如何实现产业链的最终闭合，形成良性循环，取决于消费。没有人消费，没有人埋单，所有此前各个环节的努力都没有意义。比

如我国许多地方建成的"古城""古迹"、西游城、孙悟空故里等，建成之日便成"鬼城""鬼景"。只有在市场化前提下，消费者掏出真金白银，才能使文化产品真正成为商品进入文化市场的循环之中，才能激发创意，促进产业发展。

但是，提振我国的文化消费却是十分艰难的。

从消费者个体需要来看，在我国广大地区，特别是中低收入地区，文化消费被广泛认为是可有可无的软需求。改革开放之前长期的经济发展滞后，物质缺乏，吃穿用住的基本需求得不到满足，恩格尔系数高达70%-80%，导致人们尤其是大部分"40后"到"60前"人群往往留有深重的灾难记忆，舍不得花钱，更愿意储蓄，以备各种突发危机之需。所以，这部分人群往往缺乏文化消费意愿，由于教育程度与审美、艺术修养的缺乏，也没有建立起牢固的文化消费习惯。

同时，过去长期形成的计划经济体制，形成了文化需求可以免费获得的集体共识，长期的计划经济和宣传方式产生了强大的滞后影响。人们觉得观看艺术表演、收看电视等，都应该是免费的。

然而，在逐步解决医疗、养老、住房等事关基本需要的保障后，我国国民文化消费的意识、习惯和能力将会大幅提升。只要中国经济继续平稳发展，我国未来3-5年文化消费的较大增长甚至"爆发式"增长也是可以预期的。

五、消费券，促进文化消费的一种途径

消费源于需求。有消费意愿，却可能受制于收入等制约，无法实现；有潜在消费意愿和能力，却可能由于鉴赏能力和趣味等，尚未得到开发、培育与激励。

所以，在我国目前文化消费还处于低迷的状况下，加强文化与审美教育，提升全民族的文化与审美素养，涵养文化消费市场，培

育一大批文化消费者，发放文化消费激励券（卡）是一种可以尝试的途径。

对此发达国家对此已有多年实践，已积累了不少经验。英国文化经济学的领跑者鲍莫尔和鲍恩就曾提议采用文化抵用券来培育公民文化消费习惯。而英国、荷兰等发达国家也实施过通过发放消费券促进文化消费的实践。

对消费券作出深入研究并实施的是艾伦·皮科克教授，英国经济学家，专攻福利经济学和公共选择理论。曾任BBC资助委员会主席、苏格兰艺术委员会（英国艺术委员会的成员之一）主席，并因为这一领域的杰出贡献在1987年被英国女王授予爵士爵位。他1993年出版的书《自食其果》（ *Paying the Piper* ）对经济与给艺术机构发放补贴的复杂性之间张力提供了一个独特的视角。

早在1969年皮科克教授就已经讨论过艺术抵用券的使用，作为解决贫苦消费者获得艺术教育的途径。抵用券的经济依据是，在不改变资源分配的情况下，获得重新分配消费力的机会，就如把补贴直接给生产商一样。作为补贴分发方式的抵用券对"古典自由主义者"如皮科克来说有几个优点：尤其是抵用券把决定享用什么艺术的权利留在消费者手中而不是那些"家长式文化垄断机构"的手中（如艺术委员会），部分地解决了长期以来困扰人们的艺术补贴问题，即那些高雅文化艺术吸引了生活更富裕的消费者，他们从税收转移中比那些相对贫穷的纳税人获得了更多的利益。除此以外，艺术机构也不必为了有资格获得拨款而取悦资助机构，因为抵用券让它们可以对消费者索取商业价格；可以使用消费券的艺术机构从发放部门兑现消费券的价值，因而获得补贴。结果是只要艺术机构的产品能够吸引消费者就能生存下去。抵用券计划可以限制在具有资质的艺术机构里，证书是帮助消费者识别的标志。抵用券的发放可以限定一个目标群体，比如年轻人或老年人。在荷兰就是通过学校

向学生发放的。

发放文化消费激励卡，有其积极意义，特别是对于我国文化消费长期疲弱更有必要性。

发放文化消费激励卡，一是可以涵养和培育文化消费市场，建立正常的可持续的文化消费秩序和消费形态；二是面向中低收入人群，鼓励和支持那些支付能力差的群体，包括妇女，让他们获得更多文化消费的机会，体现社会公平；三是培育和提升全民族的文化艺术鉴赏能力，培育懂得欣赏音乐美的耳朵，培育能够欣赏形式美的眼睛，培育能够参与文化艺术创造的一代新人。面向儿童和青少年发放，让他们走进音乐厅，国家大剧院，走进科技馆，艺术馆，走进画廊，购买书籍、观看电影、电视、动漫，培育文化想飞的意愿、习惯，建立畅通的消费渠道。但是，发放文化消费激励卡是否会加剧非市场文化消费因素？对于文化产业的健康发展是否大有助益？在历史上，西方国家实行中也是争议不断。

如何解决这一悖论？北京在全国率先进行了尝试。

北京文资委按照计划向市民发放100万张"文化惠民卡"（简称"文惠卡"），完成1000家商户加盟；在三年内发放300万张，实现3000家商户加盟。今后北京地区消费者持文惠卡可在电影剧院、书店、图书馆、博物馆、文化景点、教育培训、电子商务等多类文化消费场所使用，并可享受特定折扣，获得相应数额的积分。积分累积到一定额度可兑换礼品，还可参加月度、季度和年度抽奖。消费者可通过文惠卡网站、手机客户端、微信平台来申领文惠卡，也可就近到办卡点直接申领。

这一措施希望通过为企业搭建更宽广的销售平台来惠民。问题是参与文惠卡的企业都必须打折，这一要求是被迫的，还是自愿的，如果是被迫的，谁有这样的权力？这一平台的广告相应和经济相应如何实现？如果是自愿的，那加盟后的必须打的最低折扣是多少？如果折扣很大，厂家达不到效益，如果折扣很小，消费者是否买账，因而能否达到惠民的最初目的？

可见，消费券的发放必须根据实际情况，根据文化艺术消费状况，选择合适的阶段，不同的激励内容和不同的方式。我们还是期待北京的尝试结出丰硕的成果。

第二节 北京文化消费的现状、问题与发展趋势

一、北京文化消费现状分析

（一）城镇居民家庭文化消费水平提高

据北京市城镇住户调查资料显示：2012年，居民家庭人均消费支出为24046元，比2010年增长20.6%，近三年平均每年递增6.9%。文化消费支出为3696元，比2010年的2902元，增长21.5%，比消费性支出增幅增加了0.9个百分点。其中，文化娱乐用品支出824元，比2010年降低1.08%；文化娱乐服务支出1658元，增长59.42%，平均每年递增19.8%；教育支出为1214元，增长17.98%。

表7 文化消费支出增长情况

指标名称	2010年（元）	2011年（元）	2012年（元）
人均消费支出	19934	21984	24046
其中：文化消费支出	2902	3307	3696
文化娱乐用品	833	875	824
文化娱乐服务	1040	1261	1658
教育	1029	1171	1214

数据来源：《北京市统计年鉴》

居民文化消费支出占消费支出的比重也逐年上升，由2010年的14.55%提高到2012年的15.37%，人均消费支出和文化消费支出增长情况见图1。

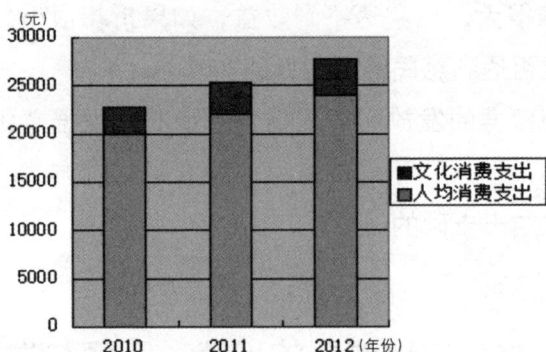

図1 人均消費支出和文化消費支出增长情况

（二）教育支出占文化消费支出的比重最大

北京城市居民家庭在文化消费方面，往往把子女教育和自身素质的提高放在第一位，因而教育消费支出增长迅速。2011年，教育消费支出占文化消费支出的比重达到了35%。从表8可以看出，不论是低收入户还是高收入户在教育费用的支出上都占据了最重要的比重，其次在培训班的支出上，培训费是北京市居民消费支出的第二项较大支出。

表8 不同收入家庭教育费用支出明细　　　　单位：元

项目	全市平均	低收入户（20%）	中低收入户（20%）	中收入户（20%）	中高收入户（20%）	高收入户（20%）
教育	1171	660	1215	1079	1154	1717
教材	39	34	44	32	45	40
教育费用	1132	626	1171	1047	1109	1677
非义务教育学杂费	149	150	167	147	121	162
义务教育学杂费	13	13	17	10	10	16
成人教育费	160	65	181	116	171	258
家教费	96	28	130	104	98	116
培训班	451	211	440	372	493	722
学校住宿费	15	16	18	11	12	17

数据来源：《北京市统计年鉴》

（三）文化娱乐用品支出下降

进入21世纪，北京市居民家庭人均文化娱乐用品支出迅速增长。2002年，人均支出为525.2元，比1997年增长74%。以家用电脑、摄像机、彩色电视机等为代表的高档文化娱乐用品拥有量继续增长。调查资料显示，至2002年末，居民家庭平均每百户拥有摄像机9.3架，家用电脑55.5台，钢琴3.2架，组合音响34.9套，影碟机52.3台，照相机99.6架，彩色电视机148.4台，中高档乐器13.0件，录放像机49.4台。由于文化娱乐用品的使用年限相对较长，因此，随着高科技产品的更新换代速度加快以及新的替代衍生品的出现，文化娱乐用品支出呈现下降趋势。

表9 2007—2011年人均文化娱乐消费支出额和所占比重

年份	人均文化、娱乐、教育支出（元）	文化娱乐用品		文化娱乐服务		教育	
2007	2384	789	33.10%	718	30.12%	877	36.79%
2008	2383	800	33.57%	774	32.48%	809	33.95%
2009	2655	821	30.92%	909	34.24%	925	34.84%
2010	2902	833	28.70%	1040	35.84%	1029	35.46%
2011	3307	875	26.46%	1261	38.13%	1171	35.41%

数据来源：《北京统计年鉴》

从上表可以看出，文化娱乐用品支出仍然占据着文化消费支出的较大比重，但是比重越来越低，文化娱乐用品支出称逐渐下降的趋势。

（四）文化娱乐服务增长夺目

由于居民收入不断增长，加上目前双休日、长假和各种休假制度的实施，使人们有了更多的空闲时间去参加各种文化体育、旅游休闲的健身活动。2012年，人均文化娱乐服务支出1658元，比2010年增长59.4%，随着北京市第三产业的不断发展以及北京市居民家庭收入的不断提高，居民用于文化娱乐服务方面的消费将会更大幅度增长。

从图2可以看出，从2007年至2011年文化娱乐服务的费用一直呈上升趋势，上升空间较大。

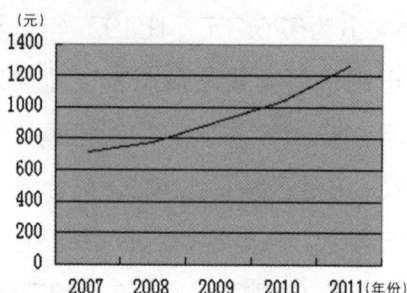

图2 2007-2011年文化娱乐服务费用支出

（五）高低收入家庭文化消费水平差异变化较大

受收入水平差异的影响，高、低收入家庭的文化消费水平差距变化显著，2012年，20%的高收入家庭和20%的低收入家庭的文化消费支出分别为5996元和2028元，分别比2011年增长56%和28.9%。高低收入家庭在文化消费方面的支出都在增加，具体资料见表10。

表10 2010—2012年北京市城镇高低收入家庭文化消费支出　　单位：元

指标名称	2010年		2011年		2012年	
	低	高	低	高	低	高
人均消费支出	11478	31085	11308	36264	14245	37935
其中：文化消费支出	1542	4652	1300	5892	2028	5996

数据来源：《北京市统计年鉴》

高、低收入组文化消费各有特点，其共同的特点是高、低收入家庭用于教育支出都投入最多。2012年，高、低收入户人均教育支出分别为1380元和1056元，分别占到文化消费的52%和23%。

表11 2012年北京市高低收入家庭文化消费支出情况 单位：元

项目	低收入户20%	高收入户20%	上年同比
教育文化娱乐服务	2028	5996	111.8
文化娱乐用品	413	1320	94.2
文化娱乐服务	559	3296	131.5
教 育	1056	1380	103.7

数据来源：《北京市统计年鉴》

二、北京市文化消费现状及趋势分析

（一）文化消费的爆发期即将到来

扩大文化消费，增加文化消费总量，提高文化消费水平，是文化产业发展的内生动力，是当前推动文化产业发展的关键环节和重要着力点。

文化消费的主内容正在变化。近年来，文化创意产业创造的一系列文化消费的新形态新目标凸显出来，如新新媒体：博客控、手机控、微博控、微信控、电商购物狂、物联网等，形成了新的消费态度和消费惯习，与传统的消费模式大相径庭。

文化消费的主力军也发生了代际转换。改变我国传统的消费/储蓄习惯是十分困难的。我国公民的文化消费是通过代际转换实现的。消费的必需性、必然性、时尚性、流行性、社会性以及品味的个人性，生活质量等已经提上议事日程。"75后""80后""90"后开始成为文化消费的主要组成部分，并将替代之前的我国老一代文化消费主体。

文化创意产业的消费与以往制造业产品和生活日用品消费有所不同。新文化需求需要涵养、激发和带动。它往往不是以销定产，而常常是以供给创新扩大文化消费，即以产创需、以创引需、以新导需，以产谋销。

（二）高学历和高收入人群对文化消费拉动大

北京市中高学历人群相对较多，这对文化消费的层次拉动较大。收入是消费的原动力，在一般情况下，居民的收入水平越高，文化消费的能力也就越强，居民的总体生活水平和消费层次越高，文化消费量也就越大。

（三）文化消费增长存在抑制影响因素

北京市在全球经济危机的大背景下就业形势依然严峻，股市走势不明朗，居民投资理财渠道偏少，居民收入快速增长的支撑点不足，居民未来收入预期不乐观。这些均会对文化消费的增长产生抑制作用。由于低收入群体经济基础薄弱，用于生活方面的支出就占到了绝大部分，文化消费中子女教育占较大的比重，其他娱乐性文化消费能力不足，在一定程度上影响了全市文化消费的整体水平。

（四）文化消费的精神需求属性明显

由于文化消费多体现为精神需求，因此与人们的价值观、审美观紧密联系，对文化消费有偏好或者兴趣浓厚的基本都会有较为强烈的文化消费意向。对于学历，一般来说受教育水平越高，对自己的生活要求相对会更高，而精神文化生活恰恰是体现个人生活品味和社会地位的重要内容。在文化消费支出中，居民消费越来越倾向于提升精神需求的文化娱乐服务消费和教育消费，居民对文化消费的需求已经不再仅仅是对低层次的享乐和舒适，精神需求层次已经慢慢上升到审美，提高欣赏品味，为精神领域寻找"食粮"的层次。

（五）文化消费政策应突出全面性和层次性

在建设宜居幸福的现代化国际城市的进程中，必须要增加文化消费总量，提高文化消费水平。文化消费受多种因素的影响，不仅需要居民的消费能力、消费意愿，还需要能满足居民消费需求的产品、设施，以及有能够让广大居民负担得起的价格等等，这些牵扯到文化消费习惯和群体的形成、文化产品与服务的有效供给等一系列问题。因此，促进文化消费的政策也应是全方位、多层次的。

三、北京市不同群体文化消费能力差异分析

（一）北京市不同区县居民文化消费能力差异分析

1. 主要文化消费支出差异情况分析

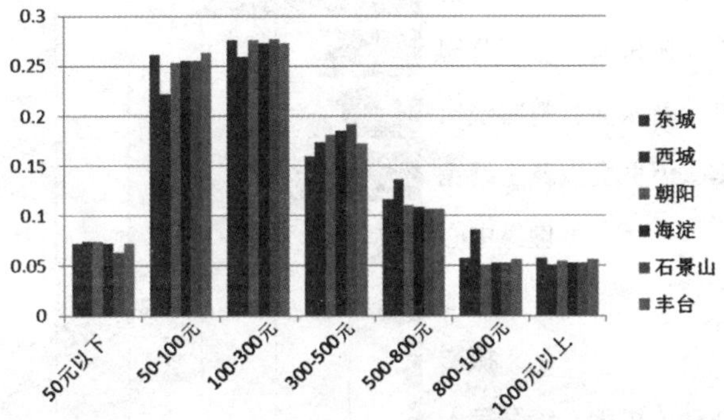

图3 北京市分区县居民每月文化相关活动的消费支出频率

从图3可以看出，北京市不同区县居民每月文化相关活动消费支出基本相似，均集中分布在50-100元和100-300元这两个区间。各区县在50元以下和1000元以上消费支出区间所占比重基本相等，分别为7%和5%。

分不同区县看，西城区居民月均文化相关活动消费支出在500-800元和800-1000元这两个较高消费支出水平中所占比重较大，明显高于其他区县居民，西城区居民月均文化消费支出为759.26元，高于第二名东城区的709.42元，朝阳区、海淀区、石景山区和丰台区月均消费支出将近700元。石景山区居民文化消费支出在300-500元区间比重相比高于其他区县。

2. 消费习惯差异情况分析

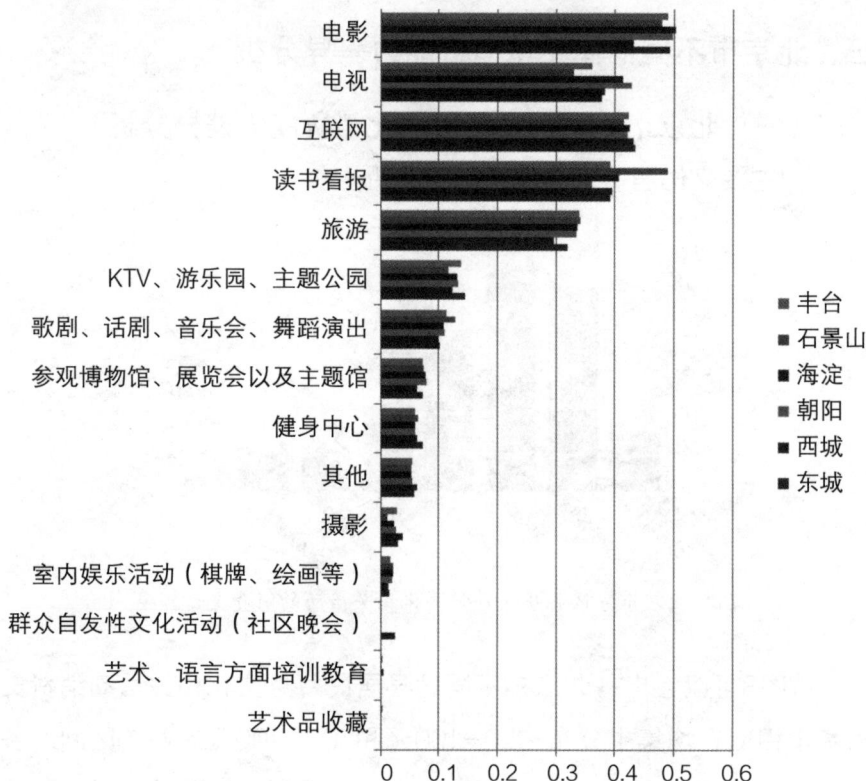

图4 北京市分区县居民经常参与的文化相关活动分布

从图4来看，北京市不同区县居民参与的文化相关活动分布差异较为明显，主要分布在电影、电视、互联网、读书看报和旅游这5个类型，但对于不同区县居民，其重要程度存在一定差异。对于艺术、语言方面培训教育、艺术品收藏方面等文化活动则几乎均没有参与。

分不同区县来看，西城区居民在电影、旅游这两个文化活动中参与比例要明显低于其他区县，而西城区居民对摄影或群众自发性文化活动（社区晚会）等则相对参与程度高于其他区县。朝阳区居民对电视的偏好相对较高，在读书看报方面要略低于其他区县。石

文化北京

景山区居民对电视的偏好要低于其他区县，但在读书看报上要明显高于其他区县，对歌剧、话剧、音乐会、舞蹈演出也在一定程度上参与程度高于其他区县。

3. 财产性收入占比差异情况分析

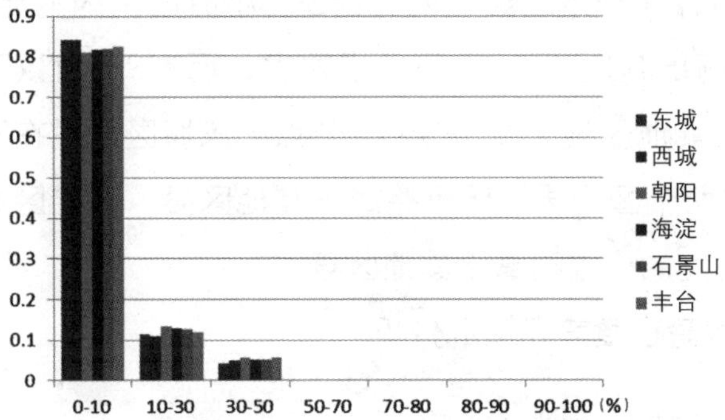

图5 北京市分区县居民财产性收入占收入总额的比重

从图5来看，北京市不同区县居民的财产性收入占收入总额的比重基本相似，各区县均有80%以上居民的财产性收入在10%以下。10%以上的居民财产性收入在10%-30%区间，5%左右的居民在30%-50%区间。

4. 可支配闲暇时间差异情况分析

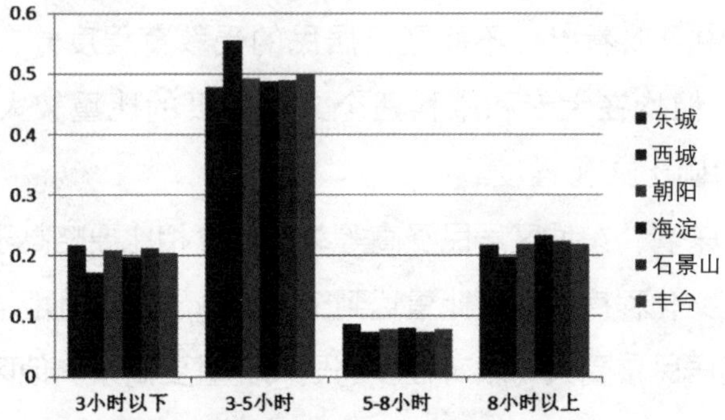

图6 北京市分区县居民每天可支配闲暇时间比重

从图6可以看出，不同区县居民每天可支配闲暇时间分布存在一

定程度的差异，但各区县居民主要闲暇时间分布仍集中于3-5小时这个区间，所占比重在50%左右。其次3小时以下和8小时以上可支配闲暇时间的不同区县居民都在20%左右。

分不同区县居民来看，西城区居民与其他区县居民可支配闲暇时间分布存在一定差异，西城区3-5小时区间内的居民比重达到55.56%，高出其他区县6个百分点左右，而在3小时以下和8小时以上，均低于其他区县居民2-3个百分点。东城区居民在3小时以下和5-8小时这两个区间居民比重略高于其他区县，海淀区居民在8小时以上闲暇时间的比重略高于其他区县。

5. 受教育程度差异情况分析

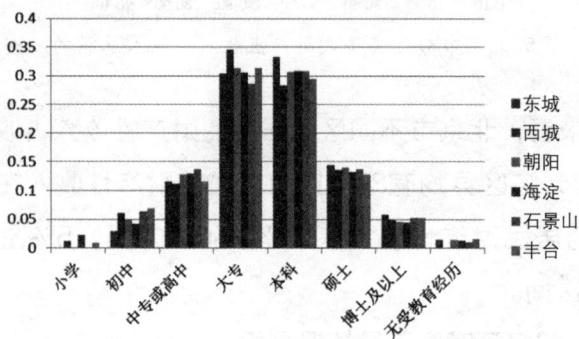

图7 北京市分区县居民文化程度分布

从图7中可以看出，不同区县居民的受教育程度分布存在一定幅度的差异，但均在大专和本科两个文化程度的比重较大，其次为中专或高中和硕士文化程度。

分区县来看，东城区居民受高等教育程度相比要略高于其他区县，其本科以上文化程度的居民比重达到53.62%，高出其他区县3-6个百分点。西城区居民接受大专教育程度的居民比重要高于其他区县，相比之下，接受本科教育程度的要略低于其他区县。石景山区和丰台区居民中接受高中或中专教育水平以下的居民比重略高于其他区县。

（二）北京市城乡居民文化消费能力差异分析

1. 主要文化消费支出差异情况分析

北京市城乡居民文化消费支出差异明显，城镇居民每月人均文化消费支出338.9元，农村居民每月人均文化消费支出365.4元，农村居民的人均文化消费支出高于城镇居民，这是北京市居民文化消费的一个特殊之处。从图8可以看出，文化消费支出在50元至500元之间的城镇居民人数高于乡村居民。主要集中在50-100元和100-300元两个区间，该区间的消费群体所占比重之和超过全部消费群体的一半。但是在500元以上的文化消费支出人数上，城镇居民消费频率低于农村居民。见图8。

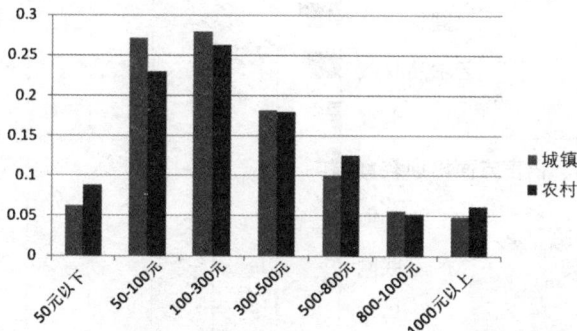

图8 北京市分城乡每月文化相关活动的消费支出频率

城乡居民文化消费支出主要集中在50元至500元的区间，一方面可以看出北京市城乡居民的文化消费支出差距较小，同时伴随着新生代群体以及医保等政策的实施，农村居民的文化消费水平提升较大，另一方面可以看到北京市城乡居民文化消费支出水平偏低，每月人均1000元以上的城镇居民文化消费支出人数仅占调查人数的4.9%，而同样的农村居民文化消费支出1000元以上的占调查人数的6.2%，城乡居民的文化消费潜力远未释放。

2. 消费习惯差异情况分析

消费习惯是消费主体在长期消费实践中形成的对一定消费事物具有稳定性偏好的心理表现，是人们在长期的生活中慢慢积累而成

的，反过来它又对人们的购买行为有着重要的影响。图9是北京市城乡居民主要的文化消费活动对比情况。

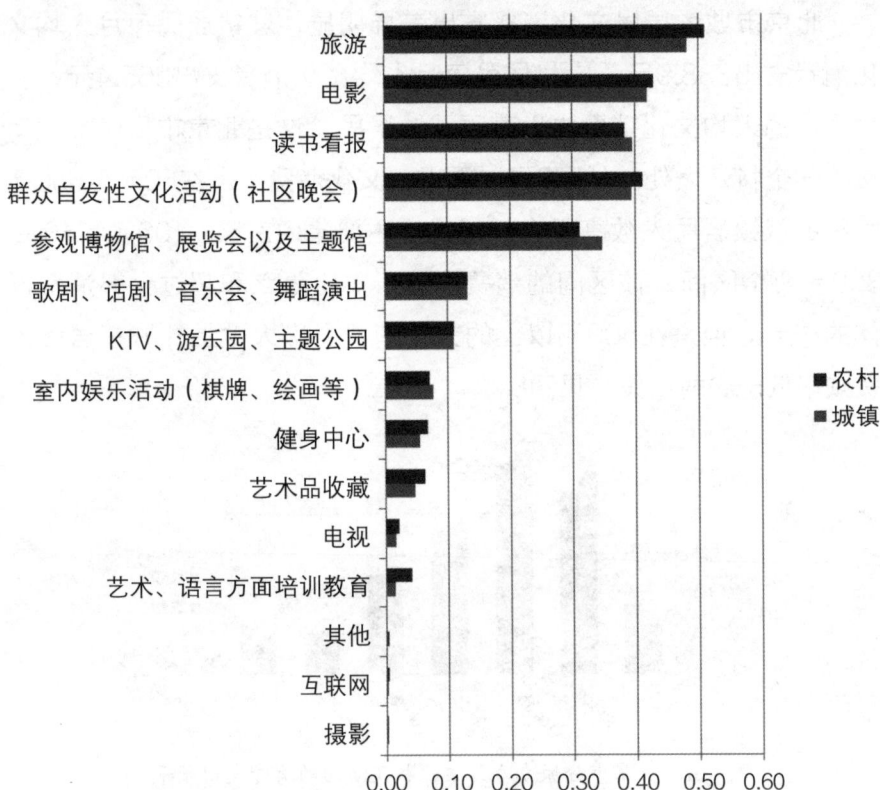

图9 北京市分性别经常参与的文化相关活动分布

　　从图9可以看出，北京市城乡居民参与的文化消费活动分布较为类似，城乡居民经常参与的文化消费活动主要是旅游、电影、读书看报、群众自发性文化活动和参观各种展馆，城镇居民在这五项活动上的消费频率分别是48.18%、41.88%、39.64%、39.42%和34.72%，农村居民消费频率与之相似，但是在旅游消费上农村居民消费频率高于城镇居民3个百分点，在参观各种展馆消费上城镇居民高于农村居民3个百分点左右，这主要与农村居民居住的地理位置远离城区以及北京市的基础设施布置集中在城区有关。

　　农村居民在艺术品收藏和艺术、语言方面培训教育的消费频率均高于城镇居民，分别高出1.5和3个百分点，这与农村居民的收入增长和消费素养的提高有着较大的关系，农村居民越来越重视精神领域的消费，注重生活品质和自我修养的提升，这对于北京市的整体文化消费能力是一个较大的推动。

3. 财产性收入占比差异情况分析

十七大报告首次提出"创造条件让更多群众拥有财产性收入"。财产性收入占国民可支配收入的比例，是衡量一个国家公民富裕程度的重要标准。财产性收入一般是指家庭拥有的动产如银行存款、有价证券等和不动产如房屋、车辆、土地、收藏品等所获得的收入，这些是居民收入中变动较大的一部分，这一收入的大幅度增长对于居民消费能力的提升有着较大的推动作用。

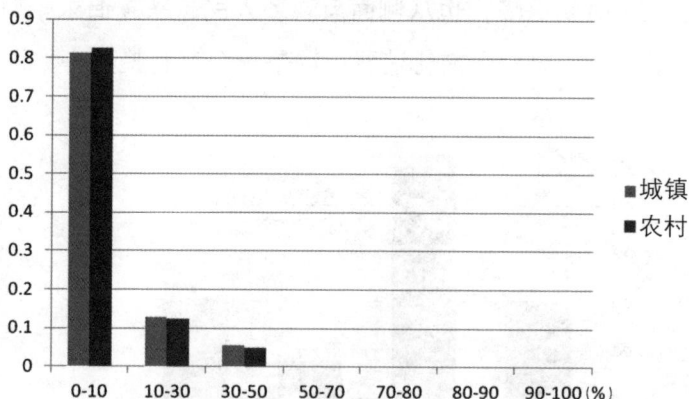

图10 北京市分城乡财产性收入占收入总额的比重

从图10可以看出，北京市城乡居民财产性收入占收入总额的比例情况主要集中在0－10%区间，城镇居民人均财产性收入占收入总额的比例为8.27%，农村居民为8%，城乡居民财产性收入占比差异不明显，但是也应看到北京市城乡居民总收入之间的差距，这影响到财产性收入的绝对值大小。城镇居民的财产性收入主要来源于股息红利以及房屋租赁，农村居民财产性收入主要来源于房屋租金和土地资源要素的流转效益，但目前城乡居民并没有拥有较高比例的财产性收入，城镇居民财产收入比例在30%至50%之间仅有5.7%，农村5%，财产性收入占总收入的比例主要集中在0至10%，这一比例达到了80%。因此通过拓宽投资渠道，居民的财产性收入会成为今后几年城乡居民收入的增长亮点。从各方面积极"创造条件"逐步变"少数人拥有"为让"更多人拥有"，达到居民消费能力稳步提升的目的。

4. 可支配闲暇时间差异情况分析

从图11可以看出，城乡居民每天可支配闲暇时间较为相似，将近50%的城乡居民每天可支配闲暇时间为3-5小时，其次3小时以下和8小时以上可支配闲暇时间的城乡居民都在20%左右，可支配闲暇时间所占比重最小的是5-8个小时的，所占比重不到10%。可以看出，城乡居民可支配闲暇时间是相对较为充分的，拥有3小时以上的闲暇时间的城乡居民所占比重均达到了80%左右。相对充分的闲暇时间为文化消费提供了时间保障，也从侧面反映了人民越来越追求相对自由和放松的生活状态，这对于文化消费市场是一个有利趋势。

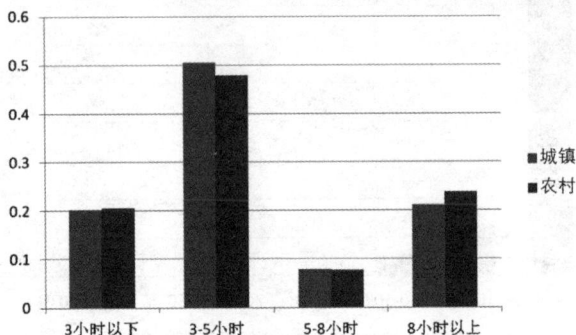

图11 北京市分城乡每天可支配闲暇时间比重

5. 受教育程度差异情况分析

从图12中可以看出，北京市城乡居民的文化程度大致呈现出以大专和本科为双中心的正态分布，大专和本科文化程度所占比重均在30%左右，其次为中专或高中和硕士文化程度的群体，所占比重均在10%-15%之间，初中和博士及以上群体所占比重将近5%，小学和无受教育经历的群体比重则在1%左右。

总体来看，北京市城乡居民的文化程度层次较高，城镇本科及以上学历的人群所占比重达到49.6%，农村居民略低，为49.1%。城镇居民在中专或高中和硕士文化程度上均高出农村居民将近3个百分点，农村居民则在大专和本科文化水平上分别高于城镇居民1.2和3.7个百分点。在本科和硕士文化程度上两者的差距较为明显。

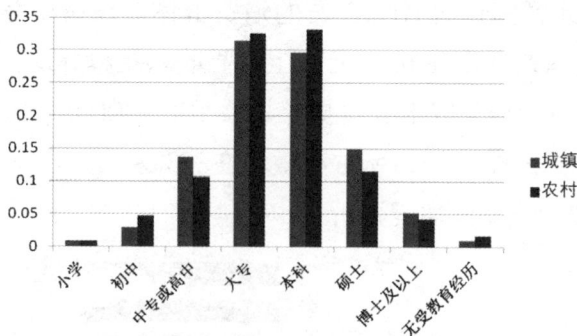

图12 北京市分城乡文化程度分布

（三）北京市高、中、低收入群体文化消费能力差异分析

1. 主要文化消费支出差异情况分析

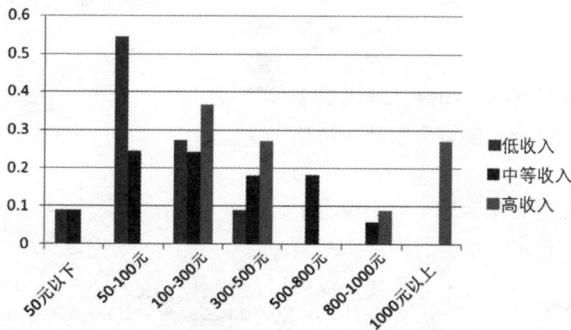

图13 北京市分收入组每月文化相关活动的消费支出频率

从图13可以看出，北京市不同收入组群体每月文化相关活动消费支出差异较大，与不同收入水平表现出一定的正向相关关系，收入越高的群体，月均文化相关活动消费支出也相对较高。低收入群体的人均文化相关活动消费支出仅为134.09元，而中等收入和高收入的消费支出则分别为313.79元和671.20元，不同收入组群体之间消费支出差距较大。

从不同收入组来看，低收入组群体的月均文化相关活动消费支出主要集中在50-100元，所占比重达到54.55%，其次100-300元区间也有27.27%的比例，没有低收入组群体月均文化相关消费支出在500元以上。中等收入群体的月均文化相关消费支出的分布在50-800元区间内的4个子区间分布较为平衡，在20%左右，50元以下和800-1000元区间也有10%左右的消费群体，没有中等收入群体月均文化相关消费支出在1000元以上。高收入组群体的月均文化消费支出区间均在100元以上，主要集中在100-300元、300-500元和1000元以上这三个区间，所占比重均在30%左右。

2. 消费习惯差异情况分析

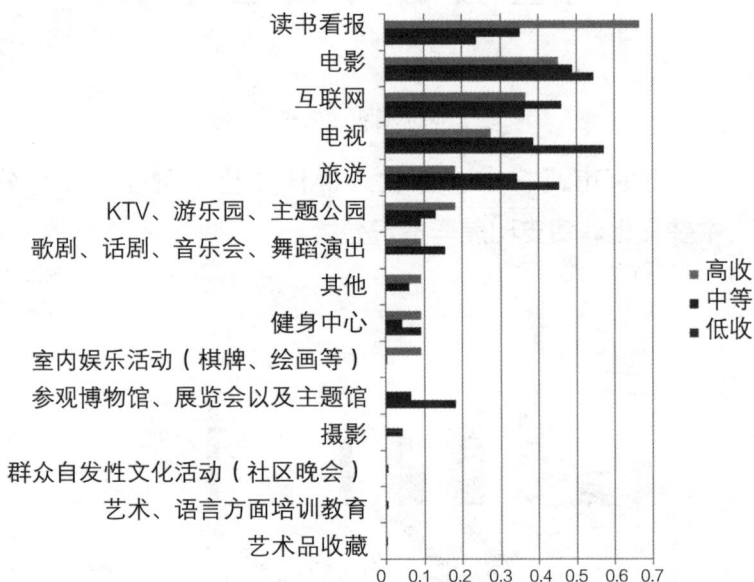

图14 北京市分收入组经常参与的文化相关活动分布

从图14来看，北京市不同收入组居民参与的文化相关活动分布差异较为明显，虽然都主要集中在电影、互联网、电视、读书看报和旅游这5个类型，但对于不同收入组群体，其重要程度存在较大差别。但对于群众自发性文化活动、艺术语言方面培训教育、艺术品收藏方面等文化活动则几乎均没有参与。

分不同收入群体，按照应答率前三的选项来排序，低收入组群体在各种文化相关活动中对电视、电影和旅游的文化活动参与度较高，中收入组群体则是电影、互联网和电视，高收入组群体则是读书看报、电影和互联网。高收入群体在读书看报这类型文化活动中的参与程度远远高于其他类型的文化活动，也远远高于中、低收入组群体对读书看报的参与程度。同时，高收入群体对KTV、游乐园、主题公园、室内娱乐活动（棋牌、绘画等）这两类娱乐活动相比中、低收入群体有较高的选择偏好。中等收入群体在互联网、歌剧、话剧、音乐会、舞蹈演出和摄影等3类文化活动中的参与程度高于高、低收入群体。低收入群体在电影、电视、旅游和参观博物馆、展览会以及主题展览馆这4类文化活动中的参与程度明显高于中、高收入组群体。

3. 财产性收入占比差异情况分析

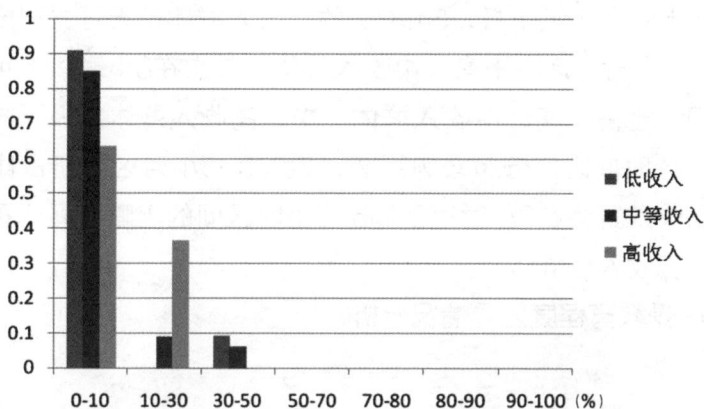

图15 北京市分收入组财产性收入占收入总额的比重

从图15来看，北京市不同收入组居民的财产性收入占收入总额的比重差异较大，但是各收入组大部分财产性收入比重均在10%以下。分收入组来看，低收入群体财产性收入比重在10%-30%区间所占比例较大，达到90.91%，远高于其他收入组群体，高收入群体在10%-30%区间的财产性收入比重较大，明显高于其他年龄组群体。

4. 可支配闲暇时间差异情况分析

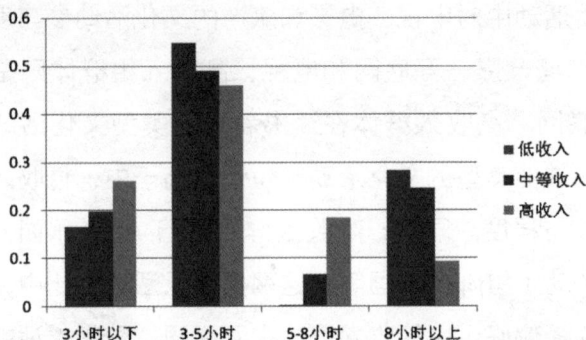

图16 北京市分收入组每天可支配闲暇时间比重

从图16可以看出，不同收入组群体每天可支配闲暇时间分布存在较大差异，但主要集中于3-5小时这个区间，所占比重在50%左右。其次3小时以下可支配闲暇时间的不同收入组群体都在20%左右。在5-8小时和8小时以上这两个区间不同收入组群体差异明显。

分不同收入组来看，54.87%的低收入群体每天可支配闲暇时间在3-5个小时，远高于高、中收入群体，其次在8小时以上可支配闲暇时间上也高于高、中收入群体。中、高收入群体每天可支配闲暇时间在各时间区间分布较为平衡，但在3-5小时区间所占比重也较大。高收入群体在3小时以下和5-8小时区间的闲暇时间比重明显高于中、低收入组群体。

5. 受教育程度差异情况分析

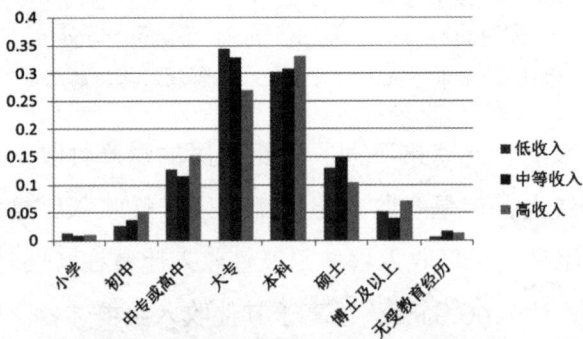

图17 北京市分收入组文化程度分布

从图17中可以看出，不同收入组群体的受教育程度分布存在一定程度的差异，但均在大专和本科两个文化程度的比重较大，其次为中专或高中和硕士文化程度。

分收入组来看，低收入群体大专文化程度最多，所占比重达到34.42%，其次为本科的30.19%。中等收入群体在大专和本科这两类文化程度中分布较为平衡，在硕士文化程度上明显高于低、高收入群体。高收入群体本科文化程度人数最多，其次为大专，所占比重分别为33.01%和26.86%。但是高收入群体的中专或高中和博士及以上的文化程度所占比重均高于中、低收入群体，表现出了高收入群体在文化水平上有较大程度的差异。

（四）北京市按年龄分组居民文化消费能力差异分析

1. 主要文化消费支出差异情况分析

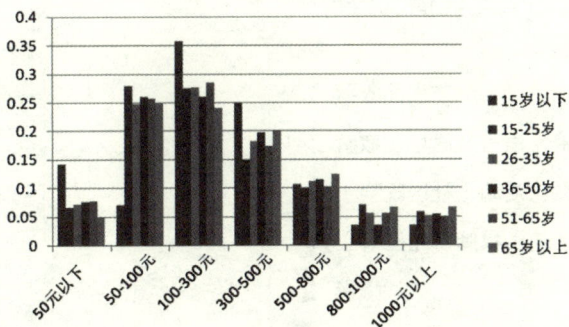

图18 北京市分年龄组每月文化相关活动的消费支出频率

从图18可以看出，北京市不同年龄组每月文化相关活动消费支出频率分布具有一定差异，但主要集中在50-100元、100-300元和300-500元这三个区间，各年龄组在该区间的消费群体所占比重之和在70%左右，其次为500-800元区间，所占比例在10%左右。消费区间在50元以下、800-1000元和1000元以上的消费人群较少，所占比例均在5%左右。

从总体均值来看，年龄在65岁以上的消费者月均文化相关活动消费支出最大，达到389.58元，而第二位15-25岁年龄组的月均支出为355.11元，低于65岁以上年龄组34.47元。26-35岁年龄组的消费群体月均支出350.34元，其余年龄组的月均支出在340元左右。

　　从不同年龄组来看，15岁以下消费者消费支出比重较大的区间集中于100-300元和300-500元这两个区间，分别达到35.71%和25.00%，远远高于其他年龄组消费者在此区间的消费支出比重。同时，15岁以下消费者在50元以下的消费比重也达到14.29%，与其他年龄组相比比重较大。15-25岁、26-35岁、36-50岁和51-65岁这四个年龄组的消费者的消费支出较为相似，主要集中于50-100元和100-300元这两个区间，所占比重之和均超过50%，加上300-500元消费区间的比重，则所占比重在70%以上。65岁以上年龄组的消费者的消费支出在50-100元、100-300元和300-500元这三个区间的分布较为平衡，所占比重之和为69.17%。

　　2. 消费习惯差异情况分析

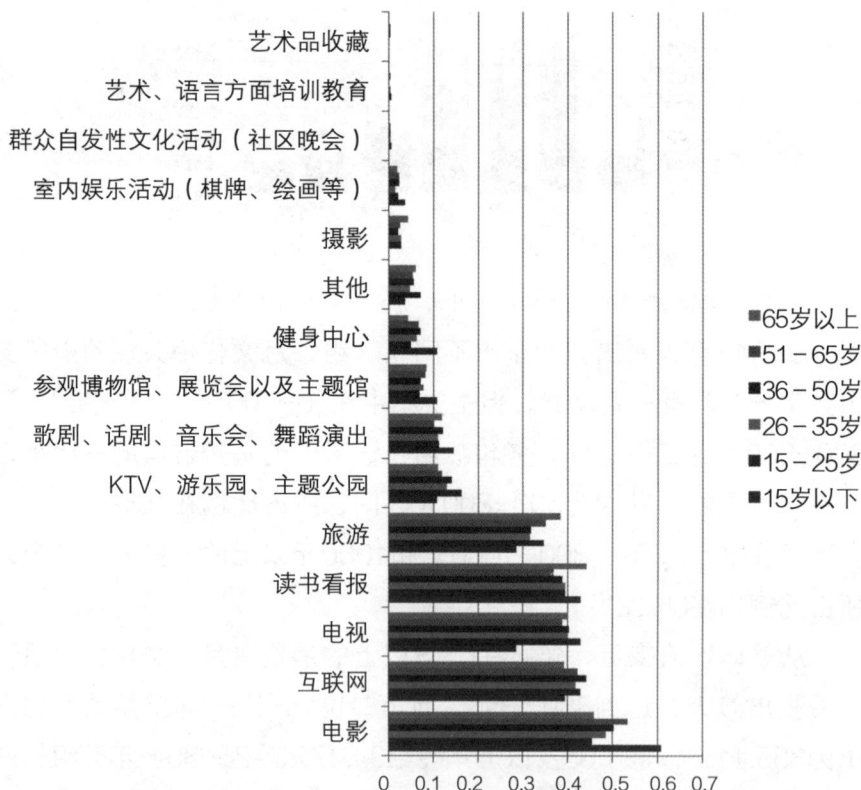

图19 北京市分年龄组经常参与的文化相关活动分布

从图19来看，北京市各年龄段居民参与的文化相关活动分布较为相似，主要集中在电影、互联网、电视、读书看报和旅游这5个类型，日常参与比重均在25%以上。其次KTV、游乐园、主题公园和歌剧、话剧、音乐会、舞蹈演出的参与比重在10%左右。对于群众自发性文化活动、艺术语言方面培训教育、艺术品收藏方面等文化活动则几乎没有。

分不同年龄组来看，15岁以下年龄组经常参与的文化活动为电影，有60.71%的居民选择了该项活动，也高于其他年龄组参与该活动的比例。在歌剧、话剧、音乐会、舞蹈演出、参观博物馆、展览会以及主题展览馆、健身中心和市内娱乐活动（棋牌、绘画等）等4类文化活动中，15岁以下年龄组所占比重也相对较大。15-25岁年龄组的群体在电视、KTV、游乐园、主题公园等2类文化活动中所占比重大于其他群体。而65岁以上年龄组的群体，参与文化活动与其他年龄组相比较为突出的是在读书看报、旅游和摄影这3类文化活动。

3. 财产性收入占比差异情况分析

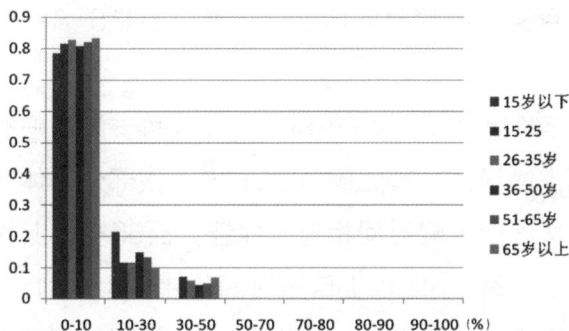

图20 北京市分年龄组财产性收入占收入总额的比重

从图20来看，北京市不同年龄组居民的财产性收入占收入总额的比重较小，80%左右的不同年龄组居民的比重在10%以下，财产性收入比重最高的区间在10%-30%，但所占比重较小。

分年龄组来看，15岁以下居民财产性收入比重在10%-30%区间所占比例较大，达到21.43%，远高于其他年龄组群体，但15岁以下年龄组群体财产性收入比重均在30%以下。15-25岁区间的居民在30%-50%区间的财产性收入比重较大，略高于其他年龄组群体，65岁以上居民则在10%-30%区间分布较其他年龄组群体多。

4. 可支配闲暇时间差异情况分析

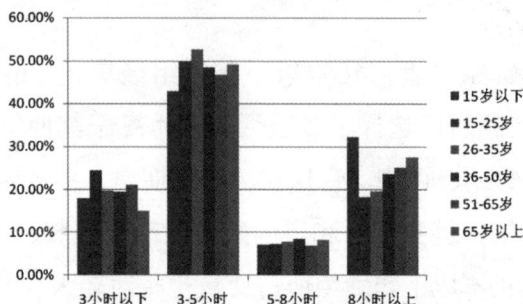

图21 北京市分年龄组每天可支配闲暇时间比重

从图21可以看出，不同年龄组居民每天可支配闲暇时间分布差异较大，但主要集中于3-5小时这个区间，所占比重在50%左右。其次3小时以下和8小时以上可支配闲暇时间的不同年龄组居民都在20%左右，可支配闲暇时间所占比重最小的是5-8小时的，所占比重不到10%。

分不同年龄组来看，有8小时以上每天可支配闲暇时间较多的人群是15岁以下的群体，其比例为32.14%，该部分群体大部分都属于学生，在放学之后闲暇时间相对有保证，而65岁以上的群体则基本属于退休职工，有8小时以上闲暇时间的比例也达到了27.50%，其他年龄组则随着年龄的增长，8小时以上的闲暇时间所占比重有一定幅度增加。15-25岁居民拥有3小时以下闲暇时间的相比多于其他年龄组，26-35岁居民则在3-5小时闲暇时间中占比相对较大。

5. 受教育程度差异情况分析

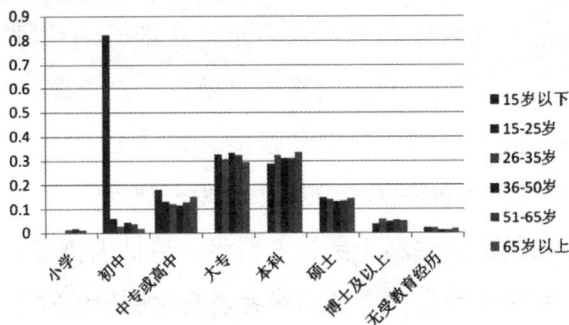

图22 北京市分年龄组文化程度分布

从图22中可以看出，15岁以下年龄组的居民受年龄所限，教育程度主要为初中。其他年龄组群体的受教育程度分布较为相似，本科以上教育程度中26-35岁和65岁以上居民同比所占比重较大，均在50%以上，其他居民群体也接近50%。

（五）北京市男性和女性文化消费能力差异分析

1. 主要文化消费支出差异情况分析

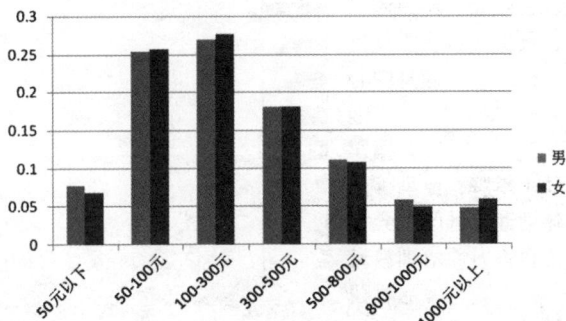

图23 北京市分性别每月文化相关活动的消费支出频率

从图23可以看出，北京市男性和女性每月文化相关活动消费支出频率分布较为相似，主要集中在50-100元和100-300元这两个区间，该区间的消费群体所占比重之和超过全部消费群体的一半，其次为300-500元区间，所占比例也达到18%左右，这三个消费区间的群体占比超过3/4。消费区间在50元以下、800-1000元和1000元以上的消费人群较少，所占比例均在5%左右。

从总体均值来看，男性消费者的月均文化相关活动消费支出为345元，略低于女性消费者的353元。从细分消费频率来看，男性和女性在100-300元区间的消费支出所占比例最高，分别为26.94%和27.65%，其次是50-100元区间，所占比例分别为25.34%和25.65%。女性消费者在50-100元、100-300元、1000元以上这三个消费区间所占的比例略高于男性消费者，男性消费者则在其他区间消费比例高于女性消费者。男性消费者消费比例最低的是1000元以上，仅有4.83%，女性消费者最低的是800-1000元区间，仅有4.98%。

2. 消费习惯差异情况分析

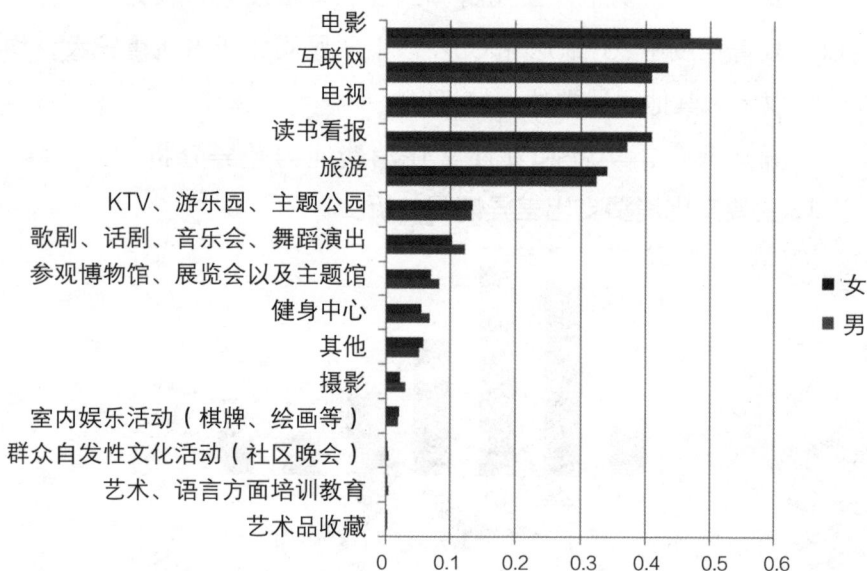

图24 北京市分性别经常参与的文化相关活动分布

从图24来看，北京市男性和女性的参与的文化相关活动分布较为相似，主要集中在电影、互联网、电视、读书看报和旅游这5个类型，主要是日常生活文化活动，该类型文化活动的设施供给较为便利，日常需求较大。对于群众自发性文化活动、艺术语言方面培训教育、艺术品收藏方面等文化活动则偏少，主要原因在于其单次消费支出较大，超出大部分消费群体的消费能力。

男性消费者经常参与的文化活动比重最大的是电影，达到51.88%，而第二名互联网为41.02%，比电影要低10.86个百分点，其次为电视、读书看报和旅游文化活动所占比重分别为40.21%、37.13%和32.44%，参与这5类文化消费活动的比例明显高于其他消费活动。其他参与度较高的还包括KTV、游乐园、主题公园和各种演出，消费频率分别为13.14和12.20%。几乎没有消费群体参与支出较大的文化活动，如艺术、语言方面培训教育和艺术品收藏等，均在0.5%以下。

女性消费者经常参与的文化活动与男性消费者较为相似，参与文化活动最多的也是电影，所占比重达到46.95%，其次为互联网、读书看报、电视、旅游，所占比重分别为43.46%、40.97%、39.98%和34.12%，参与比例远远高于其他类型的文化活动。其他文化相关活动中，仅KTV、游乐园、主题公园和各种演出这两类超过10%，分别为13.33%和10.09%。几乎没有女性消费者参与群众自发性文化活动、艺术语言方面培训教育、艺术品收藏方面等文化活动。

从男女消费者比较来看，男性消费者在健身中心、参观博物馆、展览会以及主题展览馆、歌剧、话剧、音乐会、舞蹈演出和电影等文化活动中参与程度较为明显地高于女性，而女性在读书看报、互联网和旅游等文化活动中参与程度较为明显地高于男性。在参与度较高的5类文化活动中，男性消费者仅在电影一项的参与程度明显高于女性消费者，超出4.93个百分点，在电视一项，两者较为相似，女性消费者的互联网、读书看报和旅游文化活动参与度超过男性消费者2个百分点左右。在其他参与度较低的文化活动中，男性消费者在歌剧、话剧、音乐会、舞蹈演出，参观博物馆、展览会以及主题展览馆和健身中心参与程度超过女性1个百分点以上。

3. 财产性收入占比差异情况分析

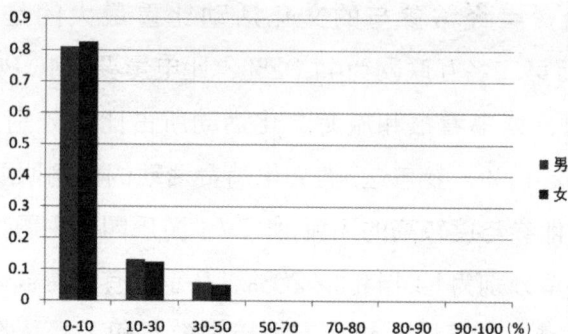

图25 北京市分性别财产性收入占收入总额的比重

从图25来看，北京市男性和女性居民的财产性收入占收入总额的比重偏低，80%以上的男女性居民的比重在10%以下，12%左右的男女性居民的财产性收入比重在10%-30%，财产性收入比重最高的区间在30%-50%，所占比重不到6%。

分性别来看，女性居民的财产性收入比重相比低于男性消费者，财产性收入比重在10%以下的女性消费者比例为82.57%，略高于男性消费者1.47个百分点，而男性消费者则在10%-30%和30%-50%这两个区间略高于女性消费者。

4. 可支配闲暇时间差异情况分析

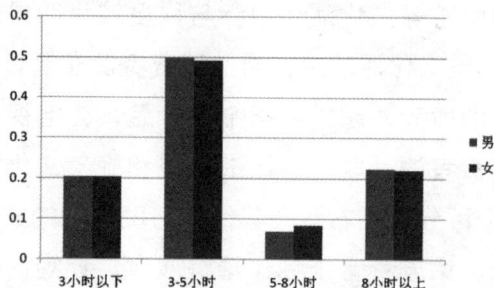

图26 北京市分性别每天可支配闲暇时间比重

从图26可以看出，男性消费者和女性消费者每天可支配闲暇时间分布较为相似，将近50%的男女消费者每天可支配闲暇时间为3-5小时，其次3小时以下和8小时以上可支配闲暇时间的男女消费者都在20%左右，可支配闲暇时间所占比重最小的是5-8个小时的，所占比重不到10%。

可以看出，男女消费者可支配闲暇时间是相对较为充分的，3小时以上的闲暇时间可以认为对文化消费具有较强的心理需求和充裕的消费时间。

5. 受教育程度差异情况分析

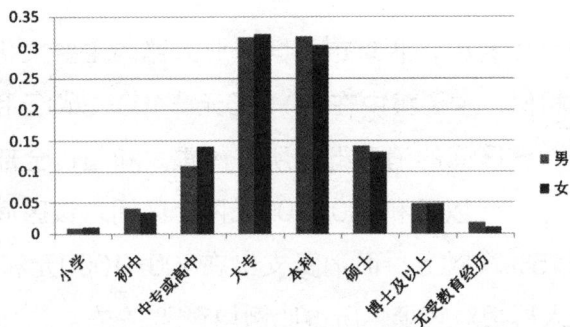

图27 北京市分性别文化程度分布

从图27中可以看出，北京市男女居民的文化程度大致呈现出以大专和本科为双中心的正态分布，大专和本科文化程度所占比重均在30%以上，其次为中专或高中和硕士文化程度的男女群体，所占比重均在10%-15%之间，初中和博士及以上群体所占比重将近5%，小学和无受教育经历的群体比重则在1%左右。

总体来看，北京市男女居民的文化程度层次较高，男性本科及以上学历的人群所占比重达到50.80%，女性居民略低，为48.44%。男性居民在本科和硕士文化程度上均高出女性1个百分点以上，女性居民则在中专或高中文化水平上高于男性3.21个百分点。

（六）北京市不同职业居民文化消费能力差异分析

1. 主要文化消费支出差异情况分析

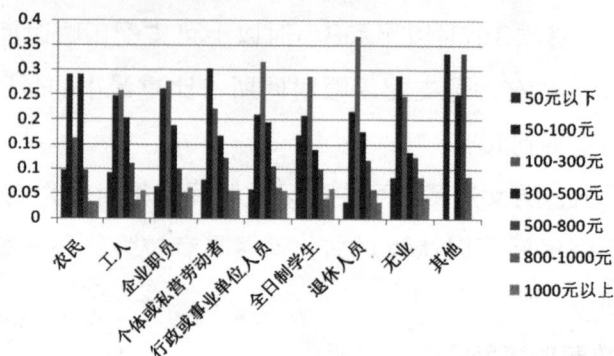

图28 北京市不同职业人群的主要文化消费支出频率

从图28可以看出，北京市不同职业人群的主要文化消费支出频率分布较为相似，主要集中在50-100元、100-300元和300-500元这三个区间，该区间的消费群体所占比重之和超过全部消费群体的60%；其次为50元以下和500-800元两个区间，该区间消费群体所占比例达到15%及以上；而消费支出在800-1000元和1000元以上区间的消费人群相对较少，所占比例均在5%左右。

从总体均值来看，不同职业群体的月均文化消费支出大都集中在310-365元之间。细分来看，行政或事业单位人员的月均文化消费支出最高，为364元；其次为企业职员和个体或私营劳动者，分别为354元和347元；无业者、工人和退休人员等群体的月均文化消费支出相差较少，均在340元左右；农民群体的消费支出最低，为313元。但总体上来看，最高支出和最低支出仅相差51元，这说明不同职业群体的月均文化消费支出基本相似。

2.消费习惯差异情况分析

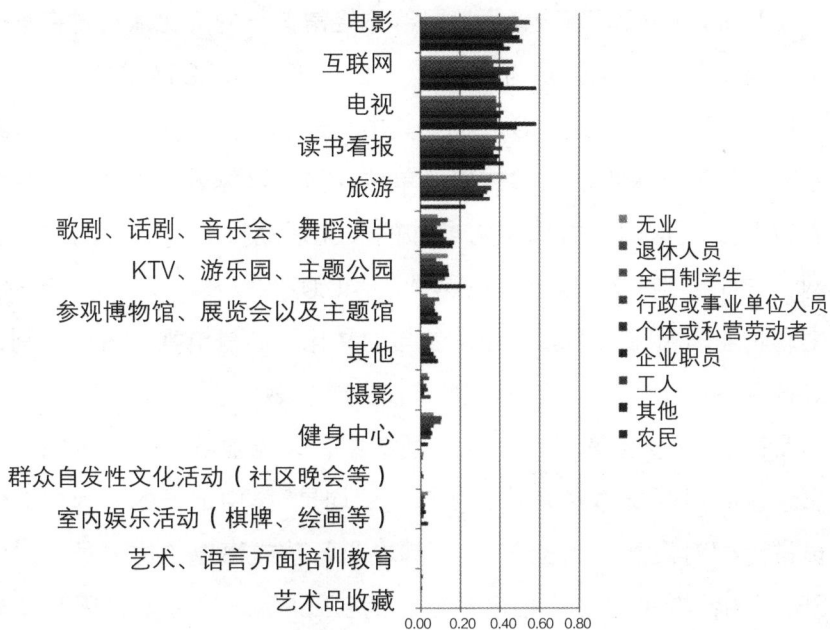

图29 北京市不同职业群体参与的文化相关活动分布

从图29来看，北京市不同职业群体所参与的文化相关活动分布较为相似，主要集中在电影、互联网、电视、读书看报和旅游这5个类型。这主要是因为，这些均是日常生活文化活动，这类文化活动的设施供给较为便利，消费者的可获取性较高，因此日常需求相对较大。而对于群众自发性文化活动、艺术和语言方面的培训教育以及艺术品收藏等方面的文化活动则偏少，主要原因在于其单词消费支出较大，超出了大部分消费群体的消费能力。

从不同职业群体的消费习惯来看，农民群体经常参与的文化活动排在第一位的是互联网，占比高达58.06%；排在第二位的是电视，占比48.39%，两者相差9.67个百分点，其余依次是电影，读书看报，旅游，KTV、游乐园、主题公园以及歌剧、话剧、音乐会、舞蹈演出，占比分别为45.16%、32.26%、22.58%、22.58%以及16.13%。而退休人员、工人、企业职员、无业者、行政或事业单位人员、全日制学生以及个体或私营劳动者等消费群体经常参与的文化活动排在第一位的均是电影，占比分别为55.00%、51.38%、49.91%、49.49%、49.41%、47.52%，以及46.13%。其中，退休人员占比最高，个体或私营劳动者占比最低。行政或事业单位人员、退休人员个体或私营劳动者以及工人这四类群体经常参加的文化活动排在第二位的均是互联网，占比分别为47.08%、46.47%、45.02%以及40.37%。全日制学生和企业职员排在第二位经常参与的文化活动是电视，占比分别为40.59%和40.29%。无业群体为旅游，占比43.30%。

　　而在上述5类经常参与的文化活动中，除无业群体外，农民、工人、企业职员等群体对旅游的参与比例均是5类中最低的，其中退休人员占比相对最高，为35.83%，其次为行政或事业单位人员，占比为35.80%，农民的占比相对最低，为22.58%。这主要是因为旅游的支出费用相对其他4类相对较高，且可获取性相对较低。

　　3. 财产性收入占比差异情况分析

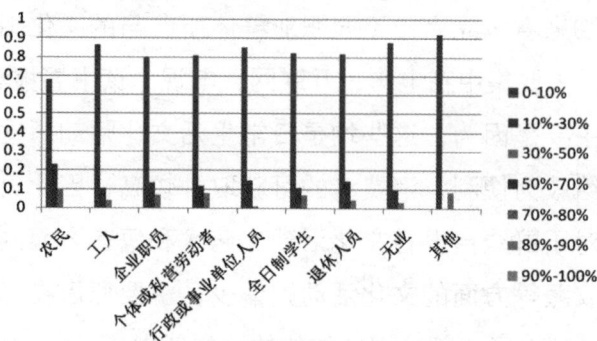

图30　北京市不同职业群体财产性收入占收入总额的比重

　　从图30来看，北京市不同职业群体的财产性收入占收入总额的比重均较低，65%以上的均在10%以下。其次为10%-30%之间，财产性收入占收入总额超过50%的群体不存在。

　　而从不同职业群体财产性收入占收入总额的分布来看，财产性收入占收入总额比重在10%以下的群体中，无业群体的占比最高，为87.63%；其次为工人和行政或事业单位人员，占比分别为86.24%和84.82%；占比最低的是农民，占比67.74%。财产性收入占收入总额比重在10%-30%之间的群体中，农民群体占比最高，为22.58%；其次为行政或事业单位人员、退休人员和企业职员，占比分别为14.40%、14.17%和13.44%；占比最低的是全日制学生、工人和无业者，占比分别为10.89%、10.09%和9.28%。财产性收入占收入总额的比重在30%-50%之间的群体中，农民的占比仍旧最高，为9.68%；其次是个体或私营劳动者、全日制学生以及企业职员，占比分别为7.75%、6.93%以及6.90%；占比最低的是行政或事业单位人员，占比仅为0.78%。

从均值来看，财产性收入占收入总额的比重最高的职业群体是农民，比重为10.65%；其次是个体或私营劳动者、企业职员和全日制学生，所占比重分别为8.85%、8.76%和8.51%；比重最低的无业群体，为7.01%。

4. 可支配闲暇时间差异情况分析

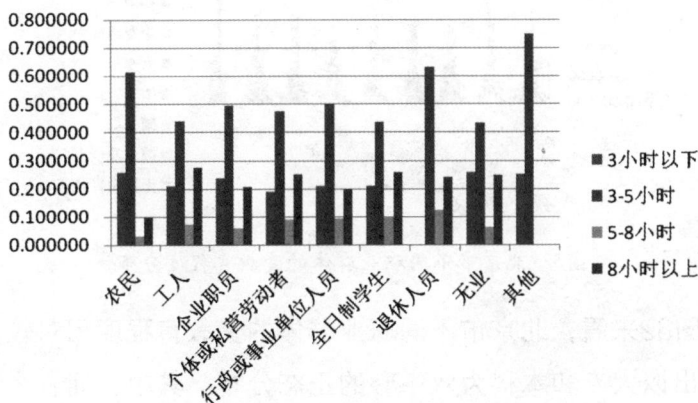

图31 北京市不同职业群体的可支配闲暇时间频率分布

从图31来看，北京市不同职业群体每天可支配的闲暇时间分布较为相似，40%以上的各类职业群体每天可支配的闲暇时间均为3-5小时，其次为3小时以下和8小时以上，各类职业群体的占比基本在20%左右，仅有退休人员的闲暇时间相对很充足，没有在3小时以下的，而农民的闲暇时间相对较少，仅有9.68%拥有8小时以上的闲暇时间。可支配闲暇时间所占比重相对较小的是5-8小时，所占比重基本在10%以下，退休人员除外。

而从均值来看，各职业群体每天可支配的闲暇时间是相对较为充分的。其中退休人员相对最为充分，每天平均有5.76小时闲暇时间；其次为工人、全日制学生和个体或私营劳动者，平均每天分别有5.31小时、5.27小时和5.26小时闲暇时间；拥有时间最少的是农民，平均每天仅有4.02小时闲暇时间。这主要是因为农民的农业劳作没有一般职员的上下班时间规定，除了下田劳作，还有畜禽养殖等占用时间，所以闲暇时间相对较少。

5. 受教育程度差异情况分析

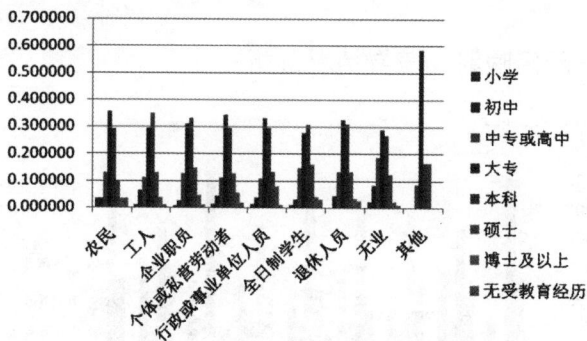

图32 北京市不同职业群体的受教育程度分布

从图32来看，北京市不同职业群体的受教育程度相对较高，大致呈现出以大专和本科为双中心的正态分布。其中，拥有大专和本科文化程度的群体占比均在25%以上，其次为中专或高中、硕士文化程度，所占比重基本均在10%-15%之间；拥有博士和初中文化程度的职业群体所占的比重相对较低，均在10%以下；而受教育程度在小学及以下的占比不足5%。

而从不同职业群体来看，农民和工人群体的整体受教育程度相对较低，有超过8%的比重拥有初中及以下学历；行政或事业单位人员的整体受教育水平相对较高，超过20%的该群体拥有硕士和博士学历，而具有初中及以下受教育程度的不足5%。

（七）北京市不同学历居民文化消费能力差异分析

1. 主要文化消费支出差异情况分析

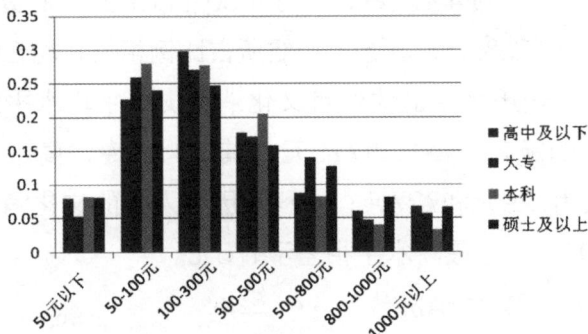

图33 北京市不同学历水平群体的文化消费支出分布

从图33可以看出，北京市不同学历水平群体的文化消费支出分布概率较为相似，主要集中在50-100元和100-300元之间，这两个区间的消费群体占全部消费人群的比例均在20%以上；其次为300-500元之间，所占比例也均在15%以上，并且这三个区间的消费群体所占比重之和超过了一半；最后，每月文化消费水平在50元以下、800-1000元以及1000元以上的人群相对较少，所占比例均不足10%。

从不同学历水平群体的月文化消费支出分布来看，50元以下水平的各学历所占比例相当，均在8%左右，仅有大专组为5.38%；50-100元消费区间所占比例最高的学历组是本科水平，占比27.91%，其次为大专水平，占比25.88%，硕士及以上和高中及以下学历组所占比例相当，依次为23.94%和22.65%；100-300元水平的文化消费支出所占比例最高的是高中及以下学历组，为29.77%，其余依次是本科、大专和硕士及以上；300-500元消费区间所占比例最高的学历组是本科，为20.51%，其次是高中及以下和大专水平，均在17%左右，硕士及以下相对较低，在15.85%；14.08%的大专人群每月文化消费支出在500-800元，所占比例最高，其次是硕士及以下，占比12.68%，高中及以下和本科所占比例相当，均为8%左右；每月文化消费支出在800-1000元之间的学历组所占比例最高的是硕士及以上，为8.10%，其次是高中及以下，占比6.15%，大专和本科占比相当，均在4%左右；每月1000元以上文化消费支出的群体除本科占比仅3.38%外，其余学历组所占比例相当，均在6%左右。

而从不同学历水平群体的月文化消费支出平均水平来看，硕士及以上学历的最高，每月为776元；其次为大专、高中以下学历组人群，依次为729元和727元；本科学历组人群的文化消费支出水平最低，为601元，与最高水平相差了175元。

2. 消费习惯差异情况分析

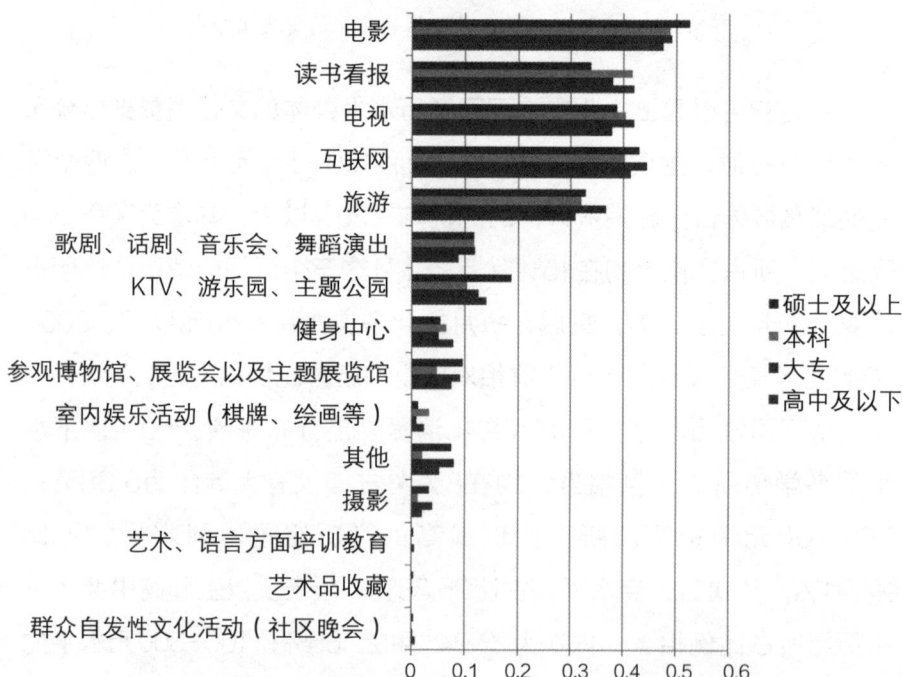

图34 北京市不同学历组经常参与的文化相关活动频率分布

如图34所示，可以发现，当前北京市不同学历组经常参与的文化相关活动主要集中在电影、读书看报、电视、互联网和旅游五个类型，所占比例均在30%以上；其次为KTV、游乐园、主题公园和歌剧、话剧、音乐会、舞蹈演出，所占比例几乎均超过10%；再次为参观博物馆、展览会以及主题展览馆和健身中心，占比均在4%以上。而对于群众自发性文化活动（社区晚会等）、艺术和语言培训教育以及艺术品收藏等类型的文化活动，不同学历组的参与均较少，所占比例均在0.5%以下。

而从各个学历组对文化活动的参与情况来看，四个学历组参与程度最高的文化活动均是电影，所占比例依次为52.46%（硕士及以上）、49.07%（大专）、48.84%（本科）以及47.57%（高中及以下）；其次为互联网、电视和读书看报，其中对互联网的参与程度高低依次为大专（44.51%）、硕士及以上（42.96%）、高中及以下（41.42%）和本科（40.17%），对电视活动的参与程度高低依次为大专（42.03%）、本科（40.38%）、硕士及以上（38.73%）和高中及以上（37.86%），对读书看报的参与程度高低依次为高中（42.07%）、本科（41.65%）、大专（37.89%）和硕士及以上（33.80%）；再次，四个学历组对旅游活动的参与程度，大专所占比例最高为36.65%，高中及以下最低为30.74%；最后，对于KTV（游乐园、主题公园）、歌剧（话剧、音乐会、舞蹈演出）、健身中心、参观博物馆（展览会以及主题展览馆）的参与程度，不同学历组的行为较为相似，仅在歌剧（话剧、音乐会、舞蹈演出）活动参与方面，高中及以下水平参与程度较低，占比8.74%，其余均在11%左右，对于KTV（游乐园、主题公园）的参与程度依次为硕士及以上、高中及以下、大专、本科。

3. 财产性收入占比差异情况分析

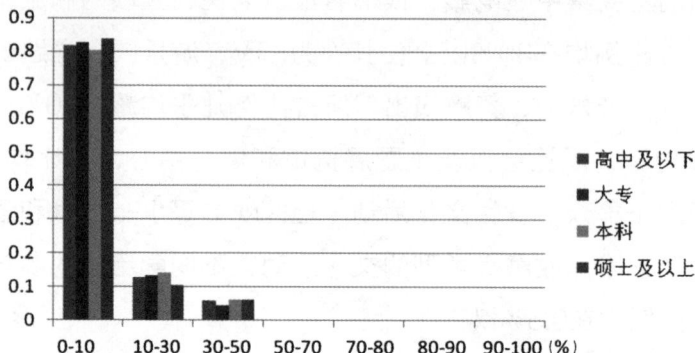

图35 北京市不同学历组的财产性收入占收入总额的比例分布

由图35可以看出，北京市不同学历组的财产性收入占收入总额的比例的分布概率较为相似，超过80%的群体集中在10%以下，其次是10%-30%的比例水平，各学历组所占比例均在10%以上，最后是30%-50%的比例水平，各学历组所占比例均在5%左右。

而从不同学历组的情况来看，本科组的财产性收入占收入总额的平均水平最高，为8.47%；其次为高中和硕士及以上两个组别，平均比例水平依次为8.30%和8.12%；平均比例最低的是大专组，为7.83%，同最高水平相差不足1个百分点。这同不同学历组的财产性收入占收入总额的比例分布概率情况是一致的。在0-10%区间内，硕士及以上学历组所占比重最高，为83.80%，本科组最低，为80.13%；而在10%-30%组，本科组占比最高，为13.95%，硕士及以上学历组占比最低，仅为10.21%。

4. 可支配闲暇时间差异情况分析

由图36可以看出，北京市不同学历组人群每天可支配的闲暇时间的分布概率较为相似，接近50%的群体每天的可支配闲暇时间集中在3-5小时区间。其中，硕士及以上学历组占比最高，为52.82%，大专和本科组占比相当，均为49.89%，高中及以下组占

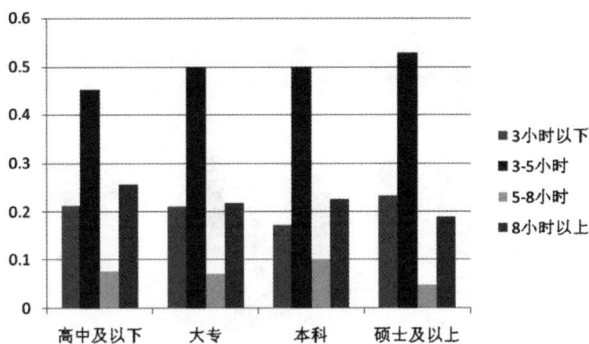

图36 北京市不同学历组每天可支配的闲暇时间分布

比略低，为45.31%；其次为3小时以下和8小时以上水平，各学历组占比均在20%左右。其中，在3小时以下区间内，拥有硕士及以上学历的群体占比最高，为23.24%，本科占比最低，为17.34%，高中及以下和大专学历组人群占比相当，均在21%左右。而在8小时以上区间内，占比最高的人群是高中及以下学历组（25.57%），其余依次是本科（22.62%）、大专（21.74%）和硕士及以上（19.01%）；另外，还有5%-10%的人群每天的可支配闲暇时间在5-8小时之间。拥有本科学历的人群占比相对最高，为10.15%，高中及以下和大专占比相当，均在7%左右，硕士及以上学历组占比最低，为4.93%。

而从不同学历组每天拥有的可支配闲暇时间的均值来看，高中及以下和本科学历组平均每天拥有的可支配闲暇时间基本相等，分别为5.19小时和5.18小时；其次为大专组，为4.96小时，时间最短的是硕士及以上组，为4.68小时。

（八）北京市常住、短期居住居民文化消费能力差异分析

1. 主要文化消费支出差异情况分析

从图37可以看出，北京市常住人口和短期人口的每月文化消费支出频率分布存在较大差异。其中，常住人口每月的文化消费支出水平主要集中在50-100元和100-300元两个区间，该区间的消费

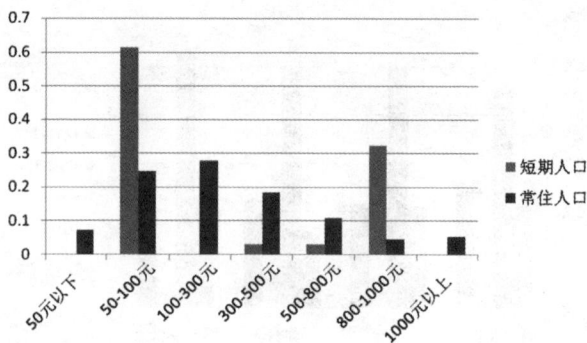

图37 北京市常住人口和短期人口的文化消费支出分布

群体所占比重之和超过全部常住人口的50%，其次为300-500元和500-800元两个间，所占比例分别达到18.38%和11.13%。这四个消费区间的常住人口占比超过了80%。消费区间在50元以下和1000元以上的常住人口群体相对较好，均不足10%。而短期人口的文化消费支出，超过60%的短期人口每月文化相关活动消费支出集中在50-100元之间，其次有超过30%的短期人口的月文化消费支出在800-1000元之间。另外，还各有3.23%的短期人口的月文化消费支出处于300-500元和500-800元之间。

从总体均值来看，常住人口的月均文化消费支出为349元，略低于短期人口的370元。可能的原因在于，短期人口来京旅游，相较于常住人口会更多地参加一些大型演出、公园活动等文化相关活动，而常住人口对于这类活动，尤其是公园等的需求则不是那么强烈。

2．消费习惯差异情况分析

从图38来看，北京市常住人口和短期人口经常参与的文化相关活动存在明显差异。常住人口经常参与的文化相关活动主要集中在电影、互联网、电视、旅游以及读书看报。这类文化相关活动均是日常生活文化活动，可获取性较高，因此，常住人口的需求相对较高。而对于短期人口来说，其经常参与的文化相关活动主要集中在互联网，读书看报，旅游，KTV、游乐园、主题公园以及歌剧、话

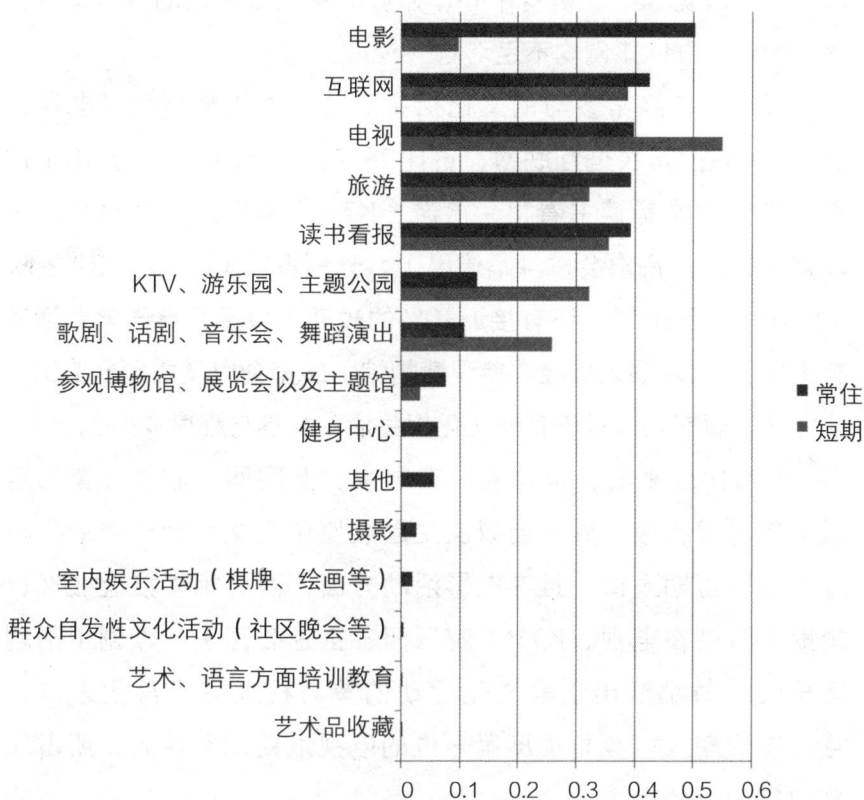

图38 北京市常住人口和短期人口经常参与的文化相关活动分布

剧、音乐会、舞蹈演出5个类型。究其原因，主要在于在北京短期居住的人口，对北京一些游乐园、主题公园、丰富的文化艺术演出活动具有体验性消费的需求，因而产生了消费差异。两种类型的人口对群众自发性文化活动、艺术、语言方面培训教育以及艺术品收藏等方面的参与性均较低，占比均不足1%。

常住人口经常参与的文化活动中比重最大的是电影，达到50.13%；其次为互联网，占比42.36%，比前者低约8个百分点；其余依次是电视、旅游、读书看报、KTV（游乐园、主题公园）、歌剧（话剧、音乐会、舞蹈演出）等，所占比重依次为39.79%、39.26%、39.20%、12.85%、10.80%。而对于参观博物馆（展览会以及主题展览馆）、健身中心、摄影、室内娱乐活动等类型的文化活动的参与群体比例均不足7%。

短期人口经常参与的文化相关活动中占比最高的是电视，达到54.84%；其次是互联网，占比38.71%，比前者低了16个百分点；其余依次是读书看报、旅游、KTV（游乐园、主题公园）、歌剧（话剧、音乐会、舞蹈演出），分别占比35.48%、32.26%、32.26%、25.81%。还有接近10%的短期人口经常参与电影活动，有不足5%的短期人口经常参观博物馆、展览会以及主题展览馆。除此之外，短期人口对于其他文化相关活动的参与程度均为0。

两者比较来看，常住人口在电影、互联网、旅游、读书看报以及参观博物馆、展览会以及主题展览馆等文化活动中的参与程度均高于短期人口，且在电影活动方面，两者相差接近40%；而短期人口则在电视、KTV（游乐园、主题公园）、歌剧（话剧、音乐会、舞蹈演出）等文化活动的参与程度高于常住人口，而且，排短期人口参与程度第一位的电视活动比常住人口所占比例高约14个百分点。

3. 财产性收入占比差异情况分析

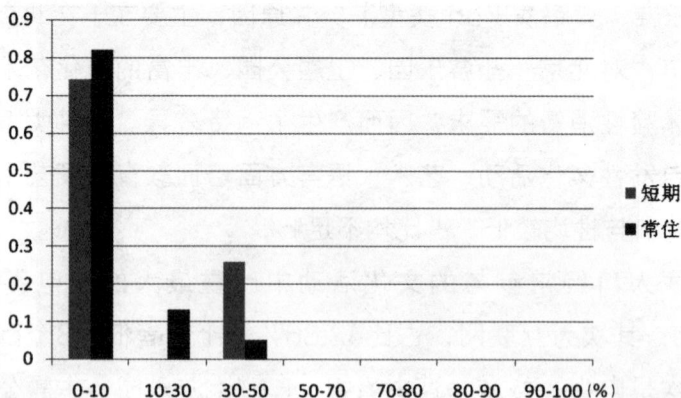

图39 北京市常住人口和短期人口的财产性收入占收入总额的比例分布

由图39可以看出，北京市常住人口和短期人口的财产性收入占收入总额的比例均较低。两者均有超过70%的群体财产性收入占收入总额的比例在10%以下，其中，74.19%的短期人口的财产性收入占收入总额的比例在10%以下，82.02%的常住人口财产性收入占收入总额的比例在10%以下，后者比前者高约8个百分点。财产性收入占收入总额的比例在10%-30%的仅有常住人口，所占比重为12.98%；财产性收入占收入总额的比例在30%-50%的短期人口和常住人口的差异较大，有25.81%的短期人口拥有30%-50%的总收入为财产性收入，而常住人口仅有5.00%。

从两者财产性收入占收入总额的比例的均值来看，短期人口的比例高于常住人口约6个百分点，常住人口的均值为8.05%。这说明，短期人口的财产性收入占收入总额的比例相对高于常住人口，可能的原因在于短期人口由于流动性较大，更可能通过出租或交易自己的动产或不动产来获得财产性收入。

4. 可支配闲暇时间差异情况分析

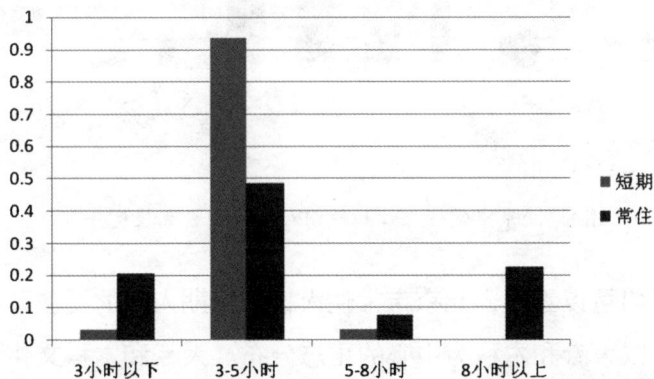

图40 北京市常住人口和短期人口每天可支配的闲暇时间的分布

由图40可以看出，北京市常住人口和短期人口每天所能支配的闲暇时间分布存在显著差异。首先，接近50%的常住人口每天拥有

3-5小时的可支配闲暇时间，而拥有该闲暇时间段的短期人口的比例高达93.55%，比前者高了约45个百分点；其次，20%左右的常住人口每天拥有3小时以下和8小时以上的闲暇时间，而短期人口中，没有群体的闲暇时间在8小时以上，每天闲暇时间在3小时以下的所占比例也仅有3.22%，远低于常住人口的20.75%。最后，每天闲暇时间在5-8小时的常住人口所占比重也高于短期人口，常住人口的比例为7.91%，比短期人口高4.68%。

而从常住人口和短期人口每天闲暇时间的均值来看，常住人口高于短期人口，其中前者每天平均拥有5小时闲暇时间，后者为4小时。总的来说，两者的闲暇时间相差不大，且均相对充裕。

5. 受教育程度差异情况分析

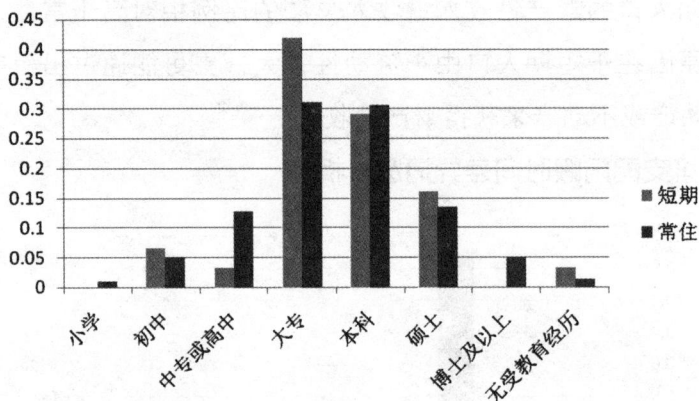

图41 北京市常住人口和短期人口的受教育程度分布

由图41可以看出，北京市常住人口和短期人口的受教育程度整体上呈现出以大专和本科为中心的正态分布。大专和本科文化程度所占比重之和超过了全部人口的60%以上；其次为硕士文化程度的常住人口和短期人口，所占比重均在12%-17%之间；还有5%左右的常住人口和短期人口受教育程度在初中水平，受教育程度在小学及以下（无受教育经历）的常住人口和短期人口的比重均在5%以下。

而从常住人口和短期人口受教育程度的分布概率来看，第一，两者处于本科水平的人群比例基本一致，均在30%左右；第二，拥有大专学历的短期人口的比例有41.94%，比常住人口高了约10个百分点；第三，拥有小学、中专或高中、博士及以上学历的常住人口所占的比例均高于短期人口，分别高了0.99%、9.48%、4.94%；而短期人口在硕士、初中、无受教育经历三个受教育程度所占的比例均高于常住人口，分别高了2.69、1.38、1.91个百分点。

第三节 北京与区域（国际化大都市）文化消费差别比较

一、北京与伦敦的文化消费环境差异分析

（一）经济环境差异分析

伦敦作为一个世界城市以及欧洲的主要金融商业服务中心，金融业和金融区的发展对大伦敦地区和英国经济发展具有重要的牵引作用。伦敦在英国经济甚至欧盟经济中的地位、发达的金融服务业、城区地理特征都影响着伦敦文化创意产业的发展。北京是我国的经济、文化和政治中心，但是其文化消费环境远没有伦敦优越，北京的金融业没有像伦敦的金融业一样为文化产业的发展提供资金保障。

（二）政策环境差异分析

北京市发展文化创意产业虽然起步晚，但是政府高度重视文化创意产业的发展。在2005年确立了“发展文化创意产业、打造创意之都”的发展战略，并制定了相关管理办法，同时还致力于提供扶植政策优化文化创意产业环境以及设立各项文化创意资金等。但其仍然存在一定的问题：一方面政府和金融机构对民营中小文化企业

提供融资支持的政策还比较少；另一方面，现行的税收优惠政策涉及的创意产业行业也只有出版、电影、音像制品、软件开发等，覆盖面还比较窄；更为重要的是，现行对文化创意产业的税收优惠政策持续时间过短，这种临时性的政策对产业持续发展的鼓励作用是很有限的。相比北京而言，伦敦政府对创意产业的政策架构更为完整，主要体现在融资和税收政策上。自20世纪90年代末以来，伦敦政府利用其文化、人才以及金融服务方面的优势，先后颁布了《创意产业融资地图》《融资一点通》等政策，对伦敦创意产业直接进行投融资支持；此外，政府还用公共基金来弥补私人投资的不足，每年来自政府部门的资金支持可以达到77%。在税收方面，伦敦从未对图书、期刊、报纸征收过任何增值税；同时，为了刺激电影业的繁荣，从2006年开始凡制作成本在2000万英镑以下和以上的电影公司可分别获得成本20%和16%的税收优惠。

（三）文化消费市场供给和需求不同

北京和伦敦都有着悠久的文化，但中西方文化上的差异对两市居民文化消费有着不同的影响。中国人历来尊崇集体主义，思维倾向于追求正统，保持一致，不打破"和"的局面。中国的这种民族文化传统在一定程度上制约了人们的创意思维，这种思维的制约使得文化服务或产品提供者不能创造性地为消费者提供创意文化产品。同时消费者也不会主动要求市场提供创意产品，这样的文化消费市场缺乏活力和动力。而英国人崇尚自由，又具有较强的个体主义倾向，从文化上强调自我，追求个性的解放。因此，文化传统为创意灵感的形成营造了良好的氛围，文化消费市场主客体之间的创意意识能充分的沟通，进而激活伦敦的文化消费市场。近几年，北京的文化消费市场逐渐扩大，消费潜力逐渐被挖掘，但是消费市场主客体之间关于创意产品或服务的供需问题仍然有待解决。

（四）文化消费行为不同

我国文化市场目前存在的大量民族品牌被国外抢注，自主版权文化精品少，对衍生的外围知识产权开发不够，盗版侵权行为屡禁不止；企业内部则普遍重视有形资产的保护，忽略无形资产被模仿的可能性，缺少知识产权保护的战略规划，等等。目前北京文化创意产业的广告、建筑、时尚设计等行业由于设计作品同质性强，相关法律、法规在商标权、专利权、版权保护的内容与范围以及如何界定侵权等方面还留有空白。文化消费市场存在的诸多不合理的行为，这些行为并没有一套全面而有效的法律体系进行规范。相比而言，伦敦的法律体系较为完善，文化消费市场的不规范行为则受到了有效控制，文化消费市场发展各行为主体权责明确。

二、北京与东京的文化消费差别比较

（一）城市经济发展水平

无论是建城时间还是建都时间，北京都要远早于东京。虽然，北京的区域面积和常住人口规模都要大于东京，但人口密度和经济密度东京都要高于北京。在经济总量上，东京的GDP已经接近2万亿美元(2009年)，而北京才2千亿美元，相差10倍左右，而人均GDP相差不到5倍。东京的经济发展水平远高于北京的经济发展水平，单从这一方面对比，北京与东京的差距较大。

（二）社会环境

东京的文化理念，以凸显文化独特性为重点。日本在"战后"一直致力于国际地位的提升和形象的塑造。在20世纪80年代提出"文化立国"的理念后，便通过树立本国文化的独特性来提升日本在文化上的自豪感，并促进与世界各国的文化交流，展示日本的文化形象。相比较而言，在发展理念上北京并未真正将文化视为北京安身立命的根本，"重经济轻文化"的观念仍未彻底改变，对文化

的保护还未上升到文化自觉的高度。尤其是面对地产开发，对文化遗产、历史古迹的保护力度则表现出明显的不足。

（三）文化消费需求与供给的不同

经济高速增长中所面临的困境，促使日本人逐渐地从狂热地追求经济增长转为冷静地面对过去未曾深思的各种问题，物质生活的富足也促使人们对诸如生活方式、环境质量及精神生活等不断地提出新的标准，产生出新的需求。根据马斯洛的需求层次理论，人在满足物质上的需求之后，最普遍的需求是希望找回在经济高速增长时期失落的人的本性，渴望在更高的层面实现自我。民众这一时期对文化消费需求上升，并且在文化产品或服务的提供上注重"走出去"，不仅引进国际上前沿的文化产业发展业态，有选择性的进口文化消费产品，同时还向世界各地输出文化产品。这一时期的日本文化消费市场完全脱离了"自我为中心"，文化消费需求更加多层次化，文化消费供给更加国际化。

北京虽然在目标定位的设立方面有明确的表述，但是在发展定位上还缺乏较为突出、精准的文化特色。这就导致文化消费市场品类繁多，一应俱全但又缺乏精品。北京的文化消费需求旺盛，但是很大一部分需求是由进口的文化消费产品或服务来满足，北京的文化消费供给并不能满足需求，北京文化消费市场依赖进口文化产品使得北京无法成为文化强市。

（四）文化消费行为不同

日本的动画片、漫画和游戏软件同其汽车和电器产品一样，在国际市场中举足轻重，甚至其产值和影响已经超过了汽车等传统工业。日本传统文化中有着很强的学习精神和融合能力，日本文化产业高速发展正是得益于这种学习精神和融合能力。同时，日本民众受岛国"居安思危"思想的影响，勤俭持家之风比较普遍，因此，日本的文化消费市场主要是文化产品或服务的出口。北京是我国的文化中心，由于收入水平以及认知水平等因素的影响，居民的文化消费行为各色各样，参差不齐。而东京作为日本的首都，其较高的经济发展水平和教育水平，使得民众的文化消费行为更加主流化。

三、北京与上海、广州的消费差别比较

中国经济大版图上有三个大规模的经济圈——以北京为核心的环勃海经济带，以上海为龙头的长江三角洲，以广州为首府的珠江三角洲，它们创造了国民生产总值的40%，并容纳了全国绝大部分新增劳动力的就业。三地就像一个巨大的强力磁石，吸引着各路英才。在与国际化大都市进行比较分析的基础上，分析国内三大国际型都市在文化消费上的差别，有利于深入分析北京市文化消费的不足和薄弱之处。通过分析三个国内城市在文化消费环境、文化消费和居民文化消费意愿方面的差异，得出北京市文化消费的特殊之处。

（一）文化消费意识差异分析

居民消费意愿是指在当前物价、利率以及收入水平等各种情况的考虑下，居民倾向于消费的程度。它与消费支出、收入预期呈正相关，即在同等收入条件下，消费意愿越强，消费者的消费支出越多，居民消费意愿涉及消费函数、心理和预期因素等方面，反映了一定时期社会的经济发展情况。2011年北京市城镇居民人均可支配收入达到了36469元，上海和广州的人均可支配收入也分别达到了36230、34438.08元，北京人均可支配收入略高于后两个城市，在主要的文化消费支出领域，却呈现出与人均可支配收入排名向反的情形，广州在主要的文化消费支出领域支出最多，其中教育支出占到了39%，上海和北京主要文化消费支出排在其后，具体数据见表12。文化消费支出并没有随着居民的人均可支配收入增长而增加，这说明居民的文化消费意识以及心理预期等因素对居民的文化消费产生了重要影响，广州居民文化消费意识明显高于北京和上海，北

京文化消费的潜力远未释放，对全市经济发展拉动带来的作用还没有显现出来。

表12 2011年人均可支配收入与文化消费支出　　　　单位：元

省市	人均可支配收入	教育文化娱乐消费支出	其中：教育支出
北京	36469	3696	1214
上海	36230	3746	1242
广州	34438.08	3755.4	1472.04

数据来源：《北京统计年鉴》《上海统计年鉴》《广州统计年鉴》

（二）居民文化消费环境分析

经济支撑环境2012年北京人均GDP为70251元，上海(人均GDP为73297元，广州人均GDP为105909.37元，远远超越北京和上海。按国际惯例，当一国或一地区人均GDP在1000美元之内时，只能解决温饱问题，也就是吃和穿的问题；到了1000-3000美元发展阶段，就有能力解决其他更高层次的需求；人均GDP超过5000美元之后，消费快速扩张，服务业迅速崛起；突破1万美元后，居民的消费和生活会更追求质量的提高，居民消费不断升级、扩张，其突出表现之一为消费支出中的文化消费比重加大。因此，良好的经济发展环境为文化产业的发展提供了一个消费潜力巨大的发展空间，广州在文化消费环境上面临着新的机遇和挑战，上海和北京在逐渐追赶的同时，也要注意文化消费的一些新的特点的出现。

1. 文化设施和产品市场

北京和上海、广州相比，文化设施齐全，并且数量较多，在公共图书馆数量方面，北京和上海相差无几，但是广州公共图书馆仅有15家，在文化馆、博物馆以及艺术表演场馆方面，广州也相差较大，从文化站的数量上看，广州相差北京160个，与上海相差50个，差距还是很大，具体资料见下表。广州虽然人均GDP突破十万大关，但是与之相对应的文化设施和产品市场却远远未能跟上经济的发展步伐，北京作为政治、文化中心，其配套设施完善，产品市场和文化设施环境较好，但其文化消费的优势未能体现，上海则居于两者之间。

表13 2011年北京、上海和广州主要文化设施和产品统计

省市	公共图书馆（个）	群众艺术馆、文化馆（个）	文化站（个）	博物馆（个）	艺术表演团体（个）	艺术表演场馆（个）
北京	24	21	320	41	118	68
上海	25	28	214	36	102	103
广州	15	14	165	31	63	19

数据来源：《统计年鉴》

2. 居民整体的文化消费水平差异

分析北京、上海和广州三个城市在主要的文化消费支出领域的数据，可以得到以下结论:三个城市的高低收入用户文化消费水平两极分化，高收入用户的文化消费水平跟经济发展水平呈正相关，低收入用户的文化消费水平则与经济发展水平不是显著相关，北京低收入用户的文化消费水平最低，与上海和广州的低收入用户还有差距。在主要的文化消费支出领域，三个城市不论是低收入用户还是高收入用户的教育支出比例均较大，北京尤其如此，低收入用户的绝大比例支出用在教育支出上。其次，北京文化娱乐用品支出不论是低收入用户还是高收入用户均表现不明显，但是对于广州则不同，广州的高收入用户中，文化娱乐用品支出较多，超过了教育支出比例。在文化娱乐服务支出上，除了广州以外，北京和上海在这一项的支出上均呈现增长状态，北京市的文化消费已经慢慢由硬件产品的消费慢慢趋向于服务的转变。

表14 2011年三个城市高低收入用户文化消费支出情况   单位：元

2011年	低收入用户			高收入用户		
	北京	上海	广州	北京	上海	广州
教育文化娱乐支出	1300	1963	2766.18	5892	6439	6742.42
其中：文化娱乐用品	323	494	785.40	1545	1922	2866.3
文化娱乐服务	317	424	508.74	2630	2613	1718.13
教育	660	1045	1472.04	1717	1904	2157.99

数据来源：《统计年鉴》

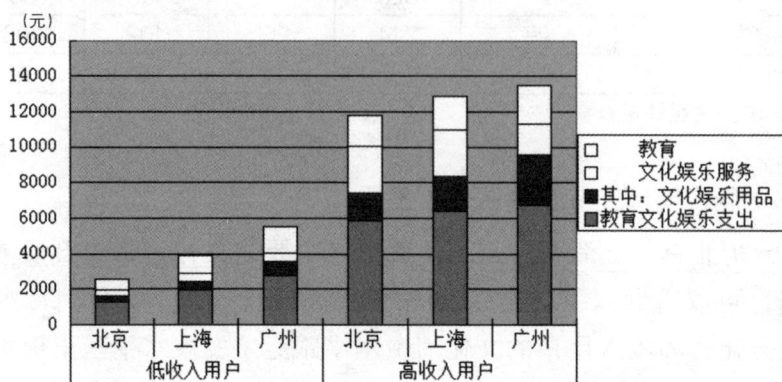

图42 2011年三城市文化消费支出情况

第四节 北京文化消费指数评价体系构建

20世纪二三十年代，文化消费研究就受到了国外理论界的极大重视，国外学者对于文化消费在理解上有些差异，主要观点包括：阿多诺——文化消费是一个完全被动的消费过程，文化消费的后果早已由生产所决定，文化工业有计划地制造出专门迎合大众消费的文化产品；凡勃伦——文化消费遵循荣誉准则和竞争本能规则，人们通过消费或服务来证明自己的支付能力从而获得社会地位与声望；布迪厄——文化消费构成了一种社会区分的独特模式，艺术和文化消费天生就倾向于实现使社会差别合法化的社会功能；米勒——文化消费是一种创制文化的过程，必须同时有生产和消费，客体和主体，文化就是两者之间动态的交互关系；等等。而大多数国内学者对文化消费的理解趋于一致，基本上认为文化消费主要是指人们为了满足自己的精神文化生活而采取不同的方式来消费精神文化产品和精神文化服务的行为。

一、北京文化消费指数评价体系构建的原则与框架体系构建

从产业政策导向来看，2009年国务院发布的《文化产业振兴规划》和2011年党的十七届六中全会通过的《中共中央关于深化文化体制改革推动社会主义文化大发展大繁荣若干重大问题的决定》都提出要扩大文化消费、增加文化消费总量、提高文化消费水平。同时，文化消费引领必须将消费者置于市场主体的位置，从市场的角度探讨消费者的文化需求，以文化消费的需求来引领文化产业的发展。

从理论层面看，文化消费作为一种特殊的消费，具有不同于一般物质消费的自身特点。

第一，文化消费要以一定的物质文明为基础，与经济发展水平、物质生活和物质消费密切相连。

第二，文化消费与人们的价值观、审美观及兴趣爱好联系紧密。

第三，文化消费具有习惯性、继承性的特点，它是在继承传统文化的同时吸收外来文化。

第四，文化消费（需求）的弹性大、消费空间广阔以及消费容量巨大。

第五，文化消费具有某种"模糊性"，表现为"提供"和"享受"有时不可分，"继承"和"创造"不可分。

第六，部分文化消费（如大学的专业教育）的结果要经过漫长的时间，在短期内不易显见。

第七，文化消费的行为主体包括自然人与法人，评价指数体系都应围绕着文化消费的行为主体这一中心而展开。

（一）北京文化消费指数评价体系设计原则

评价指标体系是对被评价对象进行全面考察的工作蓝本，它应当在明确的评价目标指导下，尽可能多角度、深刻的描述被评价对象的各个方面。对北京市文化消费发展状况进行综合评价的关键，是确定其文化消费需求、文化消费供给、文化消费行为和文化消费环境的指标体系。指标体系的设计是否科学、恰当，直接关系到评价的质量，这就要求指标体系不仅要客观、合理，并且要尽可能全面反映影响文化消费的主要因素。

因此，结合文化消费的特点，本课题中北京市文化消费评价指标设计采取以下原则：

1. 综合性

综合性应该是整个文化消费评价体系构建的首要要求。综合性是指在对文化消费内涵、结构和影响因素等等的研究与分析，结合数据的可得性，用全面且具有代表性的指标体系，来反映文化消费的总体状况，从而建立起一个较为全面的文化消费评价体系。

2. 层次性

层次性是指，由于所选择指标的侧重点有所不同指标体系应该逐层细化，每一层的指标本身也应具有良好的层次结构特性，越基层的指标门类越具体，越高层的指标综合程度越高。文化消费评价指标体系即由不同层次构成，指标自下而上综合，自上而下分解，形成完整的文化消费评价指标体系结构。逐层依次细化，以尽可能详细的刻画其上层指标，并全面反映最外层的文化消费整体状态。

3. 可操作性与可获得性

指标体系在相对比较完备的情况下，指标的数目应尽可能压缩，以易于操作。要尽可能利用量化的指标和现有统计系统公开的统计数据，以保证评价的可操作性和公开性。同时，要考虑文化消费的现实状况，所选取的指标应尽量与表现文化消费发展的已有指标数据相衔接，必要的新指标应及时增加。

4. 科学性与可比性

科学性即指标的设计和取舍、指标体系结构的构建、指标权重的设计等都要有科学的依据。对于指标的设计，一方面选取的指标必须科学地反映文化消费的发展水平，并尽可能地保持指标间的独立性；另一方面指标设计在名称、含义、内容、时空以及计算的范围、单位和方法等方面必须科学明确，没有歧义，以减少统计数据收集和计算工作中的误差。此外，衡量一座城市的文化消费通常采取的是时间尺度上的纵向比较，因而指标体系的构建需要考虑如何能够将上一年度的相关数据纳入比较的框架之中，合理地展现出文化消费随时间的变化情况。

5. 独特性与可移植性

指数体系的确立在于评价北京市文化消费的综合状况，其构建应该注重地区的政治、经济、文化、社会结构等各方面的影响因素，能够反映北京市独特的中心城市地位与区域特点。同时，作为国内第一个发布文化消费指数的城市，北京市文化消费评价指数亦应保持较好的可移植性，能够作为评价其他城市文化消费综合状况的标准蓝本，为其他城市的文化消费及文化产业发展提供较高的参考价值。

6. 主观性与客观性

对一个城市的文化消费发展水平进行综合评价必须包括不同主体的文化消费、不同内容的文化消费、不同环境的文化消费等客观数据，但由于文化消费本身的特点，仅仅是数据并不能反映文化消费的实际情况，其文化消费的效用还体现在消费主体的主观感受上，包括满意度、舒适度等。因此本报告构建的指标体系中摒弃了

搭建要素配置的最优平台

传统评价体系"非主即客"的结构方式，而是主观指标和客观指标相结合。同时，为使评价结果尽可能的客观、真实，评价中的主观因素不宜过多。根据指标内涵的不同，对于可度量的指标应尽可能给出定量指标；对于定性的指标，应制定适当的评价标准，并借助于调查问卷和相关的评价方法取得可以衡量的分值。

7. 绝对指标与相对指标

文化消费的绝对指标与相对指标所反映出的是不同的问题，如收入水平变化与文化消费变化之间的关系，绝对指标所反映出的是总量的关系，而相对指标所反映出的是增长率的关系，所以选取指标时，相对指标与绝对指标都有其不同的作用。因此在构建指标体系过程中，我们同时注重绝对指标与相对指标。

（二）评价指标体系框架的构建

评价体系设计的范围界定：在现代社会的发展中，文化作为商品和服务进入市场，具有越来越大的经济价值，不但已经形成产业，在国民经济中占有举足轻重的地位，而且与经济活动、社会活动的界限越来越模糊。在今天，已很难找到没有文化标记的产品，很难找到不借助文化影响的销售，很难找到不体现文化意义的消费。劳动者素质的提高、新技术开发和应用的深度和广度、政府对人民的组织动员能力的提升以及我国国际化程度的提高等，都越来越取决于文化发展的综合水平，文化产业日益深刻地融入市场经济的整体。因此，本课题的研究是基于以下方面的探讨：

1. 买单式文化消费——文化消费的类型多种多样，从是否购买角度将文化消费分为：买单式消费和公共服务消费，本课题的研究重点是居民买单式消费，只有从居民如何购买文化服务和文化商品的角度进行深入研究，才能调查分析出居民进行文化消费的真正意图和消费水平、消费能力。

2. 北京市国土概念人口文化消费——本课题的研究主体是北京

市的不同群体，因此，我们采用的是国土概念，不是以流动人口和常住人口的角度进行划分。北京市全国的政治、文化中心，研究北京市文化消费有其特殊之处，北京市的流动人口比率较大，他们也是文化消费的重要群体，因此，以国土的概念研究北京市文化消费就能将不同群体涵盖入指标体系中去。

3. 国家统计局2012文化产业分类标准+北京市文化创意产业分类标准——文化产业本身就是一个概念界定模糊的领域，因此，在进行资料收集和分析的基础上，本课题的文化消费是基于国家统计局2012文化产业分类标准，并以北京市文化创意产业分类标准为辅助，最终转化为相应的文化消费指标，从而进行文化消费的数据收集和分析。

4. 个人文化消费+机构文化消费——根据已有文化消费统计资料，机构式文化消费在北京市文化消费中也扮演着不可忽视的角色。因此，本研究不仅着眼于北京市国土人口的个人文化消费，也把机构式文化消费纳入其中，以更全面地反映北京市文化消费的整体状况。

5. 指标活跃度+指标可得性+指标可操作性——文化消费概念宏大，且其涉及的具体社会经济指标各种各样，而科学的指标体系设计不是以全求全，而是追求以小见大。因此，本课题组在进行重点指标设计的同时，将考察重点放在某些活跃度较大的指标上，例如公共交通、固定资产等的新增数量上，在某些表现不活跃的领域就不设计专门指标进行考量。此外，指标选择也会考虑可得性以及可操作性，在保证研究科学性的前提下简化研究。

二、北京文化消费指数评价体系构建的总体框架与指标设计

（一）总体框架

辩证唯物主义认识论认为，在对象性活动中，主体和客体之间

首先表现为改造与被改造的关系即实践关系，并在实践的基础上形成反映与被反映的关系即认识关系。主体的价值观念和审美观念作为主体活动的动力因素和内在尺度，对于主体活动的方向性、选择性以及对活动的调控具有重要意义。在文化消费这种具体的情境之中，客体即代表了文化消费的客观环境、文化产品和服务及其供给，主体即代表了文化消费者的需求，从而引申出文化消费主体的实际文化消费行为、满意度以及后续的消费期望和信心。因此，只有全面、正确把握文化消费的主体与客体两个方面的具体情况，并且厘清文化消费主体与客体之间互相作用的特殊关系，才能有针对性地制定相应的政策，分别作用于文化消费的客体与主体，从而有效促进文化消费的提升。

从以上文化消费主体与客体的哲学基础出发，为了尽可能全面考察文化消费的构成因子，遵从分类完备性的原则，同时兼顾关键指标和数据可获得性原则，从宏观环境到微观个体，既包含客观条件又包含主观意愿，依托体系社会心理学的"消费行为模式理论"、消费者行为学的"消费者购买意愿与消费能力理论"以及"消费者满意度理论"为理论基础——我们引申出"文化消费要素链"：环境——需求——供给——行为——信心指数。

图43 文化消费要素链

一般来说，文化消费需求加上文化消费能力、文化消费机会才能够使文化消费需求真正实现；三种要素同时具备的时候才是现实文化消费活动，或者是消费者成为现实的文化消费者。而此"文化消费要素链"即是着眼于文化消费的关键因素，借鉴管理学中的供应链要素管理，旨在将文化消费的关键因素形成完整的一个"链"，以生动反映文化消费过程中文化消费主体与客体之间复杂的相互联系与作用。综上，从哲学上的主客体关系出发，着眼于文化消费的关键要素，借助于要素链管理的理念，此"文化消费要素链"是合理的，可以把握文化消费的各个方面。

总体框架设计的充要性：总的来说，五大一级指标既从宏观视角出发，把握了文化消费的整体情况，又从微观角度着眼，关注了个体的文化消费行为；既从环境、供给、行为三大方面综合刻画、度量文化消费的客观情况，又加入了需求和信心指数指标，以反映文化消费主体的主观意愿、消费体验和评价。而贯穿于五大一级指标之中的，则是"文化消费要素链"，即典型的文化消费个体的文化消费进程：处于某一宏观环境，观察到文化消费需求，考虑自身的文化产业供给，做出文化消费抉择，对文化消费体验做出评价，并对后续文化消费形成预期。如此，五大一级指标的设计是完备的、充分的，可以涵盖文化消费的各个方面。

而具体来说，该总体框架具有三大特色：

首先，从主体与客体的哲学关系出发，简明清晰地阐述了本总体框架的逻辑基础，并依据此基础提出了"文化消费要素链"的概念，形成了五大一级指标。

其次，与国内本就已经鲜有的文化消费指数研究相比，本总体框架不仅强调了文化消费的主体，还着重加入了文化消费的客体（尤其是供给指标），从而使得总体框架在逻辑上是完整且清晰的。

最后，本框架对各大一级指标作了详尽的必要性说明，在说明中蕴含着各大指标的关键内涵。从以上的必要性说明中可以看到，

各大一级指标及其组合均直接指向北京市文化消费的现状、问题和趋势，对于提出政策建议来说，这些指标具有较强的可操作性。

综上所述，本框架不仅从总体上说明了框架的逻辑基础和导出过程，还对"文化消费要素链"的各大一级指标分别作了必要性说明，然后总结了总体框架的充分性。而贯穿于"文化消费要素链"之中，五大一级指标——环境、需求、供给、行为和信心指数构成了完整的文化消费评价系统，可以运用于构建北京市文化消费指数评价体系。

（二）指标设计

北京市文化消费指数评价体系五大一级指标设计的理论与现实依据：上述"文化消费要素链"所形成的逻辑框图构成北京文化消费指数评价指标体系的总体框架。

1. 环境

"环境"是文化消费的背景，独立于文化消费个体且在文化消费个体间无差别的与文化消费密切相关的因素。"环境"进入文化消费要素链的理由如下：

（1）文化消费环境应该是完整的文化消费系统不可或缺的一部分。事实上无论是文化产业、文化产品还是文化消费主体，它们的活动都发生在是在一个业已形成、并且不断改变着的环境之中。由于文化产品供给与消费活动处在一种不断发展着的状态，并且具有复杂性和多元性的特点，因而文化消费环境应该是作为一个外在变量，与文化产业、文化产品和消费主体所构成的文化市场相互关联，构成一个完整的文化消费系统。

（2）商业环境和自然环境因素也会影响到文化消费。课题组认为，基于北京市的特殊现实，环境因素对于文化消费的影响必须予以考虑。如北京市作为全国性的政治经济中心，商业与贸易十分发达，人员流动量巨大。而根据文化消费经济学，文化消费与人员流动和商业贸易高度相关，这也是许多商贸发达的城市同时也是文化名城的原因。因此，以商业繁茂程度度量的经济环境对北京市文化消费的影响就不可忽略。甚至，由于近年来北京市自然环境（如风沙、雾霾等）日益受到关注，自然环境尤其对于户外文化消费产生了重要影响，也必须予以考虑。

（3）政策环境的影响对北京市文化产业发展的推动作用不容小觑，课题组在参考其他学者研究成果的同时也考虑到北京市作为全国的文化、政治中心的特殊地位，其政治影响力和政策的完备性是文化产业发展的有力武器，而文化产业的发展又为文化消费提供了巨大的市场空间。因此，从宏观上把握北京市政策环境对文化消费的支持力度，不仅可以看出政府政策支持对文化消费的促进力度，同时也可以从整体上把握政策倾斜的方向和重点。

（4）同时课题组还考虑到北京市的公共交通等基础设施建设的增长情况以及与消费满意相关的投诉案件数量，这些指标的设计充分考虑了居民的消费需求，也是政府间接改善民生，促进消费的有力之举。

2. 需求

"需求"是文化消费的动因，是文化消费主体的主要方面。文化消费不仅与一个地区的经济发展水平和文化产品供给有关，还依赖于微观消费者的需求，这既包含了消费者的消费意愿，还包含了消费者的消费能力。一般来说，在文化消费供给完善的前提下，消费意愿越高且消费能力越强，则该地区的文化消费综合水平就会越高。在本框架中，"需求"进入总体框架的理由如下：

（1）"需求"是文化消费主体的主要方面。"需求"作为文化消费主体的主要方面，是研究文化消费必需考虑的，对于如何提升文化消费需求进行首要考虑，这也与目前国内大多数文化消费评价体系的研究相契合。

（2）"需求"中的文化消费意愿至关重要。在"需求"中，我们不仅关注文化消费能力（从收入与时间两个方面），而且关注消费者的文化消费意愿。一般的，对于文化消费意愿中文化消费阻碍因素的把握，有助于判断目前文化消费中存在的问题。文化消费意愿可以反映消费者的文化消费潜力，而对文化消费潜力的把握，将直接有助于判断文化消费的未来发展趋势。

（3）课题组从社会学中"个人与组织的关系"角度独创性的提出"组织化程度"这一指标。每个单个的个体都不是独立的，他或多或少都从属于一个组织，个人对于这个世界的依赖方式，很大程度上转变成了一种对于组织的依赖。个体在组织中不单单是为了获取一定的物质基础，也是为了获得精神需求的满足。个体在组织中的行为会受到组织规范和协同性的制约，从消费角度理解可知，基于组织的消费对于个体来说也是一种协同和规范，是参与组织必不可少的，而很多的社会组织举办的活动很多是基于文化或者与此有较大相关性的各类活动。从这个角度出发，分析这一部分群体潜在的文化消费需求不仅补充了个体买单式消费的研究不足，而且还对政府管理者的政策制定提供了新的方向。

3. 供给

"供给"是文化消费的物质基础，是文化消费客体的主要方面。在这里，"供给"主要关注文化市场供给方的行为，包括文化消费产品和服务的数量、文化消费供给的渠道和方式等。"供给"是本框架区别于国内已有文化消费评价体系的重要一点，其进入"要素链"的必要性在于：

（1）"供给"是文化消费的重要客体。如前所述，课题组认为，从主客体相互作用的哲学基础出发，只有全面、正确把握文化消费的主体与客体两个方面的具体情况，并且厘清文化消费主体与客体之间互相作用的特殊关系，才能有针对性地制定相应的政策，分别作用于文化消费的客体与主体，从而有效促进文化消费的提升。因此，"供给"作为文化消费评价体系的一部分是十分必要的。

（2）供给在一定程度上可以创造需求。虽然在现代西方经济学中，"萨伊定律"（供给创造需求）已基本被抛弃，但是在文化产业中，特别是中国的文化产业中，"萨伊定律"在某种程度上是存在的。即文化产业的产品创新或服务创新确实会带动新的文化消费需求，如互联网和智能机消费的兴起。如果能正确把握"萨伊定律"在文化消费领域的作用，无疑对促进文化消费具有重要意义。

（3）"供需不匹配"和"供给如何拉动需求"一直是摆在政府管理者面前的两大难题，课题组在对供给指标设计的过程中，紧紧围绕这两大重点，从数量、质量、结构、渠道以及市场化程度等不同指标对其进行全面阐释，并将供给和需求指标进行对比分析，以此作为突破口找到文化消费市场供需不匹配的原因，也为政府相关管理部门的决策制定提供依据。

4. 行为

"行为"是文化消费的结果，是文化消费主体与客体直接相互作用的结果。文化消费是与必要消费衔接的特殊消费，一般消费者会综合考虑各方面因素选择实际的文化消费（包括文化消费水平、文化消费种类和结构、文化消费的方式等）。"行为"进入总体框架的理由如下：

（1）"行为"具有其特殊性。就反映文化消费现状来说，虽然前面的"供给"与"需求"已经刻画了文化消费最主要的客体与主体两个方面，但是"行为"仍然具有其特殊性。与"供给"相区别，"行为"侧重于文化消费主体的文化消费活动；而与"需求"有所不同，"需求"关注文化消费主体的主观意愿，"行为"则关注文化消费主体的实际文化消费。

（2）"行为"是反映文化消费资源结构匹配是否合理的重要一

环。如前所述，"需求"能反映文化消费现状的部分问题（如阻碍文化消费的主要因素），但主要是侧重于消费者的主观看法，并不能反映文化消费更为重要的一个问题：结构匹配，即某些文化消费供给是否过度，文化消费资源是否得到合理配置和有效利用。而只有把"行为"和"供给"结合起来对比考虑，才能反映结构匹配是否存在问题；而把"行为"和"需求"结合起来对比考虑，则能够揭示文化消费主观意愿和真实行为之间的差异，进一步考察文化消费中存在的问题。

（3）"行为"还可以反映不同群体的文化消费差异。本课题在"行为"这个一级指标下面主要考察不同群体居民的消费水平、消费方式和主要的消费结构，这些指标的设计不仅仅是按照甲方的采购需求设计，在此基础上还加入了许多新的思考和亮点，比如相应增加了机构消费占居民文化消费支出的比例等。在对不同群体的行为调查的基础上课题组希望能得到许多可以直接反映社会主流消费方式的指标设计，这些指标不仅可以反映居民文化消费的主流消费状况，而且可以成为政策制定者进行政策制定时的重点倾向。

5. 信心指数

"信心指数"是文化消费主体对消费体验的主观评价与反馈，以及基于主观评价对未来文化消费的期望和信心，即包括满意度和预期乐观度。一般来说，满意度可能会涉及文化消费主体对各个方面的评价，此处则侧重于文化消费主体对文化消费关键因素的评价，如价格、质量等；而预期乐观度则侧重于文化消费主体对未来文化消费的预期乐观程度。该指标进入总体框架的必要性在于：

（1）"信心指数"能够反映文化消费的后续评价。文化消费是一个能够持久发挥作用的特殊消费，消费者对于消费产品或者服务的满意度评价，会直接影响到消费者的重复消费和后续的消费选择，从而影响到一个地区消费需求和消费结构的变化。而"信心指数"能够较为准确地把握这种反馈机制，为文化消费政策制定提供直接的借鉴意义。

（2）"信心指数"使得"文化消费要素链"是完整的。一方面，信心指数是"文化消费要素链"的最后一环，与前面五大指标构成完整的"文化消费要素链"。而另一方面，一般来说，消费者总会对消费体验做出相应的评价，并形成后续文化消费的预期，这种预期又会影响到消费者的后续文化消费选择。从这个反馈机制的意义上说，信心指数又构成了后续文化消费循环的起点。

（三）三级指标简介及必要性说明

在对总框架进行了阐述之后，接下来，我们将关注各六大一级指标的详细内涵，分别阐明各一级指标下的二级指标及其测度指标的设计。在二级指标及其测度指标的设计之中，我们将以文化消费的影响因素为理论基础，兼顾北京市的一些特殊因素，按照关键指标原则进行设计。

1. 环境

"环境"是文化消费的背景，衡量了北京市文化消费微观背景，即独立于文化消费个体、且在文化消费个体间无差别的与文化消费密切相关的因素。根据一般的社会科学研究中的环境因素分析方法，结合对文化消费影响因素的把握，我们将这一级指标拆分为四个二级指标：经济环境、政策环境、社会环境和自然环境。课题组认为，在近年来自然环境问题日益受到关注的背景下，自然环境应纳入影响文化消费的重要因素考虑之中。

其中，经济环境指标主要衡量经济发展水平，特别是商务活跃程度。一方面，北京市作为全国性的政治经济中心，在其地域内的文化消费与其商务活跃程度紧密相关；另一方面，购房成为中国人的人生重点之一，而北京市房地产价格近年来攀升迅速，我们将其也纳入考虑。因此，此处我们用两大关键指标测度经济环境指标：

房地产价格指数、流动人员数量占比。

社会环境主要衡量影响文化消费的一般的社会学因素，这里则重点关注交通与安全感。课题组认为，文化消费中大部分是外出消费，即交通应该是消费者重点考虑的因素。与北京市实际结合来看，北京市堵车问题由来已久，而且尚未得到有效的解决，应纳入考虑。此外，课题组认为安全感也应该纳入影响文化消费的社会环境指标之中。我们用两大关键指标测度社会环境指标：人均公共交通数量、受理投诉案件数。

政策环境主要衡量政府机构对于文化产业发展尤其是推动文化消费提升的重视程度。据《文化部"十二五"时期文化产业倍增计划》，政府部门对文化消费的提升给予了高度重视，而在消费成为新经济增长方式转型中的重中之重，政府部门的相关政策支持必然对文化消费产生关键性的影响。这里，我们用于测度政策环境的指标为：文娱财政支出占比（其中，文娱财政支出是指国家统计局居民消费八大分类中的文化体育传媒支出和教育支出）。

自然环境指标衡量影响文化消费的自然环境因素，这里重点关注天气状况。课题组认为，随着经济发展，当文化消费在总体消费中的地位逐渐上升时，人们对文化消费的体验要求也会与之增加。与北京市实际相结合，近年来北京市天气状况越来越受到市民的密切关注，除了风沙天气，雾霾也成为关注的重点。这里，我们的测度指标为：一年中空气质量二级和好于二级天数。

表15 环境评价指标

环境	经济环境	房地产价格指数
		流动人员数量占比
	政策环境	文娱财政支出占比
	社会环境	人均公共交通数量
		受理投诉件数
	自然环境	空气质量二级和好于二级天数

2. 需求

"需求"是文化消费的动因，是文化消费主体的主要方面。文化消费不仅与一个地区的经济发展水平和文化产品供给有关，还依赖于微观消费者的需求，这既包含了消费者的消费意愿，还包含了消费者的消费能力和消费者的组织化程度。即我们将需求指标拆分为两大一级指标：能力、意愿和组织化程度。

其中，能力衡量了消费者进行文化消费的能力，特别是文化消费的支出能力，这是文化消费的物质基础。而另外，课题组认为，从劳动经济学中劳动—闲暇决策的角度来看，文化消费与一般消费相同，都属于闲暇的消费。因此，闲暇时间也被纳入考虑。此外，文化消费特别是高档文化消费具有文化的内涵，要求消费者具有一定的认知水平，同时某种特定的消费习惯也会影响居民的消费能力。这里，能力指标有以下指标测度：人均可支配收入中非饮食部分（人均可支配收入×（1-恩格尔系数））、可支配闲暇时间（区别于通常意义上的周末或节假日，而直接指向可自由支配的闲暇时间）、受教育水平、主要的文化消费支出和消费习惯以及财产性收入的比例。重点强调此处的财产收入比例，近年来，随着我国城乡居民收入水平的提高，以货币和房产积累为代表的财产积累规模越来越大，一些居民开始把货币转化为资本，取得财产性收入，这是收入差距扩大的新动向，因为同劳动差别相比，包括资本在内的财产占有差别对收入差距扩大的影响程度要大得多。

在这里，意愿仅指向消费者对文化消费的主观要求，即想要的文化消费，包括文化消费数量、种类等。课题组认为，文化消费的客观物质基础仅仅反映了文化消费需求的一方面，而主观意愿则反映了文化消费需求的另一重要方面。对于文化消费主观意愿的全面把握，对于如何有效提升文化消费意愿，从而拉动文化消费具有重要意义。在这里，意愿由以下五个指标测度：①支出金钱进行文化消费的意愿程度；②花费时间进行文化消费的意愿程度；③最渴望的文化消费种类（即主要阻碍因素得到改善时最愿意、最急切的文化消费方向，可以是已发生的也可以是未发生的）；④最喜欢的文化消费方式（如室内室外、网络与非网络等）；⑤文化消费重复度。

此外，组织化程度主要用于区分文化消费是个体或家庭行为还是组织行为。在现代社会，公司或企事业单位成为社会最典型的组织，不仅是人们日常工作的地方，也成为一些社会活动的组织者和策划者，而这些社会活动中的许多都涉及文化消费，如公司组织的晚会、旅游，企事业单位组织的文艺汇演等。这一指标主要有两大测度指标进行衡量：社会组织数量，企事业单位文化经费支出（这里包括妇联、团委、公会、文化社团等）。

表16 需求评价指标

需求	能力	人均可支配收入中非饮食部分
		主要文化消费支出
		财产性收入占收入总额的比例
		消费习惯
		可支配闲暇时间
		受教育程度
	意愿	支出金钱进行文化消费的意愿程度
		花费时间进行文化消费的意愿程度
		最喜欢的文化消费种类
		最喜欢的文化消费方式
		文化消费重复度
	组织化程度	社会组织数量
		企事业单位文化经费支出

3. 供给

"供给"是文化消费的物质基础，是文化消费客体的主要方面。文化供给是指文化生产部门为了满足社会的文化需求而在一定时期内向社会和市场提供的文化产品和商品的数量。它与文化需求相对应。他作为文化经济活动的一个重要内容，与文化需求共同构成文化经济活动的基本矛盾运动。《国家"十二五"时期文化改革发展规划纲要》要求加强供给，反映出政策制定者的基础认识是：目前的文化产品和服务于需求相比是不足的；或者说，是"供需不平衡"是文化发展的核心结构性问题。

其中，考察供给能力主要从产品/服务、设施、结构、渠道和市场化程度进行设计。产品/服务和设施主要考察文化企业向社会提供文化消费对象的能力，其中文化创意产业增加值、文化市场主营业务收入、文化贸易进口额、规模以上文化企业数量主要考察文化市场各经营单位的文化产品/服务产出规模和整体产出状况。文化、体育和娱乐业新增固定资产投资和研发投入主要从供给主体出发，考察市场经营单位的投入规模和效益。

结构指标通过测量每一类文化产业增加值所占文化产业总产值的比例考察供给结构，理清文化市场供给结构对于掌握市场主要文化消费品的市场动向和改善文化消费市场薄弱环节都有着重要的现实意义；供给渠道设计主要考察文化消费客体在与文化消费主体进行沟通时的是否通畅和便捷，以及为此承担的成本，在现代传媒以及物流业迅速发展的今天，渠道的好坏直接关系到产品/服务对于消费者的影响度，设计渠道指标正是基于现代市场营销学对于渠道管理的相关理论进行设计的，本课题组考虑到数据的可得性和真实性，将文化、体育与娱乐业销售费用作为文化产业企业在渠道上的宏观投资。除了考虑特定的文化类产品和服务的供给之外，还将文娱设施的供给也纳入到考查范围，文娱设施是居民最为频繁接触到的文化类消费。

在"供给"指标下面还专门设立了市场化程度这个特色指标，这个特色指标区别于国外的相关研究，我国是一个并不完全市场化的经济制度，在某些行业中国有企业占据着重要地位，这对于资源的合理有效配置实际是颇为不利的，文化产业的市场化程度直接关系到非公有制经济主体市场的活跃程度，因此设立"市场化程度"

搭建要素配置的最优平台

指标是完全考虑我国社会主义市场经济特点进行设定的，主要从文化市场的各企业国有资本金占各企业所有者权益之和的比例来衡量，它是一个逆指标。

表17 供给评价指标

供给	产品/服务	文化创意产业生产总值
		文化贸易进口额
		规模以上文化、体育与娱乐业企业单位数
		研发投入
		文化市场主营业务收入
	设施	文化、体育和娱乐业新增固定资产投资
	结构	每一门类文化产业增加值/地区文化产业总产值
	渠道	文化、体育与娱乐业销售费用
	市场化程度	文化市场各企业国家资本金/文化市场实收资本金比例

4.行为

"行为"是文化消费的结果，是文化消费主体与客体直接相互作用的结果。"行为"侧重于文化消费主体的文化消费活动；而与"需求"有所不同，"需求"关注文化消费主体的主观意愿，"行为"则关注文化消费主体的实际文化消费。

"行为"代表着居民实际的文化消费，这就涉及实际消费水平、消费方式和消费内容三个方面。在消费水平上，通过设立"人均教育文化娱乐消费支出"和"娱乐教育文化用品及服务基期居民消费价格指数"考察不同群体居民的实际消费水平；考虑到网络技术的发展，我们从消费方式地点的不同分为线上/线下、户外/室内消费，需要注意的是文化消费主体在进行消费的时候包括时间和金钱的消费，但是由于本课题的服务方为政策制定者，更加注重对于金钱消费文化消费领域，因此此处就不单设时间支出比例。支付方式的设计也是有着深刻的时代背景，在互联网金融和移动支付越来越繁荣的现代社会，这一支付方式影响了很多群体的消费，设立该指标主要是为了得到北京市居民在某些新兴支付方式上的使用率，得出的数据可以作为相关部门进行关于支付便捷度政策的政策依据。

最后，关于文化消费内容指标的设计，主要是考察居民实际的文化消费领域，这一领域正是政府关注度最高的领域。同时，我们在调查设计的时候也会设立反映现在某些主流文化消费和低端的文化消费领域，以此观察北京市居民文化消费现状，除了专门反映主流文化消费的指标，本课题组还对北京市的高端文化和服务型文化消费进行调查，主流文化消费主要考察北京市居民文化消费的重点和主流方向，高端文化消费考察的侧重点在于对高端精品文化消费的把握，这也与文化产业提倡"文化精品"的概念不谋而合。观察近几年北京市文化娱乐服务消费支出的数据可以发现，北京市文化娱乐服务支出占总文化消费的比例逐年上升，且所占比例逐渐提高，可见实体和服务型消费的比例格局已经潜在变化中，因此把握这一比例变化趋势对于消费引导有较强的实践意义。

表18 行为评价指标

行为	消费水平	组织消费占文化消费支出比例
		人均教育文化娱乐消费支出
		娱乐教育文化用品及服务基期居民消费价格指数
	消费方式	线上/线下文化消费支出比例
		户外/室内文化消费支出比例
		支付方式选择各比例（支付方式包括现金支付，移动支付，PC客户端支付）
	消费内容	主流文化消费支出所占比例
		高端文化精品消费支出所占比例
		文化服务消费支出所占比例

5. 信心指数

"信心指数"是文化消费主体对未来文化消费的期望和信心。参照国家统计局中国经济景气监测中心与尼尔森公司联合发布的消

费者信心指数设计，消费者信心指数由消费者满意指数和消费者预期指数构成。满意度指标主要从居民最为关心和反映最强烈的指标入手，包括质量、价格、服务满意度的设计，联系"需求"和"行为"指标对文化精品、主流文化消费和高端文化消费等指标的设计，课题组在这一部分设立文化创意度满意度调查。

预期乐观度包括文化消费主题对自身文化消费能力的信心以及对宏观环境下人们进行文化消费的信心，自身的消费能力信心主要是对未来一年内加大文化消费支出乐观度和未来一年内对文化消费市场繁荣的乐观度，两者都是主观指标，主要考察的是消费者的预期和信心。

本课题主要从这两方面考察文化消费信心，具体见表19。

表19 信心评价指标

文化消费信心	当前满意度	文化创意满意度
		行业服务水平满意度
		质量满意度
		价格满意度
	预期乐观度	未来一年内加大文化消费支出乐观度
		未来一年内对文化消费市场繁荣的乐观度

（四）特色指标说明

在上述的子框架中，本课题组结合实际需要和社会发展趋势的要求设立了反映某些领域文化消费的特色指标，这些特色指标包括：

1. 房地产价格指数

这一指标主要衡量经济环境———一方面，类似于居民消费价格指数，房地产价格指数可以从一个侧面反映社会经济的通货膨胀程度。另一方面，购房需求是典型中国家庭的传统需求，是与代际选择和养老联系在一起的，因而具有特别的意义。而在近年来北京市房价持续走高、人口增加的背景下，购房需求导致的强烈储蓄愿望使得消费支出必然受到限制，从而影响到家庭的文化消费支出。

2. 供给

"供给"作为文化消费的重要客体，在市场经济中是一个不可或缺的研究对象，鉴于国内学者对文化消费的研究单单从某一个截面，比如文化消费内容（教育、文化娱乐消费等），本课题组从文化要素链的角度全面阐释供给内容、结构以及渠道和市场化程度等多方面。供给指标本身就是一个鲜有的研究指标，与之相应的二三级指标也力求能全面放映市场的供给能力和效率。

3. 组织化程度

这一指标主要衡量个人文化消费的组织化程度，即区别于个人消费的组织型文化消费。根据社会学相关理论，在现代社会，当公司或企事业单位成为社会最典型的组织并参与到人们生活的各个方面，组织对于个人的成长和社会活动决策具有重要的影响。由于经济和科技全球化的发展，人类在经济领域日益需要加强分工和合作，其社会组织化程度也是愈来愈高。而人类社会在经济领域组织化程度的提高，也会促使在上层建筑领域的组织化程度进一步的提高，从而推动社会的不断进步。这是一个双向推动的过程，组织化程度在很大程度上直接促进了居民的文化消费，组织是一个需要协同和规范的集体，对于文化类组织的消费是我们研究文化消费所必不可少的环节。尤其是在北京，大中型国有企业、大量的各种社会组织团体的存在，对于人们的文化消费决策具有不可忽视的影响力。

4. 文化消费电子商务使用率

这一特色指标综合反映了在互联网迅速发展的今天，科技和消费是如何紧密结合的。这一指标不仅仅对互联网金融包括现在发展迅猛的移动支付领域有着较大的指导意义，而且对相关政策制定者来说也有着较强的现实指导意义。

5. 文化消费健康度

通过对居民文化消费内容的调查，理清北京市居民对于主流文化消费的消费频率，以此掌握文化消费的消费重点，这不仅仅可以反映社会的文明健康程度和社会主义精神文明建设的实效，而且还对文化消费的主客体有引导意义。

6. 文化产业市场化程度

这一指标主要衡量文化市场内各供给主体的市场化程度，这是一个带有我国特色的指标，市场化是以建立市场型管理体制为重点，以市场经济的全面推进为标志，以社会经济生活全部转入市场轨道为基本特征的。把特定对象按照市场原理进行组织的行为，通过市场化，实现资源和要素优化配置，从而提高社会效率，推动社会进步。其实质在很大程度上是指经济决策的权力从中央计划部门逐渐转交到分散的经济主体手中的程度，课题组从国有企业数量占文化市场经营机构总量的比例可以宏观上把握北京市文化市场的市场化程度。

7. 高端文化精品消费率

市场经济下文化消费内容的多样性是由文化消费的供给状况与需求状况决定的。随着我国经济财富的不断积累和人们生活水平的不断提高，文化消费逐渐呈现出低龄化和"大众化"消费的特征。随着我国经济的持续发展和新消费者的不断涌入，文化消费将逐渐呈现出分化的趋势。同时，一些高端消费者为了彰显身份，将会选择高级的奢侈品，而部分奢侈品可能因为流失高端消费而"被平民化"。掌握当前高端文化精品消费率对于把握当前和未来高端文化精品消费重点和市场相关主体的决策有重要的现实意义。

8. 文化消费信心指数

消费者信心指数由消费者满意指数和消费者预期指数构成。消费者信心(或情绪)归根结底是消费者对其家庭收入水平的估价和预期的反映，这种估价和预期建立在消费者对各种制约家庭收入水平因素的主观认识上。这些因素主要包括：国家或地区的经济发展形势、失业率、物价水平、利率等。一定时期这些因素的变动必然使得消费者信心(或情绪)产生变化，而消费者信心(或情绪)的变化导致其消费决策的改变从而影响经济发展的进程。消费者信心指数就是对消费者消费心理感受变化的测度，文化消费信心指数参照消费者信心指数的设定，但是又考虑到文化消费的特殊性和五大一级指标的交叉性原则以及课题组考虑到数据的可得性，三级指标的选定主要选取代表性指标进行测量。

9. 消费习惯

消费习惯是人们对于某类商品或某种品牌长期维持的一种消费需要，它是个人的一种稳定性消费行为，是人们在长期的生活中慢慢积累而成的，反过来它又对人们的购买行为有着重要的影响。研究消费者的消费习惯进而探求这些习惯如何影响着消费的需要，这是消费深层次隐含的问题，对这些问题的深入挖掘有利于更好的掌握消费者的消费心理，也更好的掌握消费者的消费动向。

（五）衍生指标说明

本课题组在对文化消费指数评价体系构建的同时，结合相关学者的研究和真实的市场环境构建了基于文化消费指数的衍生指标，这些指标补充了五大一级指标无法一一说明的部分，同时也是对指标体系中某些指标效率的说明。

1. 供给贡献率和拉动

首先，供给贡献率=文化创意产业增加值/文化创意产业地区生产总值，这一指标测算的是文化消费市场供给对整个文化市场产值增长的贡献；供给拉动=文化创意产业地区生产总值增长速度×供给的贡献率。

以上指标测算和设计是按照北京市统计局和国家统计局北京调

查总队对三大需求支出法国内生产总值的三大构成项目，即最终消费支出、资本形成总额、货物和服务净流出计算的贡献率和拉动。

2. 实际消费贡献率和拉动

同理，还可以计算实际消费对文化创意产业的贡献和拉动，其中贡献率=文化创意产业收入合计/文化创意产业地区生产总值，实际消费的拉动=文化创意产业地区生产总值增长速度×实际消费的贡献率。

3. 财政支持度

就是指每投入一元会产生多少收益。这是衡量财政支出对文化产业生产总值推动效应的一个指标。通过对比各个时期的指标值可以很清晰地看出北京市政府在教育以及文化体育与传媒财政支持的变动增长情况，同时由财政支持度指标可以反映财政支出对文化创意产业产值的生产带动率。

潜在文化消费量与文化消费缺口该指标通过对居民储蓄量的调查，将储蓄量分为两部分：一部分是将来用于食品等相关生活用品支出；另一部分主要用于文化娱乐及教育支出。因此，按照现有统计计算文化娱乐及教育支出所占家庭支出的比例乘以储蓄总量即为潜在的文化消费量，这一指标与实际文化消费之间进行对比即可得到文化消费缺口。

三、优化和提升北京市文化消费的政策建议

（一）建立和完善全市文化消费统计体系

将文化消费指数作为统计数据纳入国计民生统计范畴，建设有关文化消费的数据库，建立文化消费产品的综合评价体系，在实际调研的基础上，动态监测不同地区文化消费数据，收集文化消费相关数据。充分利用当前文化产业快速发展的大好时期，高度关注全市居民收入及其支配情况，积极做好居民文化消费统计监测。要立

足全市居民消费需求，加强对居民文化消费需求变化情况的调查分析，加大对文化消费市场不同层次文化产品和服务的供需研判，为提高文化消费能力，激活文化消费市场提供强有力的统计分析。要加强对新的文化服务消费领域的开拓性调查研究，为优化文化产品供给结构，促进全市文化大发展大繁荣提供统计决策依据。分析文化消费对地区居民和谐生活的贡献率，以及文化消费水平的提高对地区居民幸福感的贡献率，从而从根本上提高居民幸福感指数，提出引导策略培育城乡居民良好的文化消费习惯，对国民经济的整体发展起到促进作用。

（二）优化和改善全市文化消费总体环境

全面提升全市文化消费的经济环境，优化政策环境。不断促进居民收入增加，提高中低收入阶层特别是城市流动人口的收入，培育潜在的文化消费主体。进一步优化社会保障体系网络，更好养老保险的问题、医疗保证问题以及义务教育的发展等等，促进居民把储蓄转为文化消费。完善文化产品服务消费地方法规，改善文化消费指导管理水平，防止价格偏高等非理性文化消费和文化消费者信息外流，保护文化消费者权益，营造良好的文化消费环境。进一步破除体制机制障碍，创新经营机制，充分发挥民营资本活力，推动文化创作贴近市场需求。多部门联合加大对交通、空气污染等大城市病的综合整治力度，为刺激文化消费创造较为有利的社会环境和自然环境。在公共文化的生产、服务等各个环节，应鼓励公众参与，形成公共文化服务中政府与公众的良性互动。

（三）制定出台鼓励文化消费的相关政策

制定具有前瞻性、针对性、差异性、可操作性的促进文化消费政策体系，对文化事业领域的公益性文化产品，通过政府购买等方式，对居民实行免费消费。实施文化消费资助计划，有关部门和机构通过发放文化消费补贴和发展文化消费信贷等方式，刺激中低收

入消费者的文化消费，发掘其文化消费潜力，拉动文化产业的发展。加大财政投入与补贴力度，鼓励文化艺术院团增加演出场次，降低演出票价，切实降低居民精神享受类文化产品的消费门槛，促进文化消费结构升级。鼓励企事业单位等向员工发放专门的文化消费金，以丰富民众文化生活，向农民工等发放"文化消费免费卡"用于特定场所的文化消费。

（四）调整和升级全市文化产品供给结构

加强对市民文化需求和文化市场消费的调查研究，创造和提供适销对路的文化产品和服务。引导社会资本投资兴建书店、剧场、影院等文化设施。积极引导文化与教育、体育、旅游、休闲等结合的服务性消费，以及文化与科技相融合的新兴文化消费。运用"文化精品工程"、文化创新资金引导、文化金融融合等手段，加大优秀文化产品生产的引导和支持力度，培育和扶持文化消费供给主体，不断推出能够对消费者产生吸引力、满足不同层次不同需求的优秀文化产品和一流的文化服务。进一步加快文化产品和要素市场建设，搭建立足北京、辐射海内外的文化产品和服务的供需平台，使北京成为国内文化产品和海外文化产品进出中国的首发地和全国文化产品的集散地。

（五）全面提升居民文化消费能力和信心

政府及相关文化企业要倡导健康向上的文化消费价值观，加大宣传力度，调动多种手段，培养消费者良好的消费习惯，转变文化消费可有可无的观念，引导居民积极进行文化消费活动，形成良好的文化消费氛围，从而促进居民文化消费不断升温。加强知识产权的保护，提高版权保护意识，形成健康有序的文化消费市场，提高居民对文化产品和文化消费的信任度。关注不同消费群体的文化消费需求，特别是60岁以上老年人和城市流动人口（农民工）的文化消费需求，进一步拓宽文化消费市场空间。定期（每月）发布北京市文化消费信心指数，对文化消费信心进行量化测算，知道未来全市文化消费。

附　录 北京文化消费指数的拟合

一、文化消费指数拟合数据处理

（一）数据来源

指标从数据的获取方式来分主要分为定量指标和定性指标。全部的总量指标和大部分的相对指标主要是定量指标，这些指标值可以根据统计报表或普查中的资料通过直接计算法（对研究对象用直接的计数、点数和测量等方法，登记各单位的具体数值加以汇总）或间接推算法（采用社会经济现象之间的平衡关系、因果关系、比例关系或利用非全面调查资料进行推算的方法）获得。对于本方案中的定性指标，主要是通过调查问卷的方式获得：通过对定性问题进行分析，设计调查问卷，对问卷获得的数据进行统计分析，得到定性指标的指标值。

（二）处理方法

1. 正向化

在多指标综合评价过程中，有些指标是越大得到评价越好，这样的指标成为正向指标；反之指标数值越小所得评价越好的则称为反向指标。综合评价时，首先必须将指标同趋势化。本报告中的指标以正向指标居多，所以采取了将逆向指标正向化的方法。

为了不改变原有指标的分布情况，本报告采取了如下的方法进行指标正向化：

$$y_{ij} = \max \{X_j\} - x_{ij} \quad （式1）$$

通过这种线性变化不会改变指标值原有的分布规律，是比较常

用的数据正向化方法。

2. 无量纲化

对于多指标综合评价体系，在处理不同性质的指标值的时候，就要涉及指标的无量纲化（也称数据的标准化，是通过数学变换来消除原始变量量纲影响的），以便于指标之间的比较。

考虑到课题组所研究问题的特殊性，为了突出城市在某些方面的优势，本报告采用了比较普遍的无量纲化处理方法——极差正规化法，同时为了最后得到以100分为标准进行实证评价的结果，有如下的去量纲公式：

$$y_{ij} = \frac{x_{ij} - \min(x_j)}{\max(x_j) - \min(x_j)} \times 40 + 60 \qquad （式2）$$

其中$\max(x_j)$和$\min(x_j)$分别为指标x_j的最大值和最小值。经去量纲后，消除了量纲和数量级的影响。

二、权重确定

在多指标综合评价中，权数的确定直接影响着综合评价的结果，科学地确定指标权数在多指标综合评价中是举足轻重的。权数是以某种数量形式对比、权衡被评价事物总体中诸因素相对重要程度的量值。层次分析法（AHP）是对一些较为复杂、较为模糊的问题做出决策的简易方法，它特别适用于那些难于完全定量分析的问题。它是美国运筹学家T.L.Saaty教授于70年代初期提出的一种简便、灵活而又实用的多准则决策方法。

（一）基本原理

人们在进行社会的、经济的以及科学管理领域问题的系统分析中，面临的常常是一个由相互关联、相互制约的众多因素构成的复杂而往往缺少定量数据的系统。层次分析法为这类问题的决策和排序提供了一种新的、简洁而实用的建模方法。层次分析法把复杂问题分解成各个组成元素，按支配关系将这些元素分组、分层，形成有序的递阶层次结构，在此基础上通过两两比较方式判断各层次中诸元素的重要性，最后利用判断矩阵，确定诸元素在决策中的权重。

（二）基本步骤

1. 建立递阶层次结构模型

将所研究的问题分解，建立的递阶层次结构如图1所示。

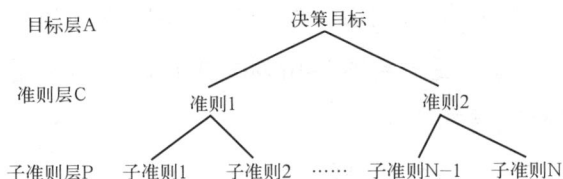

图1 递接层次结构

2. 构造出各层次中的所有判断矩阵

设C层层次中C_k因素与下一层次P中的P_1，P_2，LL，P_n有关联，则每个P_i在C_k中有一个权重$W_i=W(P_i)$，因素P_i、P_j权重之比为$\frac{w_i}{w_j}$，可构成一个权重比矩阵C_k(判断矩阵)。相类似地，采用9级标度法，通过专家为影响指标比较打分，构造出每一层中均与上一层某因素有关联的各因素间的权重比矩阵。

3. 使用层次分析法的合理性

（1）系统性

层次分析法把研究对象作为一个系统，按照分解—比较判断—综合的思维方式进行决策，与本方案中构建的评价体系结构相协调，降低统计过程中的误差，增强数据的精确性和说服力。

（2）有效性

层次分析法把定性和定量方法结合起来，可以将决策者的主观判断与政策经验导入模型，并加以量化处理，增加了决策的有效性。

（3）科学性

克服了专家打分法的主观性和随机性，使得到的评价结果更加精确。在实施过程中，对于具体的指标可通过专家赋予相应的权重，模型具有一定的灵活性和适应性。通过计算出指标权重，可以清晰地看出文化产业评价中的价值取向。

（三）合成方法

在现实生活中随着时间推移与数据积累，评价对象通常包含大量按时间顺序排列的数据信息，考虑到评价方法应用前提的动态时间性特征，为了使决策者能较为准确地对不同性质目标子集或指标子集的权系数赋值，更适合对评价对象进行动态分析的多指标动态综合评价法具有独特的适用性。

首先，在获得 n 个系统的评价指标值 $\{x_{ij}\}(i=1，2，L，n；j=1，2，L，m)$ 的基础上，选取或构造评价函数 $y=f(w，x)$。式中，$w=(w_1，w_2，w_3，\cdots，w_m)$ 为指标的权重向量，$x=(x_1，x_2，x_3，\cdots，x_m)$ 为系统的状态向量。通过上式可以求出各系统的综合评价值 $y_i=f(w，x_i)$，$(x_i=x_i，x_{i2}，\dots，x_{im})$ 为第 i 个系统的状态向量 $i=1，2，L，n$，从而达到根据 y_i 值的大小将这 n 个系统进行排序或分类的目的。

其次，拟采用线性加权的动态综合评价方法进行指数拟合，即：

$$y=\sum_{j=1}^{m}w_jx_j$$ 式中，y 为评价对象的综合指数 w_j 是与评价指标 x_j 相对的权重系数（ $0 \leq w_j \leq 1$，$j=1，2，\cdots，m$，$\sum_{j=1}^{m}w_j=1$ ）。

使用该方法具有以下好处：

（1）该方法中权重系数的作用比在其他"合成"法中更加明显，突出了指标值或指标权重较大者的作用；

（2）该方法可以体现出北京市的文化消费特点和文化消费的结构；

（3）与乘法合成方法相比，该方法对于指标数据无特定要求，适用于中国文化产业发展的现状；

（4）该方法相对容易计算，便于推广普及。

三、拟合结果

（一）文化消费指数综合分析

朝阳区文化消费能力处于领先地位。从文化消费能力综合指数情况来看，如表1所示，朝阳区属第一梯队，综合指数得分领先于其他城区，以85.153位列第一，并且高于北京市平均水平84.258；海淀区紧随其后，综合指数得到超过84，比北京市平均水平低0.137；西城区、东城区和丰台区则凭借其丰厚的历史文化底蕴分到三至五位，相互差距不大，得分均略高于84；石景山区名列最后，文化消费能力综合指数不足84，同北京市平均水平相差0.27。这说明北京市中心6大城区的文化消费能力均较高，且各城区间水平基本相当。

（二）文化消费能力与经济发展同步

从分析结果来看，经济较发达和人民生活水平较高的城区在文化消费能力方面同样也有一定的优势。北京市朝阳区和海淀区经济相对最为发达，文化消费能力表现也最为突出。而对于丰台区、石景山区，经济较其他4个中心城区相对落后，其文化消费能力综合指数排名也都相对较低。对于这些城区来说，充分挖掘自身资源，打造特色文化产业，有助于推动文化消费能力的提升，从而增强其经济实力。

表1 北京市六大城区文化消费综合指数结果

综合指数排名	文化消费综合指数	城区
1	85.153	朝阳区
2	84.121	海淀区
3	84.044	西城区
4	84.043	东城区
5	84.037	丰台区
6	83.988	石景山区
平均	84.258	北京市

搭建要素配置的最优平台

（三）中心六大城区文化消费能力差异不明显

根据北京市中心六大城区的文化消费能力综合指数来看，各城区表现出来的差异并不明显。排名第一位的朝阳区与排名最后的石景山区的文化消费能力综合指数仅相差1.165；西城区、东城区和丰台区三个城区的文化消费能力综合指数更是相差无几，均在84左右。由此可以说明，北京市中心6大城区的文化消费能力基本相似，为推动各城区文化消费能力的提升，需要各城区分别整合相关文化产业资源，突出城区特色，同时，需要政府加大文化消费宣传力度，支持文化产业发展，从而推动城区经济发展。

四、文化消费指数结构分析

某地区居民的文化消费能力决定于这一地区的文化消费指数，主要包括文化消费环境指数、文化消费需求指数、文化消费供给指数、文化消费行为指数以及文化消费信心指数等。根据图2，从各城区的文化消费指数来看：

（一）各城区居民的文化消费指数的区域特征不明显

从总体上来看，北京市中心6大城区居民的文化消费指数相似度较高，区域特征不明显。细分来看，6个城区的文化消费环境指数、文化消费供给指数高度一致，且同北京市平均水平相当，这说明各

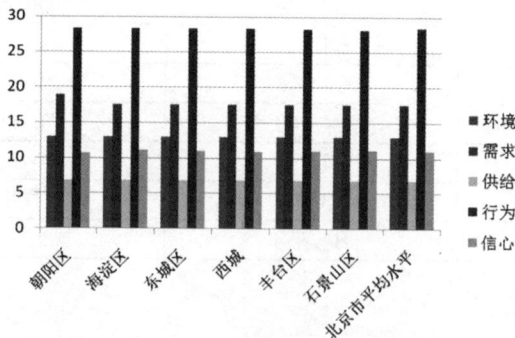

图2 北京市中心6大城区居民的文化消费指数分析

城区的经济、政策、社会和自然环境的综合指数相差无几；而文化消费需求指数、文化消费行为指数以及文化消费信心指数虽呈现出一定差异，但并不明显。

（二）朝阳区的文化消费需求指数领先于其他城区

根据分析结果，可以发现，朝阳区的文化消费需求指数领先于其他5大城区，平均高于其他城区约1.4；而其他5个城区的文化消费需求指数均维持在17左右，相差甚微。这说明朝阳区作为北京市经济发展水平和人民生活水平最高的城区，经济社会发展的带动效应较为明显，使得该城区居民的文化消费需求指数领先于其他城区。

（三）朝阳区和西城区的文化消费行为指数领先于其他城区

根据分析结果，可以看出，北京市朝阳区和西城区的文化消费行为指数领先于其他4个城区，但差距较小。而海淀区、东城区和丰台区的文化消费行为指数基本相当，石景山区的文化消费行为指数排名最低。由此表明，经济发展水平的差异对一个地区的文化消费行为指数具有显著影响作用，朝阳区凭借其领先的经济社会发展水平而位居前列，西城区则凭借其城区的特点，由单位或社团组织引导的组织消费直接提升了该城区的文化消费行为指数。

（四）海淀区和石景山区的文化消费信心指数领先于其他城区

由分析结果可以得出，海淀区和石景山区的文化消费信心指数领先于其他4个城区，但是差距并未拉大。而其余4个城区居民的文化消费信心指数基本相当，同北京市平均水平相差无几。因此可以看出，海淀区和石景山区可以凭借这一点，积极发展文化产业，通过政府加大支持力度以及加强市场化运作程度，充分发挥其资源优势，实现文化消费能力的飞跃性提升。

五、文化消费指数对比分析

（一）文化消费环境分析

"环境"是文化消费的背景，主要包括四个方面：经济环境、政策环境、社会环境和自然环境。这些作为宏观的消费背景对于各个城区的影响是相同的，因此，各个城区在文化消费环境方面没有优劣之分。

（二）文化消费需求分析

文化消费需求不仅反映文化消费市场主体的消费能力和消费意愿，也反映了消费者个人组织化程度的高低，结合图3，从文化消费需求看。

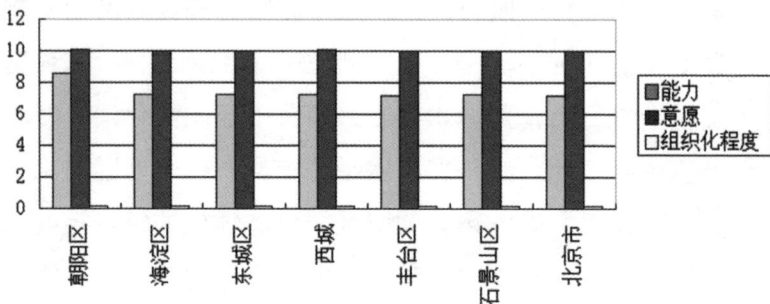

图3 各城区文化消费需求对比

1．朝阳区居民文化消费能力最高

从结果看，经济较发达地区和人民生活水平较高的城区在文化产业发展上同样也有一定的优势。朝阳、海淀、东城和西城经济相对最为发达，文化消费能力表现也最为突出。经济相对欠发达的石景山和丰台区文化消费能力略微偏低。对于石景山和丰台区来说，为文化消费创造更好的环境，扩大居民的文化消费支出，培养居民的文化素养，是提升文化消费能力的有效途径。

2．各个城区之间在文化消费意愿和组织化程度方面发展均衡

居民的文化消费意愿既受到金钱、时间的影响，也受到居民消费偏好等潜意识的影响。各城区的居民文化消费意愿大体维持在同

一水平，居民的文化消费意愿强烈。组织化程度体现了居民参与企业买单式的社会文化生活的频繁程度，各城区居民组织化程度没有较大差距，水平较为均衡。

（三）文化消费供给分析

"供给"是文化消费的物质基础，主要关注文化市场供给方的行为，包括文化消费产品和服务的数量、文化消费供给的渠道和方式等。结合图4，从文化消费供给看：各城区在文化消费供给方面发展均衡，文化消费供给市场并未出现某一城区高于另一城区的现象，这主要源于北京各城区之间文化消费市场的渠道流畅，保证了北京市文化消费供给的总量和结构的均衡。

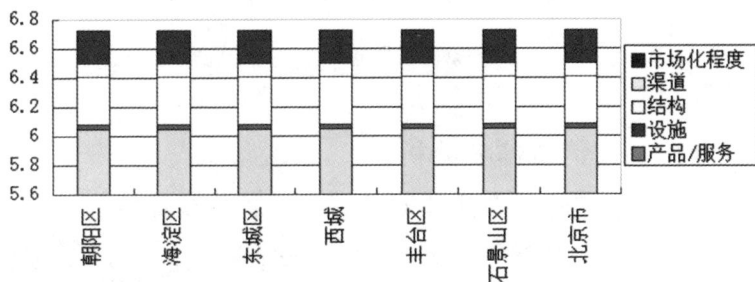

图4 各城区文化消费供给对比

（四）文化消费行为分析

"行为"是文化消费的结果，是文化消费主体与客体直接相互作用的结果。结合图5，从文化消费行为看：

1. 各城区在文化消费水平上无差异

各城区的文化消费水平发展一致，这与各城区居民的文化消费支出和文化类产品的消费价格指数有较大的关系，大体上这一数值在北京市各个区县是一致的，对文化消费水平影响不大。

2. 朝阳区和西城区的文化消费方式优于其他区

朝阳区和西城区的文化消费产品或服务以及设施建设类型多样，满足了不同居民的文化消费方式选择。伴随着奥运和后奥运经济时代，这一地区的文化消费方式会不断进步和更新。

3. 海淀区的文化消费内容优于其他城区

海淀区是北京市学术氛围最浓厚的城区，汇集了众多高等学府和研究机构，并有中关村科技园区带动的电子信息产品集聚。因此海淀区的主流文化消费以及文化服务消费都明显优于其他城区，同时众多高端文化消费场所的建立，使得高端文化精品消费支出也如火如荼。

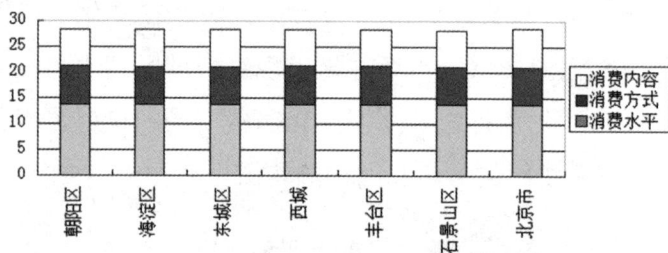

图5 各城区文化消费行为对比

（五）文化消费信心分析

消费信心是文化消费主体对消费体验的主观评价与反馈，以及基于主观评价对未来文化消费的期望和信心。结合图6可以看出，朝阳和西城的文化消费满意度最高，这与朝阳和西城区的文化产业发展水平是分不开的，这两个城区一个是北京的经济中心，一个是奥运设施及服务集中的地方，其文化消费满意度自然高于其他城区。海淀区居民对未来一年内加大文化消费支出以及对文化消费市场繁荣的乐观度最高，但是西城区以及朝阳区居民的乐观度较低，排在丰台区和石景山区之后。

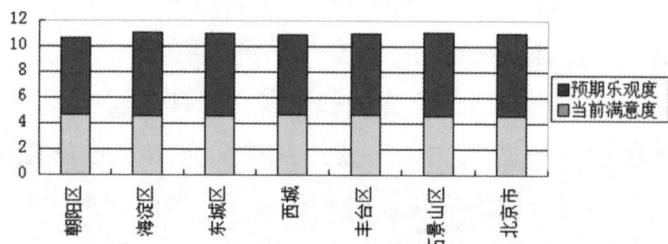

图6 各城区文化消费信心对比

第四章 城　市

第一节 北京，走向世界城市的要素选择

北京历史上就是一个国际化的城市，然而，要建设真正具有国际影响力的全球城市和世界城市，我们还需要充分了解国际上关于全球城市、世界城市的测度标准及其最新变化。要全面提升北京的城市品牌，还必须全面了解建构世界级城市品牌的要素、指标和路径。在全球化的推动下，世界形势发生了重要变化，国际化城市的发展产生了新的趋向。新的国际化城市从过去单纯关注经济，发展到今天更多关注信息化、数字化、网络化和移动化；关注人力资本、社会交往与政治参与。特别是更加关注文化发展、文化体验，更加关注生态文明和环境保护。北京需要探索国际化城市的高端发展之路。

改革开放以来，随着我国城市的高速发展，城市经济力量不断壮大，进入世界经济的步伐日益加快，城市的面貌发生了根本性的变化。2009年，我国成功应对国际金融危机的冲击，城市发展上了新的台阶，人均 GDP 达到6300美元。这标志着我国经济社会发展进入了一个新的阶段。在这样的背景下，北京及全国许多城市都提出了建设世界城市、国际化城市的新的目标，这是我国城市发展理念的一次飞跃，也是发展战略的一次重要的提升。

一、世界城市评估的核心要素及其变化

（一）国际上世界城市的研究与判定指标

究竟什么样的城市才算得上是世界城市，我们怎样才能判定和测度世界城市呢？毕竟，世界城市不是自封的，是有着基本的功能特征和指标要求的，达到了这些指标，才能获得国际社会的公认。

世界城市有多种含义，基于对国际化大城市概念的不同理解，各国学者分别提出了各自的衡量指标。

1889年，德国学者哥瑟（Goethe）就曾使用世界城市一词来描述当时的罗马和巴黎。1915年，英国城市和区域规划大师格迪斯（Patrick Geddes）在其所著的《进化中的城市》一书中，明确提出世界城市这一名词。最早对世界城市进行系统研究的学者是英国地理学家、规划师彼德·霍尔(Peter Hall)。1966年霍尔在其著作《世界城市》（The world cities）中对世界城市这一概念做了经典解释："世界城市指那些已对全世界或大多数国家发生全球性经济、政治、文化影响的国际第一流大城市。具体包括：主要的政治权力中心；国际贸易中心，拥有大的港口、铁路和公路枢纽以及大型国际机场等；主要金融中心；各类专业人才集聚的中心；信息汇集和传播的地方，有发达的出版业、新闻业及无线电和电视网总部；大的人口中心，而且集中了相当比例的富裕阶层人口；娱乐业成为重要的产业部门"。[1]后工业社会，要想在世界城市网络中占有一席之地，已经不能只靠单一核心城市的力量，所以"依托中心城市构建城市圈的合理空间布局是当今世界城市发展进程中的一大趋势"。[2]简·戈特曼（Jean Gottman）与1957年曾发表《城市圈：

---

1 ［英］P·霍尔著，中国科学院地理研究所译：《世界大城市》，中国建筑工业出版社1982年，第1-3页。

2 项光勤：《世界城市圈理论及其实践对中国城市发展的启示》，《世界经济与政治论坛》，2004年第3期。

东北海岸的城市化》，提出了"城市圈（Megalopolis）"理论。而弗里德曼（John Friedmann）于1986年，在《环境和变化》杂志上发表了《世界城市假说》一文，采用"核心——边缘"的方法，给出了7项指标用来衡量世界城市：(1)主要的金融中心；(2)跨国公司总部所在地；(3)国际性机构所在地；(4)商业部门（第三产业）高速增长；(5)重要的制造中心；(6)世界交通的重要枢纽；(7)城市人口达到一定规模。[3]这些衡量的指标开始注重在经济全球化过程中城市发展的市场外扩，功能延伸。并将全球30个主要城市，按其所在国家的经济社会发展水平分为两个部分：核心国家（发达国家）和半边缘国家（新兴工业化经济体），然后又根据上述指标将之分为"第一级城市"和"第二级城市"两个档次：在核心国家中，第一级城市有纽约、芝加哥、洛杉矶、伦敦、巴黎、法兰克福、苏黎世、鹿特丹、东京；第二级城市有旧金山、休斯顿、迈阿密、多伦多、布鲁塞尔、米兰、维也纳、马德里和悉尼。在半边缘国家中，第一级城市有新加坡、圣保罗；第二级城市有香港、台北、汉城、曼谷、马尼拉、墨西哥城、布宜诺斯艾利斯、加拉加斯和约翰内斯堡。他的这种评价体系局限于资本主义经济体系内部的空间格局排列，虽然比较宏观，指标体系也比较全面，但可操作性不强。

经济学家科恩的"跨国指数"和"跨国金融指数"方法，是在分析美国一些城市在全球城市等级体系中的位置时提出的。他认为只有当这两个指标均位于前列的时候，这个城市才能被认定为"全球城市"。跨国指数指在全球最大500家工业公司的某一城市所发生的海外销售额占这500家公司的海外销售总额的比重及它的销售总额占这500家公司总销售额的比重，如果这个指数大于1.0，则该城市属于国际中心城市，大于0.7，小于0.9则属于国内中心城市。

3 Friedmann J.The world city hypothesis. Development and Change, 1986 (17) :69－83.

对这两种指数进行综合评估，从全球范围看，只有纽约、伦敦、东京在两项指标中均居前三位，所以这三个城市属于全球城市，而巴黎、莱茵—鲁尔城市带、大阪、芝加哥、法兰克福和苏黎世的等级低于上述三个城市。

萨森从经济全球化的角度，将全球城市看作各类国际市场的复合体（multiplicity），是外国公司的主要集聚地和向世界市场销售生产性服务的主要集散地，同时由于这些城市在全球经济的运作中发挥如此重要的作用，所以全球城市也应当是国际性不动产市场最重要的所在地。为此，她提出全球城市应是"主导性的金融中心""主导性的国际货币交易中心""国际性不动产市场"。[4] 萨森用这三项要求分别对17个最大城市和城市圈的跨国公司总部数量、资本数量、股票价值总量、房地产项目等进行比较分析，结果是纽约、伦敦、东京是名副其实的全球城市。

卡勒鲍特（Carlabbott1997）认为，按照经济的专门化功能，20世纪后期的国际性城市至少可以分为三类：[5] 一是国际型生产城市，直接为世界市场服务，致力于出口商品的生产的国际化或拥有大国际企业的分厂。二是国际型通路城市，指历史上欧洲人进行海外定居的地区和殖民地的一些城市，如美国历史上的一些商业城市和19世纪欧洲扩张时一些殖民地城市都属于这一类。三是国际型交易事务城市，指向跨国市场提供专业技术、金融服务和个人服务的城市。交易事务型城市在经济信息、政治、组织信息或文化信息方面实现专门化。他制定了衡量三类城市的一个系列标准，其中包括衡量这些城市进行国际联系的标准、衡量为首的国际性城市的标准。他列表把美国纽约、华盛顿、迈阿密、洛杉矶、休斯顿、新奥

4 Sassen S.The Global City：New York.London.Tokyo.Princeton University Press.1991.

5 Carlabbott.The International City Hypothesis，An Approach to the Recent History of U．S Cities.Journal of Urban History，November 1997(1).

尔良、旧金山及亚特兰大等城市在许多方面的指标进行了比较，如外国人口的出生、外国银行数量、外国旅游者、新移民数量、进口物质的价值、具有外国领事馆的数量以及与外国建立姊妹城市关系的数量等，经过比较，纽约成为美国首屈一指的国际性大城市。

瑙克斯Knox（1995）提出，用功能分类的方面可能更有用，他根据以下3个功能将世界城市分类：[6] 首先是跨国商务活动，由入驻城市的世界500强企业数来衡量；其次是国际事务，由入驻城市的非政府组织和国际组织数来衡量；最后是文化聚集度，由该城市在国家中的首位度来体现，比如其与全国最大的次大都市的人口之比。

卡塞尔斯（Castells）非常强调国际城市与全球各地的流量(例如信息、货币、人口、物资等流动)，指出世界城市的产生与再发展是通过其流量而不是它们的存量凝结来实现的。[7] Godfrey和Zhou(1999)建议在确认全球和地区中心时，不仅要考虑跨国企业总部的数量，跨国企业分公司的因素也需考虑在内。[8]

英国拉夫堡大学"全球化和世界城市"研究小组（GaWC）是全球权威的世界城市研究中心，他们创造了一种以数量方式研究世界城市网络的方法。其大多数研究是关于城市内部结构和城市间相同性的比较分析。这个研究小组的负责人拉夫堡大学经济学教授彼得·泰勒认为，世界城市网络是在高级生产性服务业的全球化进程中，国际城市之间形成的关系。世界城市网络的形成被模型化为全球服务性企业通过日常业务"连锁"城市，而形成的一种连锁性网络，跨国公司是此连锁过程的代理人。一个城市融入世界城市网络的程度往往说明这座城市的国际化程度，也与城市未来发展前景相

6 P.Knox. and P.J.Taylor (eds.) World Cities in a World System.UK: Cambridge University Press, 1995.

7 Castells M. European cities, the information society and the global economy. New Left review, 1994.204:18-32.

8 Godfrey B J, Zhou Y. Ranking cities: multinational corporations and global urban hierarchy. Urban Geography, 1999(20):268-281.

搭建要素配置的最优平台

关。根据彼得·泰勒的观点，过去几年间，以北京和上海为代表的中国内地城市进一步融入世界城市网络，在"世界城市"中的地位有了明显的提高。而彼弗斯道克（Beaverstoek）和泰勒（Taylor）共同发表的《世界城市名录》一文，文中提出了用现代服务业中的财务、广告、金融和法律等4大产业来区分城市的地位和作用，划分全球城市，他们列出4大产业全球排名前几十位的跨国企业，考察它们子公司和分公司在世界城市的分布情况，根据公司个数的多少将世界城市划分为3个层次：10个Alpha级城市，10个Beta级城市，35个Gamma级城市。[9]

进入21世纪，创意产业在全球勃兴，对创意城市的探索也风起云涌。究竟什么是富于创造活力和生命力的城市，英国学者查尔斯·兰德利提出了九项测度创意城市的指标：关键多数（critical mass）、多样性（diversity）、可及性（accessibility）、安全与保障（safety and security）、身份认同与特色（identity and distinctiveness）、创新性（innovativeness）、联系和综合效益（linkage and synergy）、竞争力（competitiveness）和组织能力（organizational capacity）。这些标准需要纵观经济、社会、环境与文化四个层面。而其指标如"关键多数"则会涉及经济、社会、文化诸多方面。无疑，每一个力图成为国际化的城市，都要在价值链上步步高升，以争取自身的核心地位，借此来控制出口和低成本活动，同时吸引研究与知识创造中心、总部、先进制造服务业，以及文化艺术创意等高价值活动，最终成为某种中枢。[10]

2006年，城市营销和城市品牌专家西蒙·安浩（Simon Anholt）提出了城市品牌指数（CBI）。这些指数包括知晓程度、地缘面貌、

9 Beaverstock JV, Smith RG, Taylor PJ. A roster of world cities. Cities, 1999(16)：445－458.

10 查尔斯·兰德利：《创意城市》，杨幼兰译，清华大学出版社，2009年，第328页。

城市潜力、城市活力、市民素质、先天优势等6项一级指标，又称"城市品牌六边形"，每个一级指标下又细分为若干二级指标。西蒙·安浩对城市品牌的六个维度模型进行了详细的论述。[11]

品牌城市的品牌魅力在于城市广泛的影响力、普遍的美誉度、巨大的辐射力、强烈的吸引力，以及高度的认同感和强大的竞争力。品牌是一个城市的象征，也是一个城市的名片，它体现着一个城市的实力。城市的品牌是城市风格的展示，是城市个性的表达，是城市文化的集中体现，是城市整体功能的抽象象征。

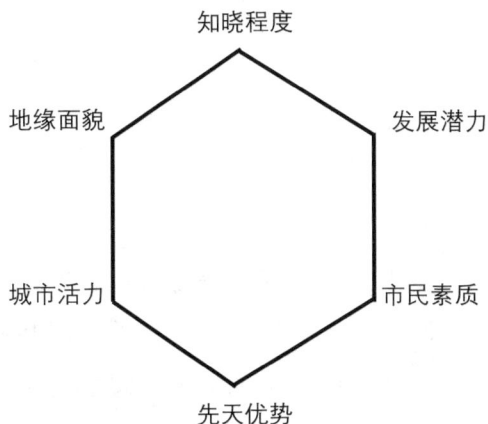

知晓程度

地缘面貌　　　　　　　　发展潜力

城市活力　　　　　　　　市民素质

先天优势

图1 城市品牌指标六维度模型

我国在20世纪80年代开始了对城市国际化的研究，但对城市国际化评价的指标还主要集中在城市的基础建设方面。最早出现的评价是中国人民大学舆论研究所会同青岛市政府办公厅（1995）邀请60位知名专家学者参与对国际化城市进行了一项"特尔斐法"研究。最终专家们从中选出了"最为关键的指标"五项（年资金融通总量、年人均生产总值、港口吞吐量、外汇市场日交易量、外贸

---

11 西蒙·安浩：《铸造国家、城市和地区的品牌竞争优势识别系统》，葛岩、卢嘉杰、何俊涛译，上海世纪出版集团，2010年，第75-76页。

转口额）以及其余十三项"基本指标"和"参考指标"等都集中在城市基础建设方面；[12] 王书芳（1999）认为，衡量国际大都市标准和指标可以从以下几方面选择：反映城市人口规模及构成的指标；反映城市经济综合实力的指标；反映城市经济结构和国际化经济功能与服务功能水平的指标；反映城市环境条件、基础设施水平和交通、邮电、信息业国际化水平的指标。[13]

随着城市现代化建设的不断推进和城市国际化理论研究的不断进步，城市国际化的评价指标开始出现城市现代化基础和国际交流并重的局面，如刘玉芳（2007）根据国际化城市的概念和判断标准，提出从经济发展、基础设施、社会进步和国际化水平4个方面综合评价城市的国际化程度。随着我国城市国际化程度的不断加深和理论研究的进一步加深，对城市国际化的评价也逐渐开始集中到注重城市的国际交流方面来。[14] 沈金箴、周一星（2003）认为判别世界城市的指标可以从以下几方面加以综合考虑：国家和国际政治权力、跨国公司总部、国内和国际的贸易、全球金融机构、全球专业化服务、全球信息、全球消费、全球文艺、世界性活动、全球交通节点、全球制造中心、城市经济规模城市人口规模；[15]

社会科学院倪鹏飞博士（2006）提出对城市的国际化评价，除了从城市经济国际开放度方面外，还从城市人文国际开放度来评价。经济国际开放度用以下指标衡量：外贸易依存度、外资占固定资产投资的比重、外企占城市总企业的比重。人文国际开放度则主

12 喻国明：《建设现代化国际城市的基本指标体系及操作空间——来自青岛市建设现代化国际城市"特尔斐法"研究的报告》，《城市问题》，1995年第1期。

13 王书芳：《我国国际大都市的建设》，《中南财经大学学报》，1999年第3期。

14 刘玉芳：《国际城市评价指标体系研究与探讨》，《城市发展研究》，2007年第4期。

15 沈金箴、周一星：《世界城市的涵义及其对中国城市发展的启示》，《城市问题》，2003年第3期。

要考虑：移民人口指数、外语普及率、外来文化影响度。[16]

（二）国际上建设世界城市全球城市的新思路

在全球化的推动下，世界形势发生了重要变化，世界城市的发展产生了新的趋向。人们对它的认识也有了新的提升。

在最新的世界城市的要素中，信息化成为世界城市的"神经中枢"。世界城市是全球信息网络的中心，信息技术带动和加速了物资流、人才流、信息流、资本流和技术流的集聚和扩散，其强度和速度超过以往任何时候，城市的综合功能进一步加强，形成产业分工跨越国界和产业体系区位分离的结构。信息化促使产业形态发生变化；信息化促使创新模式发生转变；信息化促使社会生活模式发展转变；信息化促使社会和城市管理模式发生转变；信息化促使城市的概念发生转变；信息化促成了传统社会向信息社会的转型。随着信息技术的深入发展和信息社会的加速到来，信息化将会无所不在，与经济、社会、文化各方面深度地融合，成为引领变革的主动力量。

当今主要的世界性大都市都将信息化作为提升城市形态的基础性战略措施。纽约近期提出了"互联城市"（connected city）计划；伦敦在远期城市规划中提出了发展"互联经济"（connected economy）目标；东京利用全国乃至世界信息中心的优势地位，成为战后新兴世界城市；新加坡提出 "智慧国2015"（iN2015）计划，通过发展信息产业实现向世界城市的迈进。可以说，信息化、数字化、网络化成为世界城市经济社会的基本运行方式，成为世界城市软实力的重要组成部分。

在传统的现代化城市发展的模式中，城市的资源极大浪费，生态环境往往遭到不同程度的破坏。在新的世界城市的发展中，各国高度重视节约资源，保护生态，关爱环境。生态平衡的宜居环境在

---

16 移民人口指数、外语普及率、外来文化影响度。

城市发展中日益具有重要地位。追求低碳目标、循环经济与可持续发展成为建设世界城市的新的重要目标。

20世纪末以来，随着文化产业、创意经济的兴起，文化日益成为城市经济的支柱产业，成为城市发展的驱动力。联合国创意城市网络的建立和迅速走红，成为城市国际化的强大动力。而独特的富于魅力的文化品格、城市形象和市民人文素质，也成为全球关注的中心，因而也成为世界城市获得最佳品牌效应的重要途径；文化多样性和宽容和谐的城市氛围，使得像巴黎这样的世界城市得到了更多的青睐。而优异的创业环境，高阶舒适的生活，文明的城市环境，也成为新加坡、悉尼、香港等国际城市，成为吸引外来人才和国际人口的重要目的地。

传统的现代性理念和国际城市发展中，经济发展占有绝对主导的地位，城市代表着财富的集聚，富人的天堂，代表着企业的驻地，商贸的中心。城市的经济发展，如何在全球竞争中以自身主导的产业赢取成功，是城市发展的主要目标。所以，城市管理者们更关注CBD、产业集聚区、机场、高新技术园区的发展。但未来的变化趋势是，城市功能由经济主导型或经济唯一型向综合平衡的更加社会化的功能转变；全球城市的发展更注重城市社会功能的开发，更注意解决城市的公共服务问题，防止社会分化，促进经济和社会的协调。

世界城市化的发展经历了"集聚—高度集聚—困境—分散"的发展过程。城市化初期，大量的人口向城市特别是中心城市聚集，当聚集达到饱和的时候，曾出现一系列的重症"城市病"，如交通拥堵、生活成本日益提升、城市功能高度集中、地价飞升等。这使得城市居民的生活质量日益下降，导致了城市的分散化取向：城市的空间结构由高度集中逐步走向分散化结构。

世界城市发展的另一个趋势是都市圈的发展，特别是新兴国家的都市圈的迅速崛起，显现了都市圈发展的新的方向和特点。新兴国家都市圈在全球城市网络战略中的地位大幅提升，它对于所在国家的整体发展战略也具有重要影响。墨西哥城、里约热内卢、圣保罗等都迅速发展，呈现了新兴都市圈的发展潜力正在不断释放。

2008年10月，美国外交政策杂志A.T.Keamey咨询公司和芝加哥全球事务理事会联合发布了全球城市的排名，征询了萨斯基亚·沙森和维托尔德·雷布津斯基等学者的意见。外交政策杂志指出，这个排名中基于对24个度量方法的评估，分为五个领域。包括商业活动、人力资本、信息交换、文化体验以及政治参与。这里特别谈到了信息交换在信息社会中的重要意义。文化体验也再次得到了强调，重新提出了政治参与问题。总排名里面可以看到，纽约、伦敦、巴黎、东京在总排名中居于前列。从分项看，巴黎在信息交换上是世界第一，伦敦在文化体验上是第一，纽约在人力资本商业活动上和整体上都是第一。香港在人力活动上居世界第五位，它在总体上也居世界第五。北京是总排名十二位，但是在政治参与方面在世界上排名第七，是比较靠前的。上海在总排名上到二十位，商业活动排名第八。

2009年10月，东京莫里会的城市战略研究所发布了对全球城市的一次全面研究结果。全球影响力城市指数排名依据分为六大类，69个个体指标。这六大类是：经济、研究与发展、文化活动、宜居度、生态和自然环境、容易接近的程度。这里世界城市的标砖设定又比过去的研究前进了一步，强调了"研究与发展"，"文化活动"的重要性，这是以前的世界城市评价中很少考虑的。特别是下面这几个方面，一个是宜居度，住得好不好，生态和自然环境，人们是不是活得舒适惬意？是容易接近的城市而不是高压的城市。根据这样的排名，得出纽约依然是第一，伦敦第二，巴黎第三，东京第四，新加坡第五。排名主要在前二十名里，香港排名第十。

　　2010年，总部在伦敦的世界城市咨询公司Knight FrankLLP和花旗银行一起发布了对40个预选世界城市的调查结果。有四个参数，经济活动、政治权利、知识和影响、生活质量，排名依然是纽约第一、伦敦第二、巴黎第三、东京第四，北京政治权利第九，香港进入第十四，上海经济活动优势进入第十九，这是2010年的排名。

　　这些国际上的相关理论讨论与实践运作都将为北京建设世界城市提供可资借鉴的经验，推动我们按照北京发展的现实去探索具有中国特色、北京特色的世界城市之路。

（三）探索国际化城市的高端发展之路

　　建设世界城市是一个关乎国家和地区发展的复杂而长期的过程，需要从高层次上进行制度创新，形成日益完善的城市管理制度、经济制度、法律制度、社会保障制度，来为世界城市的建设保驾护航。因此，建设世界城市，必须首先关注国家总体发展战略和区域发展大局，以此为指导，确定城市发展方向。市政府的战略导向具有关键的决定性的作用。

　　目前公认的世界城市无一不对世界经济具有强大影响力的城市，所以发展经济是构建世界城市的重中之重，主要包括如下要素：形成以核心城市为主的城市圈区位经济联合体；成为国际金融和贸易中心，关注外汇市场日交易量、外贸转口额、年资金融通总量、进口物质的价值、外国银行数量等；集聚着众多的跨国公司和财团总部或分部，国企总部，拥有雄厚的资本；建立了完善的市场经济体系，调整产业结构，第三产业高度发达，具有高效的综合服务功能，完善现代服务业中的财务、广告、金融和法律等服务体系。发展附加值较大的创意产业，以增加城市资本，提升城市价值；建设完善的产业集聚区，如中心商务区、高科技开发区等；关注消费市场，国内外消费总量等；关注股票价值总量、房地产项目等所创造的价值。

城市基础建设是构建世界城市的物质基础，城市必须有现代化的基础设施作为保证。城市建设、城市布局、公共设施的建设都需要大力加强。另外，交通设施也非常重要，世界城市一定是世界交通的重要枢纽，所以航空、公路、铁路、地铁等都是构建世界城市的重要基础。通过测定城市港口吞吐量也可以看到城市经济贸易往来的总体情况。北京作为中国取拥堵城市，公共交通系统有待进一步改善。

社会人文方面要考虑外国领事馆数量、国际性机构数量、NGO组织数量、与外国建立姊妹城市的数量、高等院校数量、大型国际会展数量，和谐的社区文化与公共文明秩序、市民文明素质，以及城市的文化影响力、城市品牌的形成、外语普及率、外来文化影响度、休闲娱乐和公共艺术等。另外，还需要经常地开展国际科技、教育、文化、体育等交流活动。

当代世界，科技创新是城市发展的原动力，而城市的信息流动是衡量其是否为世界城市的重要指标。构建的新型世界城市，必须高度关注高新科技产业和信息产业，关注通讯传媒技术、信息网络技术、高新制造业技术，以及信息产业方面所需硬件设备的制造等。

世界城市需要具有一定的人口规模，又为人口之多所累，更重要的是需要注意人口质量，如人口学历比重、精英人才数、留学生数、新移民数量、外国人口的出生数、外国旅游者数量、农民工及流动人口数量。

自然环境良好、空气质量上乘，并拥有富有特色的丰富旅游资源、建设宜居城市，提升市民的幸福指数。

未来全球关于世界城市、国际化都市或世界中心城市的发展趋势怎样呢？东方城市逐渐兴起，西方城市的相对式微，中国城市将对世界城市格局转移产生重大影响。而中国各个城市将不得不面临新型城市化的再思考。

2012年8月20日出版的美国《外交政策》杂志封面文章以"未来城市"为题，发布了《2025年全球最具活力城市排行榜》，对未来15年世界城市的发展趋势做出了预测。这个榜单由美国麦肯锡咨询公司推出。作者认为，在历史的任何时候，"城市"从没如此重要过。如今，全世界有600个城市正在创造全球约60%的GDP。到2025年，这种情况依然不会有太大的变化，只是构成这600个城市的精英成员会有很大的变化。在接下来的15年里，世界的重心城市将从欧美向南转移，而在其中起着更具决定性作用的，将会是"东方"。文章说："这就是为什么我们制作出这张如此特殊的榜单，为2025选出最具活力的城市。"

文章认为，目前世界上排名前600位的城市对全球GDP总值的贡献度已达到60%以上，到2025年，这一比率将保持，但600强城市的名单会发生很大变化。2010年，全球GDP的一半出自发达国家的362个城市。预测认为，到2025年，除了纽约、东京、伦敦、芝加哥等超级大都市，四分之一的发达国家城市将跌出全球600强城市榜单，被96个新兴城市取代，其中72个来自中国。在全球75座活力城市名单中，中国有29个城市入选，约占四成。上海摘得该榜单桂冠，京津紧随其后，广州名列第五位。文章认为，中国的城市化正以前所未有的步伐推进，其规模是世界首批城市化国家英国的100倍，速度则是其10倍。仅在过去的10年，中国居住在城市的人口就从36%增加到近50%。2010年中国的大都市地区制造了中国GDP的78%。如果这种趋势保持的话，中国的城市人口将从2005年的近5.7亿人增长到2025年的9.25亿人——这个增长数量比美国全部人口都要多。和中国城市竞相崭露头角不同，只有13个美国城市和3个欧洲城市入榜。分析称，由于欧美增长乏力，世界经济平衡将以前所未有的速度和规模通过城市化的进程由西方向东方倾斜。

文章也指出，城市的进化充满各种变数，进化的成功取决于领导人的英明决策、当地的经济形势、当地商人的努力以及运气。文章称，中国的房地产泡沫可能会破灭，中国的经济增长率会趋于平缓。不过，通过观测宏观经济局势，不论经济增长率是变缓还是加快，除非发生难以预料的灾难，未来的全球化大都市将大部分来自中国。

平静地审视《外交杂志》的文章与排名，我们清醒地看到我国城市发展中的一系列重大问题与困境：大量的人口向城市特别是中心城市聚集，人口饱和，环境承载力危机，已经出现一系列的重症"城市病"，如交通拥堵、生活成本日益提升、城市功能高度集中、地价飞升、环境恶化、文化消弭、公民社会权益弱化等。这使得城市居民的生活质量日益下降，宜居度下降，幸福感缺失。

总之，文化是我国城市建设世界城市的最重要的资源和特点，社会和谐是建设世界城市的最重要的保证，以人为本、关注民生是建设世界城市的出发点。北京之所以被联合国人居署评为世界上最平等的城市，盖源于长久以来北京形成的宽容博大城市品格。因此，在建设世界城市的探索中，我国城市除了必须借鉴各个世界城市如纽约、伦敦、巴黎、东京的基本构成和各自的独特成就外，还要选择撷取最合宜的"点"来重新"合成"，如纽约的百老汇，伦敦的创意产业、巴黎的文化底蕴，创造一个具有独特品格的东方文化型的世界城市。

我们所要建设的世界城市应该是政治民主、制度合理、经济发达、基础设施完善、科学技术水平先进、信息网络通畅、高新技术人才聚集、生态环境良好的，对世界政治、经济、文化都具有强大影响力的，可持续发展的国际化大都市。

二、大力培育北京走向世界城市的核心要素

从国情来看，中国是一个拥有13亿人口、五千年历史和辽阔

国土的发展中大国，在这样的国家实现现代化，没有先例可循。因此，作为首都，北京的发展不能套用别人的模式，只能从中国国情和历史出发，按中国特色社会主义发展规律来探索和把握城市发展规律和定位，建设国家首都、国际城市、文化名城、宜居城市。

的确，北京建设世界城市不能照搬现有发达国家世界城市的模式，而必须在充分研究和消化其基本经验和发展模式的基础上，吸收其优异成果，进而探索北京建设中国特色的新型世界城市的发展道路与独特性。

（一）文化是北京建设世界城市的最重要的资源和特点

文化是北京建设世界城市的最重要的资源和特点，社会和谐是北京建设世界城市的最重要的保证；而以人为本，关注民生是北京建设世界城市的出发点；北京之所以被联合国人居署评为世界上最平等的城市，是源于长久以来北京形成的宽容博大城市品格。因此，在建设世界城市的探索中，北京除了必须借鉴各个世界城市如纽约、伦敦、巴黎、东京的基本构成和各自的独特成就外，还要选择撷取最合宜的"点"来重新"合成"，如纽约的百老汇，伦敦的创意产业、巴黎的文化底蕴，创造一个具有独特品格的东方文化型的世界城市。

1. 文化软实力、文化竞争力的大幅提升

北京是一个具有古老文化底蕴的历史文化名城，3000多年的建城史，给予了北京这座城市独特深厚的历史文化遗迹，世界历史文化遗产和全国性的重点文保单位密集，特别是保存完好的古典传统皇家建筑遗存，成为呈现中国传统文化最好的物质化载体。

北京更是一个汇集了当代世界精神文化的文化名城，古老文明与现代精神交融汇合，开放的北京总是以开放的胸襟接受着世界文化的影响，不断创造积淀新文化，发挥文化中心城市的集聚辐射作用，成功实现了全国文化中心的中心源扩散作用，带动了其他区域

的快速发展。

北京的文化软实力和文化竞争力在全国居于前列，北京所具有的文化吸引力，成为凝聚全国人民的强大力量；北京具有的文化原创力，是北京成为我国文化创造的重要源泉，北京具有的文化影响力，经过奥运会的传播，已经吸引了全球的高度关注，北京的城市形象和城市品牌大大提升。以2008年奥运会的隆重举行为契机，北京大力宣传城市形象，向来自世界各地的运动员、游客、商界精英、政府要员展现了历史悠久、创意无限、活力四射、热情好客的城市风貌，积淀了巨大的城市品牌资产。加之，奥运会期间北京充分发挥宣传优势，借助各种媒体和专业推广机构，使"新北京、新奥运""中国印·舞动的北京"通过奥运会传遍世界每一个角落，为北京的城市品牌塑造积累了全球的人气。

1950年代的法国巴黎，1970、1980年代的美国纽约，1990年代的日本东京都曾被誉为世界艺术之都。随着世界文化中心的东移，21世纪则是中国的世纪，世界艺术已经在北京集中，北京已经成为一个巨大的国际化艺术馆，一个世界各国艺术进行交流对话的平台逐渐形成，北京正在走向东方艺术之都，国际影视之都。

2. 文化创意产业高速发展

从2006年北京确立文化创意产业作为北京的社会经济发展的支柱产业和引擎以来，北京的文化创意产业获得了高速发展。

北京是我国的首都和文化中心，也是享誉世界的历史文化名城，文源深、文脉广、文气足、文运盛，在发展文化创意产业方面具有得天独厚的条件。一直以来，市委、市政府高度重视文化创意产业的发展。2005年底，北京市委九届十一次全会做出大力发展文化创意产业的战略决策。经过近几年的大力推动和快速发展，文化创意产业已成为北京市的重要支柱产业和新的经济增长点，发挥了全国文化中心的示范作用。2011年是实施"十二五"规划的开局之年，在科技创新和

文化创新"双轮驱动"战略推动下，文化创意产业继续保持快速发展的良好势头，在高新技术产业、先进制造业等产业增速有所放缓的情况下，文化创意产业逆势而上，显示了强劲的发展活力，成为推动北京经济发展的重要力量和首都发展的一大亮点。

北京市文化创意产业总体实力雄厚，发展强劲。产业规模：逐年增大，增速较高。2005年北京市文化创意产业创造的增加值为674.1亿元，2010年增至1697.7亿元，年均增速20.3%，超过全市地区生产总值年均增速5.1个百分点；增加值占全市GDP比重由2005年的9.7%提高到2010年的12.0%，共提高了2.3个百分点。2011年北京市文化创意产业实现增加值为1938.6亿元，同比增长14.2%，占地区生产总值的12.1%，同比提高0.1个百分点。

在总资产、总收入与利润增长方面，根据北京市统计局的统计，截至2010年底，全市文化创意产业单位共实现收入7442.3亿元，从2005年到2010年年均增长21.6%；资产合计达到1.1万亿元，从2005年到2010年年均增长16.8%；利润总额429.8亿元，从2005年到2010年年均增长31.3%。

2011年1-11月，全市规模以上文化创意产业法人单位累计实现收入6560.3亿元，比上年同期增长17%，文化创意产业收入增速高于第三产业收入增速3.3个百分点。预计全年文化创意产业收入将突破9000亿元，增速将超过20%。全市规模以上文化创意产业法人单位实现利润455.8亿元，同比增长21.3%；上缴税金299.5亿元，增长18.9%。其中，大中型企业效益指标增长较快；1-11月大型企业利润、税金同比分别增长22.9%和17.8%，中型企业利润、税金同比分别增长31.2%和24.5%。

近几年来，北京出台了包括《北京市促进文化创意产业发展的若干政策》等在内的扶持政策20余个，已建立起支持文化创意产业发展的完善的配套政策体系。北京文化创意产业的高速发展，表明北京已经开始向世界创意产业的中心进发。

3. 教育资源与人力资本的雄厚基础

北京作为全国文化中心，创意资源丰富，聚集了一大批享誉全国的文化名人、文学家、艺术家和大量创意人才。全国有400多个科技信息类研究院所及科技信息网络中心，大部分集中在北京地区。北京地区拥有独立信息机构50多个，占全国的10.7%。根据《2006年中国科技统计年鉴》的数据，2005年北京地区拥有高等院校89所，科研机构350所，有科研活动的单位数目6481家，其中大中型工业企业有254家。北京市的人力科技资源占全国总科技人力资源的9.24%，其中高校科研人员和科研机构人员数量高居全国第一，远远超过其他地区。此外，北京每10万人中，大中专以上文化程度的人有1.7万人，是全国平均水平的5倍；北京两院院士有706人；北京拥有全国1/3的研究生院、国家重点学科和重点实验室，北京培养的博士后占全国的1/3。丰富的文化创意人才资源，为北京做大做强文化创意产业，提高产业的国际竞争力提供了坚强的后盾。

4. 国际经贸、国际交流和全球影响的持续上升

作为具有悠久历史文化传统的首都城市，北京是中国国际文化交流和对外文化贸易的主阵地，对外文化交流和文化贸易的领头羊，这既是推动中国对外交流和文化贸易发展的需要，也是北京打造世界级城市的需要。北京是传统文化与现代文化、中国文化与世界文化交汇处，多元交汇使北京文化呈现出独特的文化特色。作为中国政治中心和文化中心，北京在发展对外文化交流和对外文化贸易方面具有国内其他城市所不具备的优势条件，拥有丰富、多元的文化、经贸资源。北京地区出版的图书约占全国总量的1/2，音像制品占1/3，期刊占1/4，报纸占1/5，电视剧出品（部）集数和电影产量占全国1/3以上。在对外文化交流和文化贸易方面，北京文化创意产品出口规模也日益扩大，尤其是软件、图书、影视等行业的产品

搭建要素配置的最优平台

出口量居全国前列。

北京市在国际文化贸易方面在全国牢牢占据着领头羊的地位。在2009年11月18日商务部、外交部等六部门联合发布的《2009－2010年度国家文化出口重点企业目录》中，全国进入"目录"的文化企业共211家，其中北京56家，占全部文化出口重点企业的26.5%。北京版权引进与版权出口数量也都居于全国首位，2009年引进北京引进版权合同登记8298项，同比增长26.2%，其中引进图书、期刊版权8018项。近几年，北京市作为全国版权业的龙头，每年输出图书版权的数量都占到了全国的70%左右。在演出方面，《猫》《大河之舞》等国际知名娱乐演出品牌在进入大陆市场时，也往往将北京作为首选之地。

衡量一个城市能不能跻身于国际大都市，还有一个重要标志，那就是这个城市召开国际会议和展览的数量和规模。国际上有很多以会展著称的城市，比如，法国的巴黎平均每年承办国际大型会议300多个，因此有"国际会议之都"之称，而香港则以设施优良的展馆和完善的服务体系，赢得了"展览之都"的美名。

改革开放以来，北京的会展业正逐步向国际化、专业化、产业化和品牌化方向迈进。近年来，北京先后成功举办了世界妇女大会、国际档案大会、万国邮联大会、市长顾问大会等几十个大型会议，并先后举办了国际汽车展、国际通信展、国际服装展、第29届奥运会等专业性、综合性的展会。最新数据表明，截至2009年，北京市会展活动规模化和国际化特征明显，已具备向世界会展之都挺进的基本条件。

2009年，9月美国著名的《福布斯》杂志最近特别选出了10个快速崛起的"未来世界之都"，中国两大城市上海和北京名列其中。据香港《文汇报》报道，除了上海和北京，《福布斯》选出的其他"未来世界之都"还包括：莫斯科、孟买、圣保罗、迪拜、卡尔加里、珀斯、休斯敦和达拉斯。这些城市的财力和经济实力还未能超越东京、伦敦、巴黎、纽约、芝加哥、洛杉矶、首尔、新加坡和香港，但发展速度惊人。《福布斯》宣布其选择北京的理由是：北京：2008年主办北京奥运，是中国文化和政治的心脏，拥有著名历史名胜包括天安门广场、紫禁城等，同时拥有众多国际知名的前卫建筑。《福布斯》特别提及位于北京的清华大学，称它是中国版的麻省理工学院。

（二）北京建设世界城市应当着力培育的核心要素

那么，北京建设世界城市我们应当着力培育哪些核心要素呢？

世纪之初，《北京城市总体规划（2004—2020年）》将北京发展目标确定为：国家首都、世界城市、文化名城和宜居城市，到新中国成立100周年建设成为经济、社会、生态全面协调可持续发展的城市，进入世界城市行列。

综合上述关于世界城市的评价指标，并结合中国和北京市的具体情况，我们将逐步建构有中国特色的世界城市评价体系。我们认为，就目前来看，构建世界城市，北京应该关注如下这些方面：

1. 政治方面

建设世界城市，这是一个关乎国家和地区发展的复杂而长期的过程，需要从高层次上进行制度创新，形成日益完善的城市管理制度、经济制度、法律制度、社会保障制度，来为世界城市的建设保驾护航。因此，建设世界城市，必须首先关注国家总体发展战略和区域发展大局，以此为指导，确定城市发展方向。市政府的战略导向具有关键的决定性的作用。

2. 经济方面

目前公认的世界城市无一不对世界经济具有强大的影响力的城市，所以发展经济是构建世界城市的重中之重，主要包括如下要素：

（1）形成以核心城市为主的城市圈区位经济联合体；

（2）成为国际金融和贸易中心，关注外汇市场日交易量、外贸转口额、年资金融通总量、进口物质的价值、外国银行数量等；

（3）集聚着众多的跨国公司和财团总部或分部，国企总部，拥有雄厚的资本；

（4）建立了完善的市场经济体系，调整产业结构，第三产业高度发达，具有高效的综合服务功能，完善现代服务业中的财务、广告、金融和法律等服务体系。发展附加值较大的创意产业，以增加城市资本，提升城市价值；

（5）建设完善的产业集聚区，如中心商务区、高科技开发区等；

（6）关注消费市场，国内外消费总量等；

（7）关注股票价值总量、房地产项目等所创造的价值。

3. 城市基础建设方面

城市基础建设是构建世界城市的物质基础，城市必须有现代化的基础设施作为保证。城市建设、城市布局、公共设施的建设都需要大力加强，另外交通设施也非常重要，世界城市一定是世界交通的重要枢纽，所以航空、公路、铁路、地铁等都是构建世界城市的重要基础。通过测定城市港口吞吐量也可以看到城市经济贸易往来的总体情况。北京作为中国取拥堵城市，公共交通系统有待进一步改善。

4. 社会人文

主要考虑如下因素：外国领事馆数量、国际性机构数量、与外国建立姊妹城市的数量、高等院校数量、大型国际会展数量，和谐的社区文化与公共文明秩序、市民文明素质，以及城市的文化影响力、城市品牌的形成、外语普及率、外来文化影响度、休闲娱乐和公共艺术等。另外还需要经常地开展国际科技、教育、文化、体育等交流活动。

5. 科技创新

当代世界，科技创新是城市发展的原动力，而城市的信息流动是衡量其是否为世界城市的重要指标。构建的新型世界城市，必须高度关注高新科技产业和信息产业，关注通讯传媒技术、信息网络技术、高新制造业技术，以及信息产业方面所需硬件设备的制造等。

6. 人口方面

世界城市需要具有一定的人口规模，更重要的是需要注意人口质量，如人口学历比重、精英人才数、留学生数、新移民数量、外国人口的出生数、外国旅游者数量、农民工及流动人口数量。

7. 生态环境方面

自然环境良好、空气质量上乘，并拥有富有特色的丰富旅游资源、建设宜居城市，提升市民的幸福指数。

综上所述，我们所要建设的世界城市应该是政治民主、制度合理、经济发达、基础设施完善、科学技术水平先进、信息网络通畅、高新技术人才聚集、生态环境良好的，对世界政治、经济、文化都具有强大影响力的，可持续发展的国际化大都市。

第二节 北京，世界时尚文化要素的集聚与选择

在我国发展时尚创意产业，北京建设国家时尚创意中心，是根据我国经济升级换代和北京文化创意产业走向高端化的发展现实，提出的战略设想。对于全球创意经济发展，对于中国建设社会主义文化强国，对于北京建设国家文化之都，有着十分重大的意义。

一、北京，建设"国家时尚创意中心"

（一）建设"国家时尚创意中心"有利于完善北京特色世界城市功能

2012年底，北京市人均GDP超过13000美元，标志着一个全新

的发展时期的开始。近年来的一系列重大政策性讨论都反映出决策层在新的起点上对北京市城市发展目标的思考。早在2005年初，国务院正式批复了《北京城市总体规划（2004-2020）》，将北京发展目标确定为"国家首都、世界城市、文化名城、宜居城市"；2009年，北京市领导提出，北京要建设成为"中国特色世界城市"；2010年，北京市提出要建设"科技北京、文化北京、绿色北京"；2011年，北京市展开讨论将北京市建设成"中国特色社会主义文化之都"；等等。所有这些讨论都将文化作为引领北京市未来发展的主导因素，将文化创意产业作为北京未来发展的战略性主轴。

北京市城市发展定位需要顺应发展大势，将"国家时尚创意中心"作为建设特色世界城市的抓手。与目前世界上五大时尚创意中心城市相比，北京以厚重的历史与文化积淀，先进的高科技产业发展，以及强有力国家政治中心权威等特点而占有明显的优势地位，因此具备了在所有发展中国家中率先崛起成为第六大时尚创意中心城市的条件。在一系列北京重大发展战略论题正在展开热烈讨论的舆论背景下，应该秉承"重大项目带动"的战略思路，不失时机地打造"国家时尚创意中心"，将建设世界第六大时尚创意城市的战略目标变成按计划推进的项目。

（二）建设"国家时尚创意中心"有利于推动北京国家文化中心建设

北京市国家文化中心建设应该有更贴近生活、贴近市场的、更为准确定位的目标，"国家时尚创意中心"是"国家文化中心"的题中应有之义。建设"国家时尚创意产业中心"，能够进一步完善北京市文化消费环境，整合文化创意产业资源，打造世界级文化创意产业品牌，提升北京市现有文化创意产业整体实力和竞争力，有利于推动北京市国家文化中心建设。

（三）建设"国家时尚创意中心"有利于引领北京市文化创意产业升级

经过"十五"、"十一五"两个五年计划的发展，北京市文化创意产业获得了长足的进步。除了在文化创意产业各个领域均有较快的增长外，还形成了30个文化创意产业集聚区，集聚起了一大批代表国家水准，实力雄厚、竞争力强的文化企业，形成了一大批内容一流、品种丰富、交易活跃的文化产品和服务项目，在全国文化创意产业发展的大局中，北京市已经发挥了产业主导和政策示范作用。

北京的"十二五"文化创意产业发展规划的基点将从加快文化创意产业发展速度，转向推动文化创意产业升级。因此，除了设定了到十二五末期文化创意产业的发展目标由占全市GDP的比重12.3%提升至15%之外，主要计划推动产业布局的合理化调整和进一步优化文化创意产业发展环境。为此，决定加快标志性文化设施建设，形成一批首都文化新地标。建设市级六大产业功能区、30个文化创意产业集聚区，建设2至3个大型文化创意产业功能区。北京市还将设立文化发展基金，在整合资源的基础上，每年集中拿出100亿元文化专项资金，进行集中管理，统筹支持文化领域的发展建设。

"国家时尚创意中心"的建设，除了能推进北京文化创意产业升级，对一大批相关产业具有重大整合提升的带动作用外，对于形成新型产业集聚区，并进而推动北京市文化产业功能区的形成，也有重大的功能性带动作用。

（四）建设"国家时尚创意中心"有利于创新集聚区发展模式，推动北京市文化创意产业集聚区走向新的阶段

目前，北京市已经分四批批准了市级文化创意产业集聚区共有30个，另外城8区还设立了一大批区级文化创意产业集聚区，加上

由国家各部委命名的各类文化产业园区，北京市已经初步形成了文化创意产业集聚区三级体系，奠定了未来发展的基础。十二五期间，北京市发展文化创意产业的主要任务已经从产业扩张走向产业提升。就集聚区建设而言，大力兴建新的集聚区将转向对已成立的集聚区进行调整、充实、提升，最终形成整体竞争实力。我们认为，适时打造"国家时尚创意中心"，有可能以时尚创意产业为龙头，构建起北京市文化创意产业集聚区之间的合作网络，进一步盘活北京市已有大量投入的文化创意产业资源，推动北京市文化创意产业集聚区走向新的阶段。

国际上时尚创意产业集聚区的发展逻辑是：从"企业在空间上简单集聚"到"企业之间建立业务协作关系，打造时尚创意产业链"，再到"形成具有创新能力和竞争优势的产业集聚区"。如果将北京市看做整体上是一个世界级的"创意之都"的话，有可能创新集聚区传统发展模式，构建一个"企业在多个集聚区内积聚"，到"集聚区之间按照产业链建立协作关系"，再到"形成具有创新能力竞争优势的多重集聚区网络"。

案例参考：

20世纪70年代末期以来，意大利的东北部到中部一带的农业地区在欧洲国家普遍经济衰退的情况下获得厂快速的产业增长。这一被称作"第三意大利"的地区，其典型特征就是存在专业化的企业集群，大量的中小企业彼此发展了高效的竞争与合作关系，形成高度灵活专业化的生产协作网络，具有极强的内生发展动力，依靠不竭的创新能力保持厂地方产业的竞争优势。生产传统劳动密集型产品的企业集群是该地区的主要集群模式，典型行业包括纺织、制鞋、瓷砖、家具制造等等。

"第三意大利"的发展得益于56个产业区中建立的130多个商业

发展服务中心，这些服务中心为本区中的传统产业提供了量身定做的真实服务，并具备了以下特征：

1.有效平台。旨在促进区域中各组成部分的行动者之间的协作，协作积极性的调动取决于集群长期发展目标对集群企业利润的影响力。

2.以顾客需求为导向提供商业发展服务。其出发点在于为区域内主体的行动制订一个计划，由此也框定了本区域中各行动者的需求范围。中小企业的支持性服务应该是需求和供应两者相结合的产物，同时要激发企业创新主体的作用。

3.嵌入本地、具有自治性。服务中心必须保持发展性以能够应对各类要求，必须与企业保持对话交流，因为他们不仅是服务的受益者，也是主要的行动者。

4.加强治理潜力。服务中心要能够为本地发展提供增强竞争力的有效服务；能够加强本地的联系，使企业迎接面临的挑战；给予参与者优先享受服务的权利。这样，集群内的企业就有积极性接受服务中心的指导，并参与其组织活动。

上述发展经验表明：必须建立起能够帮助中小企业成长的环境。这样的环境由地方政府、教育研究机构、服务中心、咨询公司、商业和行业协会、商务部、积极的商业社区等构成，以支持企业创新成长，推动产业集群升级。

资料来源：朱静芬、王耕《浙江与"第三意大利"模式》，《上海经济》，2004年第5期。

二、全球创意经济发展需要中国发展时尚创意产业

（一）全球创意经济发展一枝独秀

自2008年开始，突如其来的粮食、能源和金融三重危机使世界于2009年陷入全面衰退。结果是，世界经济增长（GDP）由2007年

的3.9%锐减至2009年的负2%。实际上，所有国家和地区都受到了经济衰退的影响，衰退首先通过开放的全球化金融体系、然后通过需求崩溃和贸易下降进行传导。尽管2010年有经济复苏迹象，全球经济形势依然不容乐观，并且"后遗症"不断。

尽管国际贸易全面衰退，但是全球创意经济却逆势增长，成为不多的亮点。根据联合国贸发会议的统计，2008年创意产品与服务的全世界出口额达到了5920亿美元，比2002年的2670亿美元增加了两倍还要多，年均增长率达到14%。其中，发展中国家在创意产业领域的活力日益增长，南南贸易额合计约为600亿美元，在同一时期以年均20%的速度增长；从全球南方国家出口到世界其他国家的出口额，平均每年以13.5%的速度增长，2008年达到1760亿美元，约占创意产业全部贸易额的43%。发展中国家在创意产品和服务贸易的突出表现，主要是由于中国创意产品和服务贸易出口量的迅速增长，2008年，中国已经占有国际市场21%的比重。

有证据显示，文化创意产业具有抵御经济危机的"口红效应"。在全球经济衰退期间，对创意产物的需求尤其是对那些家庭消费类的视频电影、视频游戏、音乐和电视节目等的需求依然保持稳定。创意产业市场的稳固表明，许多人热衷于体验式的产品和服务，例如文化和社交活动、娱乐和休闲等，以减弱危机引起的反常症状。这表明创意产业的各个部门更能适应经济衰退，并能够为经济复苏做出贡献。

（二）中国将是引领全球创意经济发展的国家

2000年，中共中央十五届五中全会正式把文化产业列入国家发展战略，这是文化产业第一次进入国家最高文件中。从2008年全球金融危机开始，到2009年国家出台《文化产业振兴规划》，文化产业成为推动中国经济转型发展的关键性产业。

自全球金融危机以来，在中国新一轮的经济转型过程中，文化产业的重要性受到了前所未有的关注。可以预见的今后5到10年，中国文化产业的发展将比前十年有更好的宏观经济环境，五个重大的市场空间呈现在我们面前：

一是文化产业满足最终消费需求。理论分析国家人均GDP3000美元时文化产业产值应该是4万亿元，而我国目前只有1万亿元左右，即是说，中国现在蕴藏在世界市场未经释放的消费潜力是目前已实现文化消费的4倍以上。

二是文化产业作为生产者服务业的发展机会。作为新兴产业，文化产业不仅仅要满足人民群众精神文化消费的需求，而且要满足相关产业投入的需求，文化产业不仅是消费者的服务业，同时也是生产者的服务业，而对于生产者服务业，它的发展程度标志着中国文化产业的成熟。

三是当代文化产业作为数字内容产业的发展机会。从理论上讲，文化产业的发展是跟新的数字化信息技术有关，传统的文化产业，或者说上一轮的文化产业是以美国好莱坞这样的产业发展模式为代表，而不是现在的网络文化发展。全球金融危机将加速推动技术创新，中国的文化产业进入一个基础创新、业态创新、商业模式创新的时期，和新媒体相关的文化产业，或者叫数字内容产业，将在这一轮发展中以前所未有的速度增长。

四是文化产业作为一个城市化产业的发展机会。文化产业将随着城市化的竞争获得新的重大发展机遇，我们看到，高铁的迅猛发展已经改变了一大批二三线城市的区位性质，甚至改变了很多传统的观念，比如城市圈概念已经从传统三五百里的范围延伸到了如今高铁可及的1000公里左右，大量的新一轮和别具特色的文化设施得以建设。

五是文化产业作为一个全球化产业的发展机会。当代文化产业，实际上是一个全球化的新兴产业，中国在国际文化贸易中已经

搭建要素配置的最优平台

占有21%的支配性比重（见《2010创意经济》中文版），国际版权贸易赤字的状况也迅速得到改变（2010年降低到1／3以下）。中国在国际文化产业分工体系中的位置已经、并将进一步发生变化。

（三）全球时尚产业格局将因中国而改变

全球时尚产业格局无疑会随着经济中心的转移而变化。从目前全球时尚创意经济格局来看，中国还是一个时尚创意产业的进口国和消费地，全球时尚消费市场格局已经转向中国。但是由于中国还没有一个城市称得上是全球时尚创意经济的创造中心，因此时尚创意中心尚未转向中国。但是这一状况将迅速改变。

一个明显的现实是，总体上属于西方文明的五大"时尚之都"主导了世界时尚创意经济，整合全球时尚文化资源，占据全球时尚创意高端，主导全球时尚消费市场，对生活在不同文化背景下但是以市场和网络联系在一起的世界各国人民，从思想意识到生活习惯产生着越来越大的影响。随着中国国际经济地位的提升，这些老的时尚中心也开始将目光投向东方，他们先是越来越多地采用中国的视觉符号元素，尽可能地满足中国市场的消费需要，进而就需要将生产基地向中国转移以便快速地适应市场需求的变化，最后，必定将创意环节向中国转移，依赖中国的时尚创意人才以获取中国文化的创意灵感，不仅满足中国时尚消费市场的需要，也满足国际市场对中国时尚消费品的需要。因此，从发展趋势而言，全球时尚创意中心向中国转移是必然的。

因此，全球时尚创意经济发展需要中国大力发展时尚创意产业。在中国经济未来5-10年的发展远景中，时尚产业存在重大发展机遇，这一发展将推动我国在全球时尚经济体系中的位置发生根本性的变化，从而引发全球时尚经济版图的结构大调整。我国将从时尚消费大国走向时尚生产大国，并进而成为时尚创意大国。对于无论是中国还是外国的时尚产业从业人员来说，全球时尚经济版图的这一变迁都是历史性的，都蕴藏了无尽的商机。

三、推动文化产业成为"国民经济支柱产业"需要将发展时尚创意产业作为重大战略举措

从2010年10月18日党的十七届五中全会通过的《中共中央关于制定国民经济和社会发展第十二个五年规划的建议》，到2011年3月14日十一届全国人大四次会议通过的《国民经济和社会发展第十二个五年规划纲要》，再到2011年10月18日党的十七届六中全会审议通过的《中共中央关于深化文化体制改革，推动社会主义文化大发展大繁荣若干重大问题的决定》，连续三次提出，要加快发展文化产业、推动文化产业成为国民经济支柱性产业。

根据这一目标预测，从2011年到2015年，我国文化产业必须实现每年超过21%的增长率。怎样能够又好又快地实现这一发展目标，成为摆在我们面前的艰巨任务，打造国家时尚创意中心，大力发展时尚创意产业，引领我国文化产业走向创意化和时尚化，不失为一个创新发展思路，突破原创瓶颈，推动品牌提升，启动消费热点，实现产业超常增长的战略性举措。

（一）提出发展时尚创意产业有利于创新发展思路

提出发展时尚创意产业的战略举措，关键在于突出了"时尚"一词的积极意义，这将在观念上引发革命，将有利于扭转各级政府领导和政策制定人员存在的种种不利于发展文化产业的思想障碍，从而创新发展思路。

过去的10年，我国文化产业发展取得了巨大成绩，但是也显示出很多问题。比如说，GDP挂帅，过于关注提高生产速度而不关注消费市场变化；投资推动，过于集中力量于扩大生产规模而没有突破原创能力弱的瓶颈；以及从事文化创作的专业人员过于局限于以文化本身为出发点的、狭隘的原创意识而不关心大众日常消费中不

断流变的社会风尚与生活习惯，等等。

提出发展时尚创意产业有助于重新认识当代文化产业，重新整合文化创意产业链，并重新调整产业政策以适应文化创意产业与消费市场的亲密互动，以推动文化创意产业与相关产业的融合联动，更好地发挥其支柱产业的功能。

（二） 提出时尚创意产业有利于推广国家文化品牌

提出发展时尚创意产业的战略举措，是抓住了全球性文化创意产业"时尚化"的趋势，通过品牌打造这一"时尚化"的关键性战略，将大大提升国家文化品牌价值，带动我国文化创意产业实现跨越式发展。

时尚品牌的打造不是一蹴而就的，要靠国家的力量、区域产业凝聚力和品牌群的影响力。国家文化品牌是这个国家在某一文化产业或者某一类文化产品上的整体特质和形象组成的关于态度和信念的标记。比如意大利家具、法国时装、瑞士手表等等，这些品牌是由产业特色、优势共性、地区属性和品牌集合构成的。如下图所示。

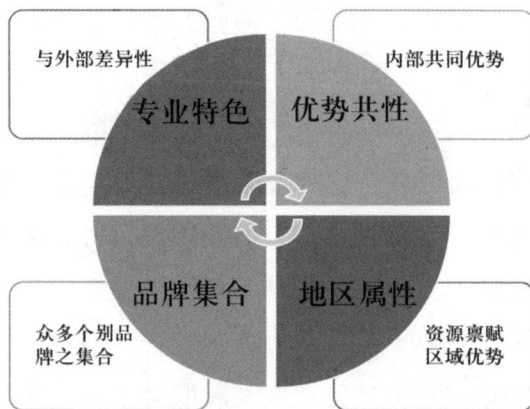

图2

因此，提出发展时尚创意产业，建设国家时尚创意中心，将在特定空间形成高端品牌迅速成长条件，大大缩短国家文化品牌生长周期。

（三）提出时尚创意产业有利于满足高端消费人群需要

提出发展时尚创意产业的战略举措，是适应了消费日益多样化的客观趋势，有利于满足高端消费人群的需要，通过高端消费人群的示范效应带动大众消费。

时尚需求有不同层次，这是客观事实。不同社会阶层有不同的经济背景、不同的社交圈子、不同的诉求、不同的购买力、不同的实现需求能力。富有所爱，贫有所好。需求差别客观存在，但是精英市场对消费市场非常重要，往往领衔时尚流行，带动时尚消费，从而启动大众消费市场。

中国高端收入和消费人群与国际时尚界相比还很不成熟，差距很大，亟须通过发展时尚产业加以培育。20世纪80年代中国时尚产品的流行度要被世界滞后两年以上，90年代沿海城市比如上海、广州也会比国际落后流行一年，如今时尚产品的流行度虽然基本与世界同步，但是仍然缺乏坚实的时尚根基。中国的时尚消费者还不成熟，缺乏对时尚内涵的理解，在时尚消费方面盲目跟风，时尚消费基础薄弱。尤其是，如今世界范围内的时尚产品流行周期也越来越短，一步赶不上，步步赶不上。以时装为例，过去一种款式畅销几年的现象已经很少出现，过去每年一次的新货周期和两个时尚季节的做法也被更短的新品周期所取代。

所以，提出发展时尚创意产业，建设国家时尚创意中心，可以打造与全球同步的时尚消费环境，满足高端消费人群的需要，更可以借由中国自己的高端消费人群带动其他社会阶层消费者的时尚消费。

（四）提出时尚创意产业有利于提升国家时尚产业水平

与发达国家的时尚产业相比，中国的时尚创意产业在国际竞争力、自主创新能力、人才发掘与培养以及产业发展规划上，均存在不同程度的差距和短板，而国家时尚创意中心的建设则有助于弥补这些不足。

　　我国的文化创意产业界还没有充分认识到发展时尚创意产业对于促进产业结构调整和优化升级的重要性；中国的时尚企业仍然认为自己属于传统制造业和服务业，不能向更高层次的时尚产业看齐；在全球产业网络中，中国是拥有丰富的高素质劳动力资源的国家，且具有巨大的国内市场，但是由于中国时尚企业大部分是代工制造商，品牌、营销、研发、设计、贸易、流通等领域受制于他人，因此产品附加值低，利润空间被挤压。

　　中国时尚创意产业在全球时尚创意产业网络中处于低端位置。时尚创意产业的全球价值链包括产品的创新、设计、研发、生产制造、品牌、营销、服务等一系列环节。在价值链上利润主要流向两端，一端是设计研发，一端是品牌营销，各环节的附加值呈"高-低-高"的U形曲线，又叫微笑曲线。这一价值链是典型的购买商驱动型的全球价值链，主导企业有三类购买商：零售商（retailer）、品牌专营商（branded marketer）和品牌制造商（branded manufacturer）。在国际时尚创意产业的全球价值链中，目前欧美等发达国家仍然牢牢控制着价值链的高端环节，或者拥有品牌，或者控制着庞大的批发和零售网络，从事着附加值最高的品牌营销，服装、包装、鞋帽等产品的设计，新型纺织纤维材料、新型面料的开发等高附加值的环节；而发展中国家凭借廉价劳动力专门从事附加值最低的缝纫制造环节。

　　2010年南非世界杯上一炮而红的长喇叭呜呜祖啦（vuvuzela），90%产自中国。但在义乌地区，呜呜祖啦出厂价为0.6-2.5元不等，平均利润不到0.1元人民币，经过中间商的进出口贸易差价，利润高达500%-2000%，零售价格提升到人民币17-51元。这个上亿元的商机中国的利润额只占到了2000万美元出口产值的5%。这正是因为在全球产业链的环节中，中国制造只占据着利润最微薄的价值链最低端，产品定价权不在中国企业手中。

所以，提出发展时尚创意产业，建设国家时尚创意中心，可以内积聚优势资源，形成创造性学习氛围，迅速弥补中国时尚创意产业价值链高端环节，提升国家时尚产业整体实力和竞争力。

四、全球顶级世界城市均为世界时尚中心

建设"国家时尚创意中心"的思路是：顺应新一轮全球化发展趋势，借鉴巴黎、米兰、伦敦、纽约、东京等世界时尚创意之都的发展模式，立足现有优势，抓住历史机遇，吸引国内外高端资源，以建设全世界第六大创意之都为目标，以全球性时尚创意专业人员集聚为主体、以高水准国内外时尚创意机构合作网络为骨干、以品牌性时尚创意活动为主线、以时尚产业及相关服务业为支撑、以相关创意生态环境为依托，并最终以引领全球时尚消费为目的的，建设新型的"时尚创意产业集聚区"。

（一）国际时尚创意产业的发展现状和趋势

当代时尚创意产业的发展集中反映了当代文化创意产业的发展趋势，即：国际文化产业发展的时尚化趋势，国际时尚产业同步化趋势，国际时尚产业的创意化趋势，以及国际时尚创意产业集聚化趋势。这些重大发展趋势存在着内在的逻辑联系，应该在整体上加以认识和把握。

1. 国际文化产业发展的时尚化

有学者认为，国际文化创意产业的发展越来越走向"创意经济"，因为随着经济的增长和生活水平的提高，文化消费越来越多样化和个性化，文化产业越来越成为不能仅仅从"产出面"定义，而要从"需求面"，或者消费角度定义了，因此，国际文化产业事实上日益成为以消费者流行的时尚文化为核心，通过市场机制物化为时尚产品和服务，再服务于多样化的消费需求的新型产业。

约翰·哈特利认为，当代创意产业正在从"供应商模式"走向

"需求模式"，从理论上对上述趋势做出了概括。

创意因果关系的供应商模式：

Creative industries: creative economy: creative culture
FROM: Provider-publisher model – ripple out effect.

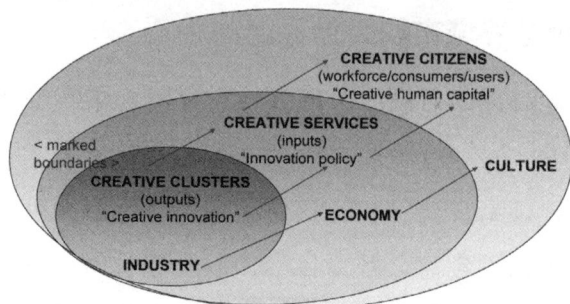

图中3个圈分别是：创意产业——创意经济——创意文化。第一个产业圈中是创意集群，属于产出。第二个经济圈中是创意服务，是创意产业对相关产业的投入。第三个圈是创意公民，是劳动力/消费者/用户。

创意因果关系的需求模式:

TO: demand-led creative markets
Navigator/aggregator model – feedback effect

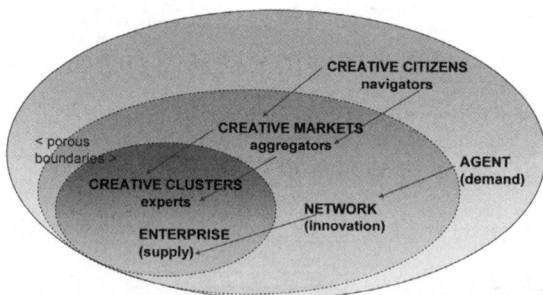

创意经济演化模式，一种新的和更好的创意需求模式。这种模式认为创意经济是需求带动的，从创意公民的需求出发，走向市场化的资源整合与创新，最后到创意企业的供给。在这个关系图式中，消费者、用户和公民不再是因果关系的对象，而成为市场主体。他们主动作为，而不是作为被动的结果被推来推去。

2. 国际时尚创意产业同步化

随着文化消费越来越多样化和个性化，国际文化产业越来越受到流行时尚的影响，这一趋势因数字化信息技术的迅速发展而被大大强化，越来越成为全球性同步现象。国际文化产业的同步化和时尚化主要表现在市场全球同步化、产业全球同步化、信息全球同步化与运营全球同步化四个方面。

市场全球同步化是指一国的时尚产品可以销售到全球，一国的市场上也可以买到全球各地的产品，比如在北京的商场里可以买到法国的瓷器，意大利的皮具，而中国的成衣也在美国的百货公司销售。而苹果的新产品往往是在一个发布会之后数天里在全球统一上市。

产业全球同步化是指一套时尚产品，可能会分别在世界各地制造。比如美国苹果的iPhone 手机，设计是在美国进行，核心元件在美国、日本、德国、韩国制造，并在中国组装。

信息全球同步化是指设计理念的全球化、流行的全球化和推广的全球化。比如香奈儿的中国风设计系列，从中国文化中吸取元素，其风潮和传播效果影响全球。

运营全球同步化是指一个品牌可能融合不同地区的资本，集合全球最优秀的设计团队，拥有不同的品牌合作和经营方式。比如隶属于WPP集团的奥美（Ogilvy）传播机构，在世界各地都吸纳当地人才建立了具有本国特色的广告和传播机构。

3. 国际时尚创意产业的创意化

由于文化产业时尚化因全球同步竞争而加剧，产业的分化在加剧，创意高端越来越成为获得产业竞争优势的关键，世界各国政府为获得综合竞争优势而竞相出台产业政策，主要有以下五个方面。

第一是培育时尚传统和时尚文脉，这是时尚创意的基础。文化政策中对于文化多样性的保护，对非物质文化遗产的保护与开发，对传统工艺的复兴，都是为时尚创意奠定基础；第二是培养艺术想

象力、是在培养时尚创意之源。文化政策中关于提倡创意创新思维、提升技术创造水平，以及对文化艺术教育的强调，对大众时尚文化的提升，就是着眼于培育下一代消费者；第三是培植时尚精英和时尚消费先驱，作为时尚创意的市场需求动力；第四是培育宽容和自由的时尚创意氛围；第五是加强知识产权保护，利用知识产权和专利来保护时尚创意的绩效。

4. 国际时尚创意产业集聚化

城市已经成为本轮全球化竞争的最重要载体，全球性时尚创意产业发展正在向最主要的国际化城市，特别是位居顶端的世界城市集聚，全球时尚创意产业体系的顶层结构已经由巴黎、米兰、伦敦、纽约、东京这五大时尚之都构造完成，决定着时尚创意产业的全球走向。中层结构由一系列国家级文化中心城市构成，底层结构则由不同国家的区域性文化中心城市构成。

第一，国际时尚中心（international fashion center），如巴黎、纽约、伦敦、东京、米兰；

第二，国家时尚中心（national fashion center），如美国洛杉矶、达拉斯，中国的上海，等等；

第三，区域性时尚中心（local fashion center），如中国的丽江。

以美国纽约为例，纽约有着便利强大的海陆空交通运输系统，是全球重要航运交通枢纽及欧美交通中心。纽约3个机场每年平均客运量超过1亿人次，纽约港是全北美最繁忙的港口，还有这全长1000公里，目前世界上最长、最快捷的地铁交通系统。这为纽约带来了方便快捷的人流、物流和随之而来的信息和资本，使得其影响力能够快速辐射到全美国乃至全世界，这是纽约成为时尚之都的强大支持系统。

纽约又是一个典型的移民城市，截至2000年，纽约拥有来自全球180多个国家的移民，占总人口的36%，庞大的城市人口为纽约发展时尚创意产业提供了大量的人才、劳动力和基本消费群。

纽约不仅是美国的经济中心,更是全球的经济中心之一,与伦敦、东京并称为三大金融中心。纽约在2008年人均GDP占据世界各城市首位,控制着全球40%的财政资金。这使得纽约在政治、文化、时尚等各方面都对全世界有着巨大的影响力和吸引力。

自20世纪中期以来,纽约成为西方艺术中心,许多艺术流派从这里发源,流向欧洲和世界各地。外来移民不断为纽约带来社会重构和多元文化发展。纽约的城市文化是纽约时尚的人文基础,而纽约的时尚本身又是纽约城市文化的重要组成部分。

时尚创意产业在本质上是与城市密切相关的,它的形成和发展条件都是城市经济的外部规模化和集约化的结果,比如时尚媒体、金融运作、时尚市场、时尚教育、时尚会展等。城市的转型和发展将极大影响时尚创意产业的发展,而时尚创意产业可以拉动传统制造产业,给其他新的产业提供空间和动力。时尚创意产业基本上都要基于传统的加工与制造业,但是单纯的时尚产品制造业绝不等同于时尚创意产业。

时尚创意产业的产业链形态或者说经济系统是有别于传统以制造业为核心的工业经济,它的核心是时尚资源。以智力资本和金融资本为纽带,并不仅仅依靠资本的力量,而是整合了劳动力和土地要素,形成新的生产关系和新的生产力。它是由时尚创意和创新不断催生的物质与精神并重的文化形态,并且不断衍生、培育、辐射新的市场和新的经济增长点。时尚创意产业以时尚文化和城市精神为核心,将制造业、媒体、商业部门连接起来,也连接着企业、消费者、政府、社区,它因此扩大了经济的边界,形成了新的社会关系。

(二)国际时尚创意产业的基本特点

国际时尚创意产业具有六大基本特征:

第一,时尚创意产业是一个长产业链。以时尚创意产业中最为

典型的时装产业为例。从纤维材质，到纺纱、织布、染色整理到面料，从设计样式到缝制成服装，再到将相似风格服装配置成为服饰系列，再到贸易流通和零售，其中涉及了种棉养蚕的第一产业、加工制造的第二产业，以及设计、咨询、商业服务的第三产业的不同产业部门。

第二，时尚创意产业由于是有产品为基本内容的部门，兼具了资本与技术密集型产业和劳动密集型产业的特征，对于劳动力有大量依赖。

第三，时尚创意产业大多不能形成规模经济，尤其是终端时尚产品的加工。原因是市场的多样化需求和个性化趋势使得同一类产品批量有限，启动成本增加，越是大批量同质化生产，市场价值越低。

第四，时尚创意产业的供应链具有鞭子效应，上游产品体量大、规模大、惯性也大，而下游产品品种多、批量小、市场流行周期短。因此产业链的柔性化是时尚创意产业的核心能力。

第五，时尚创意产业的产业集中程度低，中小企业占绝大多数。除了时尚零售连锁企业和品牌运营集团中有一些大型企业，多数时尚品牌企业和加工制造企业都以专业、细分为特征。比如意大利的时尚产业中80%以上的企业人数规模都在20人以下。

第六，时尚创意产业具有生态化特征，这主要是指时尚创意产业上下游产业之间具有相依存的共生关系，而且也互相补充，形成一种类似生态系统的关系。

五、我国时尚文化与创意城市

（一）我国时尚创意产业的现状与趋势

1. 我国时尚消费市场快速发展

我国文化产业是全面深化改革和全方位对外开放的产物，国际时尚创意产业的这些重大发展趋势在我国无不有所反应。首先，改革开放以来我国经济迅速发展，人民群众生活水平日益提高，特别是2008年人均GDP超过3000美元之后，消费在整体上出现"脱物化"倾向，文化消费越来越多样化和个性化，时尚成为一种具有极大影响力的社会文化现象，文化产业正在被时尚化的浪潮所引领。

中国已经成为了世界上最大的时尚消费市场之一。截至2011年3月底，中国奢侈品市场消费总额已经达到107亿美元（不包括私人飞机、游艇与豪华车），占据全球份额的四分之一。其中珠宝市场27.6亿美元、箱包25.1亿美元、时装18.3亿美元、钟表19.4亿美元、化妆品9.7亿美元，其他领域7.8亿美元，占全球总额的27.5%。

以服装、化妆品、消费类电子产品、珠宝首饰和动漫为例。中国是全球最大的时装生产商和出口国。2008年规模以上服装企业累计完成服装产量206.52亿件，其中梭织服装93.40亿件，针织服装112.12亿件，与2007年同期相比分别增加了4.8%、2.07%和7.16%。不过，受到金融危机影响，2009年我国的服装出口就出现了负增长，这主要还是因为中国在服装业内还主要处于加工制造环节。

我国化妆品市场销售额以平均每年23.8%的速度增长，早在2006年就已经成为仅次于日本和美国的全球第三大化妆品市场。

中国是消费类电子产品生产大国，也是众多生产企业眼中最具消费潜力、发展最快的目标市场之一。据麦肯锡公司公布的数据，中国消费类电子产品市场以每年12%的速度增长，市场总额在2010年达到了1250亿美元。

珠宝首饰方面，中国是世界上最大的铂金消费国，年铂金销售量在140万-150万盎司；中国也是亚洲最大的钻石市场之一，年消费钻石达到11亿美元；中国还是世界上第四大黄金消费国，年黄金首饰需求达到200吨左右；同时，中国还是世界上最大的玉石和翡翠消费市场。

2. 我国时尚创意产业迅速发展，并呈现高端集聚趋势

自从2000年十五届五中全会提出发展文化产业以来，我国文化产业伴随着经济持续快速增长而获得了长足的进步。根据国家统计局公布数据，我国文化产业增加值从2004年的3439亿元到2010年的11052亿元，年增率为21.48%。如果按照这个速度增长，2015年可以达到29238亿元。另根据温总理在2011年2月政府工作报告中预测，十二五期间我国国民经济年增率将控制在7%，2015年将达到55万亿元人民币，文化产业将占我国国民生产总值的5.32%，将超过"支柱产业"占GDP 5%的标准。

11年来，随着文化市场的不断开放，产业竞争机制的逐渐完善，文化产业也出现"高端化"发展趋势，时尚创意产业越来越成为像北京、上海、深圳这样的大城市对文化产业的支持重点，由此引发时尚产业的创意性前端在北京、上海、深圳这些国际化程度最高的城市的大规模集聚趋势。比如北京的798已是蜚声中外的创意产业集聚区，上海和深圳也已获得联合国"设计之都"的称号，标志着中国时尚创意产业有可能形成新的世界中心。

中国时尚产业的低端环节已经在改革开放以来形成集群化的发展势头。集群往往是专业化区域集群（localization clusters），集中于一类时尚产品的加工、制造、配送和贸易，比如柯桥的面料、上虞的伞、嵊州的领带、大唐的袜品、中山沙溪的休闲装、温州的鞋、海门的家纺、桐乡的毛衫、海宁的皮革制品、东莞的牛仔等。

这样的产业集聚与传统模式相比，是一种高级资源的集聚，更接近于市场，更受到精英市场的影响，变化更快。它需要集聚品牌设计中心、营销策划中心、咨询中心、贸易展示中心、流通与配送中心、消费与购物中心、流行发布中心。

时尚创意产业虽然名为产业，但并不仅仅限于传统时尚产业和相应的经济活动。它既包含了文化，凝聚了资源、资本与智力，扩散到现代城市生活的几乎全部领域。它已经渗透到都市人的衣食住行，渗透到所有的设计、制造、流通过程，渗透到生活、商务、公务和政务活动里，潜移默化地改变了现代城市居民的生活方式、文明程度、审美范式、关系程式，提供给社会发展新的能量、动力和发展空间。虽然时尚创意产业很难通过GDP准确分离出对于经济的全部贡献力，但是作为一种新的经济系统，必然会对城市经济发展带来结构性的创新和提升。

　　时尚创意产业的产业系统是以时尚文化为核心的，包含了时尚价值、时尚规范和时尚精神。通过时尚资本、时尚智力和时尚信息的处理，将时尚文化物化为时尚产品，并且通过设计、制造、营销、国际采购、零售流通、会展等手段流向消费市场。而作为基础的现代都市，将其社会基础与经济基础以教育、资本和服务的形式将时尚创意产业支撑起来。具体图示如下：

3. 国际时尚之都的特征分析

（1）人文地理因素

　　包括四季分明的气候，相当的城市规模和众多的人口，便利快捷的交通和信息系统。

（2）国家及城市背景

国际五大时尚之都所在国家政治、经济、文化等总体实力都很强大，城市本身都是国际金融、经济、流通和交通乃至政治、文化和艺术中心，具有超大的城市规模。同时，城市的历史和个性会成为时尚产业和文化的底蕴。

（3）产业基本条件

拥有雄厚的时尚产业力量、能控制和拥有完整的产业链是世界时尚之都形成和发展的基本条件。

（4）城市人文基础和时尚文化

成熟的时尚消费群体、优良的都市时尚生活和着装传统、独到的时尚风格是国际时尚中心城市的人文基础。

（5）特色标志

每一个国际时尚中心城市的时尚产业都具有自己的特色，都有一批代表性的世界级品牌、设计师、时尚地标、产业集聚区、时尚活动以及独到的经营方法并构成产业核心。

（6）产业公共管理和城市开放性

国际时尚之都的形成和发展离不开政府的大力支持和协会组织的有效管理，同时，城市又必须是开放的，这是保证其持续发展的必要条件。

虽然北京的时尚创意产业一直紧随着国际一流的时尚设计、时尚品牌，缺乏自主设计与创造，没有自己国家或者城市的风格特点。但是中国的时尚创意产业正在经历从中国加工、中国制造到中国创造、中国时尚这样艰难而又不断前进的历史进程（见下表）。

中国加工 Processing	中国制造 Manufacturing	中国创意/创造 Invention	中国品牌/时尚 Creation
批量适应性 品种适应性 低启动成本 打样技术 加工成本 生产效率 品质保证 JIT交货	柔性化与快速反应 设计供样能力 品质档次水平 制造成本、效率 供应链管理 销售网络/交易成本 运营效率	创新设计 艺术氛围、创意环境 创新产品产业化和市场化 知识员工/知识资本 技术装备创新 新材料、新工艺	时尚内涵 智力资本 营销力 品牌组合 区域集合品牌 时尚引导力 时尚市场网络
数字化技术信息链接：产业链整合、知识资本、智力资源、服务与知识产品、综合管理系统、无缝供应链、贸易、环保、CSR			

中国时尚创意产业在改革开放30年里经历了从初创到逐步发展的阶段。自从中国加入世贸以后，受到来自时尚创意产业全球生产网络（GPN）重构和外部市场竞争的压力，中国时尚创意产业的升级也遭遇金融危机，只有加快进程才能抵御外部冲击。时尚创意产业通过流程升级、产品升级、职能升级和链条升级等形式，将使中国在时尚产业全球生产网络和全球价值链中取得主导地位，提高产业抗风险能力和持续发展能力。

比照国际时尚中心的条件，在中国形成世界级的时尚业集聚中心，集聚世界级的品牌设计、营销策划、咨询、会展、物流、消费与零售、流行发布是完全可能的。在中国的一个城市里，集中时尚产业链核心部门、时尚价值链的高端环节，成为时尚相关经济与社会活动（生产、消费、传播）的舞台，体现一个地区或者中国的国家精神与文化，既是中国的需要，也是中国未来必将出现的现象。

伦敦的经验

从国家范围来讲，一般是英国文化媒体体育部制定方针政策，由政府的不同机构部门负责实施，如下图所示。

```
                         ┌──────────────┐
                         │ 英国税务与海关总署 │
                         └──────────────┘
┌──────────────┐  合作   ┌──────────────┐
│ 英国文化媒体体育部 │────────│ 英国贸易投资总署 │
└──────────────┘        ├──────────────┤
       │                │ 英国外交及联邦事务局 │
       │                ├──────────────┤
       │                │ 英国税务与海关总署 │
       │                └──────────────┘
  制定方针政策
       │
       ▼
```

| 英格兰艺术理事会 | 英国国家科技艺术基金会 | 英国产业协会 | 英国电影理事会 | 英国时尚协会 | 设计理事会 | 其他行业理事会 |

伦敦非常重视创意产业基础研究和数字化研究。英国对创意产业进行了大量基础研究，除了1998年和2001年发布的两份《创意产业图录报告》外，1998年出版的《出口：我们隐藏的潜力》研究了创意产业的出口政策与做法。1999年研究了创意产业的地区发展；2000年发布的《下一个十年》从教育培训、扶持个人创意及提倡创意生活等方面研究如何帮助公民发展及享受创意；2004年公布了创意产业产出、出口、就业等统计数据，介绍了产业发展现状；2005年再次更新了数据。

（二）提升我国时尚创意产业的措施

1. 全球布网

时尚创意产业是全球化共时性产业，目前正处在巨大变革前夜，建议适应全球时尚产业向东方转移的需要，与老牌的5大"时尚之都"，特别是与全球著名品牌机构建立起紧密的商业联系，方便其将生产基地，甚至是创意机构向中国转移，以适应中国市场的变化和国际市场对中国时尚消费品的需要。

为此，建议制定有针对性的优惠政策和招商方案，吸引国际品牌性时尚创意企业将其研发部门转移到国家时尚创意中心，形成全球最有活力和有影响力时尚创意集群。

巴黎的经验

法国财经就业部企业总署负责规划法国工业发展策略，其中消费品处下设立负责纺织品、服饰及皮件（THC）工业发展科，规划发展相关产业策略。和很多国家政府支持国际品牌在本地发展不同，法国政府非常注重扶持中小企业以及家庭企业的发展，意在改变它们原有的传统经营模式，创造更多的利润。法国国际企业发展局就是政府用来帮助中小企业走出国门，发展国际贸易的机构。

巴黎时尚产品大多在其他国家进行生产和加工，例如面料的生产多集中于葡萄牙、西班牙和北欧，服装生产集中在土耳其、摩洛哥、波兰和印度，皮革集中在越南，而珠宝的生产多在南非、菲律宾等地。

伦敦的经验

2006年6月16日，英国政府提出要把英国建设成为全球"创意中心"；2005年11月4日，文化传媒与体育部发布了"创意经济计划（The Creative Economy Program）"，意在创意产业的支持、发展及提高生产力方面建立一个更好的框架。该计划关注的焦点主要集中在7个领域，每一个领域都将有一名专家领衔，这是英国完成"全球创意中心"所走的第一步；2006年2月7日，英国文化媒体与体育部成立专家组，让7名专家负责创意产业的7个发展方向。

2. 全国布局

我国文化产业已经经历了10年的"热运行"，产业发展越来越从依赖于"条条"和"块块"的优惠政策走向依赖于建立在市场基础上的整体空间布局的调整，全国各地文化产业园区也普遍存在

整合提升的需要。建议发挥时尚创意产业的高端优势和"国家时尚创意中心"位居首都服务全国的政策位势，与地方性文化产业集聚区形成各种形式的合作网络。特别是要与西部少数民族文化资源丰厚，产业发展短版突出的省份探索共建园区的体制机制创新，形成资源互补、产业互助、整体提升、合作共赢的全新发展态势。

为此，建议联合中国社会科学院文化研究中心，国家民委等机构，制定中国少数民族文化创意产业中心的规划方案，并由中国恒天集团提供相应土地空间加以实施。中国少数民族时尚创意中心将是北京市政府和全国各少数民族聚居地区的地方政府共建的园区，承担起对内引领全国少数民族文化发展，对外传播中国多样化民族文化，以及为国家时尚创意中心提供精神资源的作用。

巴黎的经验

高级时装是法国的国宝，法国政府早就把高级时装视为自己的文化遗产，对高级时装实施了保护与扶持政策：

（1）设立卢浮宫高级时装展示中心。法国政府将过去分散进行的时装发布会集中到世界闻名的卢浮宫美术馆广场举行。这一举措极大方便了设计师的展演、交流，也便于各国观众、客商及媒体记者的观摩、认购和采访宣传。

（2）对外开放高级时装展示会。在一年两次的时装展示会期间，法国政府欢迎世界各国的年轻人到巴黎来展示自己的作品，为所有的设计师创造了平等竞争的环境和机会，形成了"只有在巴黎取得认可，方能名扬天下"的重要氛围。

巴黎的服装产业的分销和零售聚集现象突出，相反时装制造却很分散，服装工厂的聚集地以巴黎城郊为主，法国中南部集中着众多的面料供应商，他们在巴黎一般都会开设办事处和展示厅，大部分的真丝生产厂家和供应商在里昂。

3. 全市布点

北京文化创意产业10年来在全国处于领先地位，目前已经建立起30个市级文化创意产业集聚区和许多区级集聚区，基本完成了基础性投资和产业发展的"铺底"性工作，现在需要做进一步整合提升，以全面发挥存量资源的产业效能，进入一个新的增长周期。建议仿照中关村高科技园区"一区十园"的模式，以"国家时尚创意中心"为核心，建立北京市文化创意产业集聚区"一区十园"体系，形成北京市文化创意产业集聚区发展的全新态势。现在需要做进一步整合提升，以全面发挥存量资源的产业效能，进入一个新的增长周期。

为此，建议仿照中关村高科技园区"一区十园"的模式，以"国家时尚创意中心"为核心，按照时尚产业链和产业要素配置需要，在全市范围内选择合适的文化产业集聚区进行功能布局，建立北京市文化创意产业集聚区"一区十园"体系，形成北京市文化创意产业集聚区发展的全新态势。

4. 全要素配置

时尚创意产业是文化创意产业中最典型的产业类型，需要全新的环境和全要素的资源配置，除了传统的基础设施条件和传统的产业资源外，特别需要具有文化艺术特色的"软环境"和教育研发资源。宋庄位于北京郊区，目前是一个相对单纯的"艺术家村"，还有足够的空间让我们按照时尚创意产业的理想目标加以打造。建议打破目前一些领域的常规做法和封闭性思路，在这里创建新型的大学、新型的研究机构、新型的企业、并以新型的管理体制机制为其服务。

为此，建议打破目前一些领域的常规做法和封闭性思路，在这里创建新型的大学、新型的研究机构、新型的企业、并以新型的管理体制机制为其服务。可以考虑与国内外著名设计机构和大学设计

搭建要素配置的最优平台

学院合作，建立联合教育培训基地。也可以考虑获得高层支持，在这里重新恢复前几年被错误地撤并的中央工艺美术大学。

巴黎的经验

巴黎的时尚产业公共管理比较完善，各行业都有属于自己的行业协会，引导和规范着本行业的发展，包括法国时装公会（由高级时装协会、高级成衣和设计师协会、高级男装协会和手工艺及相关职业联合会4家组成）、法国工艺面料联合会、法国服装连锁经营商联合会、法国服装联合会、法国鞋业皮革技术中心、法国鞋业协会、法国香料生产企业协会等。

法国在许多公立中学开设了大量的培训，教授一些诸如缝纫、服装设计等课程。巴黎的时尚教育也十分注重将企业实习纳入大学课程。法国的设计师培训来源于传统工艺美术学校。在巴黎，艺术院校分为两类，一类是学院派，教授实用艺术，如巴黎的Dupere实用艺术高等学校、装潢美术学校、Roubaix实用艺术学校等；另一类是专科学校，用于解决特定需求。比如巴黎的时装公会学校、Esmod国际时装设计高等学院等。另外，在法国还有大量服装造型设计私立学校。

5. 全方位运作

时尚创意产业是新型产业，需要全方位创新的运作。建议用足行政资源，提高园区的授权层级和运作层级，充分发挥政府在打造园区环境，推动重大项目上的积极作用；建议用好政策资源，开拓创新思路，将中关村高科技园区政策、文化体制改革以来出台的文化产业鼓励政策，以及相关产业近年来国家出台并证明行之有效的各种产业政策进行全面整合创新，用于园区；建议用活金融资源，充分利用目前金融行业与文化产业已经形成的战略合作关系，掌握已有的金融工具，开发新型金融工具，助推产业跨越式发展；建议盘活产业资源，打破行政条条框框限制，实现跨地区、跨行业、跨所有制的全面的资源重组；建议善用人力资源，设计创新性的、真正适应时尚创意人员成长的教育和研发体制，吸引、孵化、培养各种层次的人才。

党的十七届六中全会已经召开，推动文化体制改革，实现文化大发展大繁荣，建设社会主义文化强国，已经成为全国人民的共识和一致的行动，国家时尚创意中心建设迎来了最佳的发展机遇期。中国恒天集团决心不失时机地打造"国家时尚创意中心"，实现我国文化创意产业新的跨越式的发展，为建设文化强国做出自己的贡献。

从1966年彼得霍尔出版《世界城市》一书开始，"世界城市"的功能就被定义为"高阶生产者服务业"的集聚，而这一定义一直被局限在会计、广告、金融和法律等凸显经济活动价值的行业，于是其主要形态就以毫无文化特色的"中央商务区"（CBD）而流弊天下。新一轮全球化将是以文化创意产业为主导的，时尚创意产业将成为主角，其空间形态必然以各具特色、独具一格的"时尚创意产业集聚区"而风行天下。中国恒天集团成功打造宋庄"国家时尚创意中心"，将引领这一新的变革趋势。

结　语
北京目标：创构世界文明的全新经典

不同于冷战时代国家与国家、民族与民族之间的激烈对抗，也不同于20世纪世界超级大国带领的不同阵营间的严酷斗争，世纪之交在全球化的潮流推动下，在世界城市化的浪潮中，城市之间特别是世界城市之间的竞争代替了壁垒森严的国家、民族间的斗争，上升为重要的国际战略。21世纪，国际化大都市之间的竞争，成为世界各国之间竞争的重要方式。

21世纪是城市的世纪，是城市大发展的世纪，是国际化大都市特别是世界城市之间大竞争的世纪，是世界城市带动的都市圈作为全球经济中心并日益成为文化中心的大竞争的世纪。

从历史上看，中国的首都曾是世界上最繁荣、最发达、最辉煌的城市，具有世界影响。近代国际经验告诉我们，纽约的兴起和成长为世界城市，成为美国崛起乃至成为世界大国的标志。东京成为世界城市，也成了日本崛起为世界大国的象征。北京建设世界城市，是因应历史的呼唤，回应全民族的期盼，去实现中华民族伟大复兴的历史要求。北京作为历史悠久的文明古都，中国近千年来最重要的政治中心、文化中心，它的发展变化与中华民族的兴衰际遇息息相关。北京是中国的象征，北京文化是中国文化的典型代表，北京的发展是中华民族伟大复兴的集中体现，这在举办29届奥运会的过程中，得到了充分的验证。

因此，北京选择建设世界城市，就是选择了一条参与当代新形势下国际化大都市之间高端竞争的发展方式。作为参与国际竞争的中国代表队，北京承担着中国走向世界的重大责任和重要使命：成为21世纪世界最重要的金融之都、高新科技信息产业之都、文化创意之都；为国家赢得全球竞争中经济发展、社会进步、文化繁荣的"金牌"。

今天的北京，是世界的北京。从人文奥运到人文北京，今天的北京正在走向中国特色的世界城市。从奥运开端的三步走战略，体现了北京面向全球的雄伟气魄，走向世界的高远志向，不懈努力的扎实工作，和永攀高峰的前进脚步。

北京建设中国特色的世界城市，是中国城市发展理念的一次飞跃，北京发展战略的一次重要的提升。这是顺应历史的潮流，回答现实发展的必然选择。是承担中国走向世界的国家队的重大责任，实现中华民族伟大复兴的历史要求的必然选择，也是应对全球竞争的严峻形势，开创北京发展的新阶段，带动区域经济全面快速发展，迈上历史新高度的必由之路。

随着我国经济的全球发展，北京进入世界的步伐加快，北京的发展已经日益与世界经济紧密联系在一起，我们必须时刻关注全球经济社会的发展变化。但是，长期以来我们习惯于关注短期效应，关注自己眼前的发展、手头的工作和应急的任务。我们的国际视野还不够宽广，我们的国际联系还不够广泛，我们应对世界经济政治的经验不足，特别是应对危机的策略还不够完善。因此，北京提出建设世界城市，是北京应对国际发展需求的正确决策，它要求北京更多更清醒更具体的了解世界，进入世界，应对世界。

世界城市是国际城市的高端形态，是具有世界级影响力、能够聚集世界高端企业与高端人才的城市。人文北京与世界城市二者之间存在着内在的必然联系，人文北京是北京建设世界城市的必然选择。提高首都的人文向心力、文化竞争力和文明感召力，是建成具有中国特色和国际影响力的世界城市的根本基础。

北京建设世界城市，也是适应北京自身内在发展的需要的选择。改革开放的30多年来，北京经历了粗放的资源型产业到制造业发展，再到投资型发展的阶段，现在正在走向了金融发展、科技创新、文化创意的新阶段。进入一个产业升级换代、全面调整产业结构的非常重要的历史时期。

国际经验告诉我们，世界各国的国际化城市，都曾经历产业结构的调整升级。20世纪末，英国伦敦面对世界全球化、信息化、网络化的发展，适时地提出调整产业结构，发展创意产业的战略决策，使伦敦乃至英国获得了长达10年的创意产业的高速发展。欧盟展开的欧洲城市复兴旗舰项目，也是面对欧洲制造业的衰落，进行产业结构调整，升级换代，寻找城市发展的新增长点的成功案例。

北京目前人均GDP达到12000美元，服务业达到74%，人均GDP达到中等发达国家水平，服务业比重也达到了一些发达的国际城市的水平，在这样的转型时期，北京提出建设世界城市，是产业结构调整，产业自身上层次、上台阶的必然选择。

无疑，首都北京与世界城市目前仍有一定的距离，如何通过制度创新、文化创新、思维创新、观念创新和生活方式创新，实践人文北京的理念，调整经济结构，转变经济发展方式，提升文化软实力与国际竞争力，真正将北京建设成具有中国特色的世界城市，既是一个难度很大的理论问题，也是一个社会价值很高的现实问题，需要深入探讨和大胆实践。

未来几十年，将是中华民族实现伟大复兴的重要历史时期，北京建设世界城市，瞄准中国在世界文明发展中的再度崛起，中国国际地位的重大提升，中国国际环境的迅速变化，中国国际责任的逐步强化的现实，从更深远的历史视野，来审视这一历史性的抉择。

奥运会后的北京城市文化景观既具有现代化的主导型发展结构，又具有消费时代的后现代理念的多方介入。多元共生为它提供了思维碰撞、理念创新的广阔平台和艺术创新的最佳环境。它具有全球化时代的开放胸襟，也有着鲜明本土特色的传统中国的城市文化创造。公共艺术的公民普遍受惠的性质，现代城市景观的某种文化经济的特性使我们必须考虑其发展的两重性。因此，北京的城市文化景观既要考虑为最广大市民服务的城市文化服务的公共性，又要考虑通过强大的城市品牌效应，推动城市景观的文化经济、文化产业的发展。此中，创新和创意构成了城市公共艺术的核心，设计创意是其灵魂。创意为王，这是城市公共艺术发展的底牌，是新艺术源源不断产生的动力和源泉。

北京已经成为两千多万人的特大型城市，它已经从古老的移民城市转变为今天的现代移民城市和国际移民城市。参照联合国人居署提出的"包容性城市"概念，北京已经成为国际范围内地域开放性最高的都市之一，体现为积极评价外来人口的贡献和影响、对困难群体给予保障性社会关怀、多元人才选择相对理性与包容，包容力与成长性使北京在国际都市序列中地位稳步上升。

《联合国人居署最新世界城市状况报告》中清楚地表述："北京，中国的首都，是亚洲最平等的城市；它的基尼指数（0.22）不仅是亚洲城市中最低的，同时也是世界上最低的。"报告还从与美国城市作对比的角度，明确指出北京是全世界最平等的城市："美国许多城市，如亚特兰大、新奥尔良、华盛顿、麦阿密、纽约，在该国家的不平等程度最高，与阿比让、内罗毕等城市相仿。而在世界的另一端，北京却是世界上最平等的城市……"。

《2008/2009年度世界城市状况报告》的主要作者、联合国人居署城市监督机构的主任莫雷诺（Eduardo Lopez Moreno）以PPT的形式细致地为记者们讲述了报告的各项主要内容。在讲述

2008/2009年世界城市平等状况时，莫雷诺的图表上北京列在第一位。Moreno针对该图表特别指出，"北京和中国其他一些城市是世界上城市不平等程度最低的"，"北京是最平等城市"（"Beijing appears to be the most equal city."）。

今天，一个两千年超稳定的社会正在经历历史上最伟大的蜕变，要实现一个民族百年梦想，实现华丽的转身，一个变革的中国正"日日新，又日新"，向着中华民族伟大复兴的宏伟目标勤苦前行；一个转型中的北京，正在书写新的城市发展的伟大史诗。不错，前行的征途上我们依然充满困难、挫折、危机和灾害，我们依然存有不满、疑惑、争执和探索，我们的老人依然会腌制过冬的酸菜，我们西部山区的孩子依然缺少明亮的教室。

但是，中国不会停下前行的脚步，北京不会停下探索的脚步。

21世纪是人类文明的又一个崭新时期，对未来生活的设计与展望是一项全球性的课题，它与不同发展水平的国家和人民都休戚相关，因而世界城市的主题将突出中华文明与世界文明的大展示、大汇集、大融合，将为21世纪人类的物质生活与文化精神探索新的模式，新的方向，将为生态和谐社会的缔造和人类的可持续发展提供生动的案例和实证。